Susanne und Walter Elsner

PILGERN IN TIROL

50 Wallfahrtsziele und Besinnungswege in Nord- und Osttirol

Tyrolia-Verlag · Innsbruck-Wien

Bildnachweis
Bernhard Elsner 71, 72 oben, 75, 154, 176, 177 oben
Verena Elsner 102 oben, 103, 104
Alle übrigen von den Autoren

Nachhaltige Produktion ist uns ein Anliegen; wir möchten die Belastung unserer Mitwelt so gering wie möglich halten. Über unsere Druckereien garantieren wir ein hohes Maß an Umweltverträglichkeit: Wir lassen ausschließlich auf FSC®-Papieren aus verantwortungsvollen Quellen drucken, verwenden Farben auf Pflanzenölbasis und Klebestoffe ohne Lösungsmittel. Wir produzieren in Österreich und im nahen europäischen Ausland, auf Produktionen in Fernost verzichten wir ganz.

2021
© Verlagsanstalt Tyrolia, Innsbruck
Umschlaggestaltung: Tyrolia-Verlag unter Verwendung eines Bildes von Walter und Susanne Elsner
Layout und digitale Gestaltung: GrafikStudio HM
Kartenausschnitte: © BEV 2021, vervielfältigt mit Genehmigung des BEV – **B**undesamt für **E**ich- und **V**ermessungswesen in Wien, N2021/86443; Routeneintrag Hansjörg Magerle nach Vorlagen der Autoren
Lithografie: Artilitho, Lavis (I)
Druck und Bindung: Alcione, Lavis (I)
ISBN 978-3-7022-3891-9
E-Mail: buchverlag@tyrolia.at
Internet: www.tyrolia-verlag.at

Liebe Leserinnen und Leser!

Seit einigen Jahren sind wir voller Begeisterung dabei, Bücher zu Pilgerwegen oder Wallfahrtszielen zu verfassen – eine Zusammenstellung finden Sie auf unserer Homepage https://pilgerimpulse.jimdofree.com/. So konnten wir bereits den Olavsweg in Norwegen und den Franziskusweg in Italien sowie etliche Pilgerziele in unserer Heimat Oberbayern beschreiben. Umso größer war die Freude darüber, Letzteres auch für unsere Wahlheimat Tirol tun zu dürfen – und wir danken dem Tyrolia-Verlag herzlich für diese Möglichkeit.

So konnten wir wieder einmal für die beiden Jahre der Vorbereitung und der Durchführung der Wanderungen unser großes Hobby zum Nebenberuf machen – nämlich neben dem sportlichen und dadurch physisch gesundheitsförderlichen Aspekt auch noch geistige Anregungen durch die zahlreichen kulturellen Schätze zu erleben und sie für andere, für Sie, liebe Leserinnen und Leser, erlebbar zu machen. Neben der Freude an der Natur und der Bewegung spielten immer schon Geschichten und Sagen, besondere Orte und vor allem Kapellen und Kirchen eine große Rolle bei unseren Ausflügen. Wir hoffen sehr, dass Sie auf den Wegen und bei den Zielen dieses Buches ebenso erfüllte und reiche Tage, schöne Erlebnisse und Begegnungen, interessante Entdeckungen und fröhliche Stunden erfahren wie wir – egal, ob Sie nun unter dezidiert religiösem Aspekt pilgern oder aus kulturhistorischem Interesse die besondere Orte aufsuchen, ob Sie selbst auf der Suche nach einem Mehr in Ihrem Leben sind oder mit anderen gemeinsame spirituelle Erfahrungen machen wollen!

Unsere Angaben sind so aktuell und zuverlässig wie nur möglich gehalten – dennoch können wir natürlich nicht ausschließen, dass sich Öffnungszeiten, Ruhetage oder Telefonnummern ändern. Informieren Sie sich also auch immer selbst, wenn Sie ganz sicher gehen wollen!

Zuletzt möchten wir noch sehr herzlich unseren wander- und kulturbegeisterten Freunden, die ihre wertvollen Anmerkungen zu den Texten eingebracht und uns als „Wandermodels" oft begleitet haben, danken – besonders aber unseren beiden erwachsenen Kindern, die darüber hinaus auch zum Bilderreichtum dieses Buches beigetragen haben.

Susanne und Walter Elsner

AUSSERFERN

1 Von Vils zur Mariengrotte auf dem Falkenstein

Als Grenzgänger zwischen Tirol und Bayern unterwegs

| 5½ Std. | 14,6 km | ↑↓ 700 Hm |

Anfahrt mit dem PKW: von Innsbruck über A 12 und B 179 nach Vils, von Salzburg bzw. München über B 17 nach Füssen und von dort nach Vils

Anfahrt ÖPNV: Bahnverbindung von Innsbruck über Garmisch-Partenkirchen und Reutte oder von Salzburg bzw. München über Kempten nach Vils

Ausgangspunkt: Vils, Zentrum

Wegverlauf: Vils – St. Anna, Vilsegg – Kapelle zum guten Hirten – Mariengrotte – Falkenstein – Zirmgrat – Salobergrat – Saloberalpe – Alatsee – Vils

Anforderung: im Talbereich einfache Wanderung auf Teer- und Forststraßen, steiler Anstieg und schmale Bergwege zur Mariengrotte und später am Zirm- und Salobergrat

Einkehrmöglichkeit: unterwegs Hotel/Restaurant Falkenstein (zwischen 11:30 und 14 Uhr sowie von 17:30–21 Uhr warme Küche, aber durchgehend geöffnet) oder Saloberalpe (Di Ruhetag, sonst 11:30–16 Uhr warme Küche, aber durchgehend geöffnet)

Beste Jahreszeit: Frühjahr bis Herbst, im Sommer wegen viel Schatten und Bademöglichkeit im Alatsee besonders schön.

Unser Wallfahrtsziel dieser Tour liegt zwar knapp in Bayern, erfreut sich aber wegen seiner Einmaligkeit auch im Tiroler Umland großer Beliebtheit. Die schöne Rundwanderung – erst im Tal und dann oben auf dem Zirmgrat zurück – ist landschaftlich von sehr großer Schönheit.

Wir beginnen unsere Wanderung in einer der kleinsten Städte Österreichs – und interessanterweise in der einzigen des Bezirks Reutte, was natürlich die heutigen Größenverhältnisse nicht abbilden kann, sondern historische Gründe hat: Reutte ist „erst" seit 1489 eine Marktgemeinde,

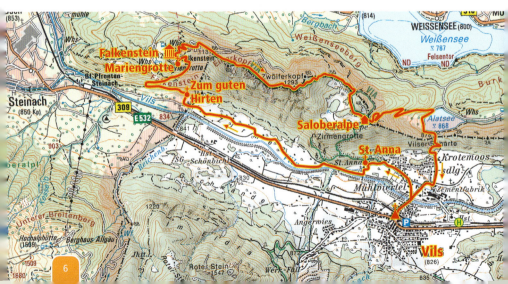

Blick auf den Talboden der Vils

das Stadtrecht von Vils besteht bereits seit 1327. Die Kirche von Vils steht fast unmittelbar neben dem Bahnhof, und wir können überlegen, ob wir ihr gleich oder am Ende der Tour einen Besuch abstatten wollen.

» *Nachdem die Vorgängerkirche nach einem Stadtbrand 1673 baufällig geworden war, wurde die wunderbar einheitliche barocke Stadtpfarrkirche Mariä Himmelfahrt hier im Jahr 1709 errichtet. Der Blick im lichten und ansprechend stuckierten Raum bleibt fast unwillkürlich an dem großen Kruzifix am Chorbogen hängen, das ein Bildhauer als Dank für seine gelungene Flucht aus dem Gefängnis gestiftet haben soll, da die Gemeinde Vils ihm Asyl gewährte. Eine Besonderheit ist, dass die Gestaltung des Hochaltars sich innerhalb des Kirchenjahres mehrmals ändert.*

Wir halten uns bergab in Richtung des Flusses Vils und überqueren ihn. Kurz nach der Brücke biegen wir an einer Kreu-

Großes Kruzifix am Chorbogen der Kirche von Vils

AUSSERFERN

zung nach links in den Ritterweg ab, dem wir nun folgen. Am Hang vor uns wird die Burgruine Vilseck sichtbar, und bald darauf auch unser nächstes Ziel, die kleine Kirche St. Anna.

❯❯ *Das schmucke ursprünglich romanische Gotteshaus diente den Herren von Hohenegg als Burgkirche und wurde spätestens im 13. Jahrhundert erbaut. Ein gotisches Chorgestühl und das Gewölbe sowie drei barocke Altäre wurden später ergänzt. Der schlichte Raum sollte 1778 abgebrochen werden, was durch die Bürger von Vils verhindert werden konnte. So wurde das Ensemble mit Burg, Waffenschmiede und Kirche besonders ab dem 19. Jahrhundert ein beliebter Anziehungspunkt, den auch die Wittelsbacher oft besuchten.*

Nun folgen drei Kilometer im Talboden der Vils. Wir wandern dazu an der früheren Waffenschmiede vorbei in Richtung des Flüsschens und bleiben auf unserer Seite des Ufers, indem wir an der Brücke rechts abbiegen. Der gemütliche Kiesweg begleitet den Fluss, führt an einem Klettergarten vorbei und teilt sich bald. Hier könnten wir zum Vilser Kreuzweg und der eigenen, aber im Vergleich zu unserem Tagesziel viel kleineren Mariengrotte den Hang hinaufsteigen, doch wir bleiben neben der Vils. Wo der Abstand zum Fluss größer wird, zweigt ein kleiner Pfad links zu einem „keltischen Baumkreis" ab. Dieser Baumlehrpfad informiert über etliche heimische Bäume und ihre Bedeutung für die Kelten. Kurz darauf verzweigt sich der Weg noch einmal, beide Strecken treffen sich jedoch ziemlich genau wieder an der österreichisch-deutschen Grenze, die ein kleiner Vils-Zufluss markiert. Eine Kapelle lädt mit Bänken auf der Sonnenseite zu einer Rast ein.

St. Anna mit ihrem gotischen Gewölbe im Chor und drei barocken Altären

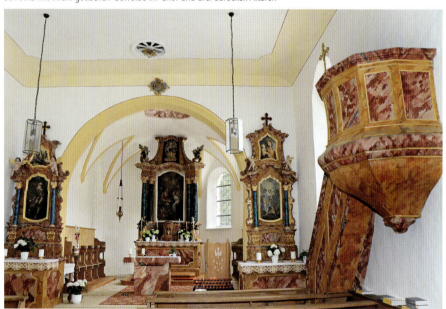

» *Die aus Dankbarkeit gestiftete malerische Kapelle „Zum guten Hirten" ist zwar leider meist verschlossen, durch ein Fenster kann man aber einen Blick hineinwerfen. Besonders schön ist, dass das Glasfenster oberhalb der Türe bei Sonnenschein über den Altar reflektiert wird.*

Wenige Meter weiter geht es nun endlich richtig bergauf, wenn auch vorerst nur kurz, bis wir den Waldschatten erreicht haben. Dann führt der Weg nur noch mäßig steil und später fast flach am Hang entlang, bis er einen von Pfronten kommenden Pfad erreicht. Diesem folgen wir nach rechts, immer der Markierung „Falkenstein" nach und gewinnen sehr schnell an Höhe. Zum Glück ist es wunderbar schattig, bis wir nach vielen kleinen und größeren Serpentinen die riesengroße Höhle erreichen, die wohl eine der größten Mariengrotten Europas beherbergt.

» *Die frühere Schafsgrotte, in der die Tiere bei jedem Wetter Unterschlupf finden konnten, wurde im Jahr 1889 umgestaltet. Eine Einheimische hatte im Winter 1887/88 ihren Traum einer Marienerscheinung dem Pfarrer berichtet, der in der geschilderten Maria die Erscheinung von Lourdes erkannte, obwohl die Frau von dieser nichts wusste. Die beschriebene Höhle suchte er mit einem Alpmeister, der ihn an die Grotte unter dem Falkenstein führte. Die Arbeiten dauerten über ein Jahr, bis die 2,80 m hohe Madonna aus Eschenholz eingeweiht werden sollte. Just an diesem Tag verunglückte der Pfarrer – eine Gedenktafel erinnert an diese tragische Begebenheit. Als Kraftort und Wallfahrtsstätte erfuhr und erfährt die Grotte großen Zulauf.*

Fast 100 Höhenmeter darüber thront die mittelalterliche Burgruine Falkenstein, die sich natürlich zu besichtigen lohnt.

Die riesengroße Höhle mit einer der größten Mariengrotten Europas

Wer jedoch diesen weiteren Aufstieg vermeiden möchte, kann bei der nächsten Abzweigung geradeaus in Richtung Zirmgrat weitergehen. Dadurch verpasst man allerdings einen spannenden Rundgang durch die historischen Gemäuer und einen großartigen Panoramablick!

» *Die höchstgelegene Burganlage Deutschlands stammt in ihren Ursprüngen aus dem Hochmittelalter, als 1280 Graf Meinhard II. von Tirol das „castrum Pfronten" als stolzes Herrschaftszeichen gegenüber Bayern errichten ließ. Bald fiel die Burg als Vogtei an die Bischöfe von Augsburg. 1582 wurde dieser Sitz aber ins Tal verlegt. Gegen Ende des Dreißigjähri-*

gen Krieges zündete man das Bauwerk an, damit es nicht vom anrückenden schwedischen Heer in Besitz genommen werden konnte. Das Gelände mit seiner Ruine fiel im Rahmen der Säkularisation an Bayern, und 1883 begann König Ludwig II. eine riesige „Raubritterburg" auf dem kleinen Plateau zu planen, deren Realisierung aber zunächst am Terrain und schließlich am Tod des Märchenkönigs scheiterte. Darum müssen wir uns hier mit einem Blick auf das Traumschloss Neuschwanstein östlich von uns begnügen! Ein kleines Museum zeigt u. a. ein detailgenaues Modell.

Beim kurz unterhalb der Burg gelegenen Hotel folgen wir der Teerstraße ein kurzes Stück nach unten, können aber vor der ersten Serpentine rechts auf einem schmalen Pfad weitergehen. Dieser führt abwärts, berührt noch einmal kurz die Straße und erreicht seinen tiefsten Punkt ebenfalls wieder in Straßennähe. Doch nun wandern wir wieder beinahe 150 Höhenmeter bergauf, immer am Zirmgrat entlang, der uns oft schöne Ausblicke auf beide Seiten des Kammes gewährt. Wir gelangen so zum höchsten Punkt, dem Salober, der allerdings nur dadurch gekennzeichnet ist, dass es auf einem Pfad durch den Wald kräftig abwärts geht. Mit teilweise hohen Tritten folgen wir den Markierungen zur Saloberalpe. Nach dem stärksten Gefälle können wir uns entscheiden, ob wir direkt zu dieser nach rechts weiterwandern oder einen kleinen Abstecher zum Panoramablick auf den Weißensee unternehmen. Der Weg mündet anschließend wieder in den normalen Weg zur Alm, oder unsere Wanderung lässt sich noch weiter verlängern, wodurch man dann auch den Vierseenblick genießen kann. Diese längste Variante stößt erst bei der Saloberalpe, die zur Rast einlädt, auf den Normalweg.

Burgruine Falkenstein, die höchstgelegene Burganlage Deutschlands

Der Zirmgrat gewährt uns oft schöne Ausblicke auf beide Seiten des Kammes.

Ein gekiester Fahrweg bringt uns nun von der Saloberalpe weiter bergab zum Alatsee. Wer auf diesen verzichten und gleich nach Vils absteigen möchte, kann den Schildern bei der Saloberalpe folgen und auf einem kleinen Bergpfad zügig ins Tal gelangen. Doch der malerische See etwa 200 Höhenmeter weiter unten lohnt vor allem im Sommer den Umweg.

» Das Baden ist in dem See, der als Besonderheit in ca. 15 m Tiefe eine leuchtend rote Schicht von Purpur-Schwefelbakterien besitzt, gefahrlos möglich, nur Tauchen ist aus diesem Grund verboten. So haben auch etwaige Schatzsucher, die an den Mythos vom hier vergrabenen Nazi-Schatz glauben, schlechte Karten.

Wir wandern am See nach rechts und erreichen nach einer Viertelumrundung die Abzweigung zur Vilser Scharte, zu der es noch einmal, aber kaum merklich bergauf geht. Danach spazieren wir nur dem Fahrweg folgend hinunter nach Vils, wo wir uns bis zum wenig attraktiven Industriegebiet geradeaus halten, kurz davor rechts abbiegen und auf bald bekanntem Weg ins Zentrum der kleinen Stadt gelangen.

Unterwegs zur Saloberalpe

AUSSERFERN

2 Auf dem Vater-unser-Weg durchs Tannheimer Tal

Zwischen Grän und Tannheim unterwegs

| 3 Std. | 10,6 km | ↑↓ 200 Hm |

Anfahrt mit dem Pkw: Inntalautobahn bis Ausfahrt Imst/Pitztal, B 171 nach Imst, B 189 nach Dormitz, B 179 nach Reutte, dann B 198 und 199 über den Gaichtpass ins Tannheimer Tal zum Parkplatz der Neunerköpfle-Bahn (gebührenpflichtig)

Anfahrt ÖPNV: Bahnverbindung von Innsbruck über Garmisch-Partenkirchen nach Reutte oder von Salzburg bzw. München über Füssen, dann Bus 74 nach Reutte, von hier Bus 48 nach Tannheim, Kreisverkehr

Ausgangspunkt: Tannheim, Talstation der Neunerköpfle-Bahn (gebührenpflichtig)

Wegverlauf: Tannheim – Grän – Vater-unser-Weg – Innergschwendt – Berg – St. Leonhard – Tannheim

Anforderung: einfache Wanderung auf Teer- und Forststraßen, nur kurzes Stück auf schmalem Bergweg, fast durchgehend rollstuhl- und kinderwagentauglich

Einkehrmöglichkeit: in Grän und Tannheim viele Möglichkeiten, unterwegs „Beim Öfner", Innergschwendt 1 (täglich durchgehend geöffnet)

Beste Jahreszeit: ganzjährig möglich, Einschränkungen nur ganz zu Beginn bei Skibetrieb

Es gibt nicht viele Täler, die einen eigenen Feiertag besitzen – im Tannheimer Tal wird traditionell der 17. September („der Siebezehnte") ausgiebig gefeiert. Gedacht wird dabei des Jahres 1796, als die Tannheimer die einfallende französische Armee in die Flucht schlugen.

Wir beginnen unsere Rundwanderung am Ortsrand des Hauptortes des Tales, Tannheim. Gleich bei der Talstation der Bergbahn geht ein Wiesenpfad bergan in Richtung zweier Bänke, wo wir vorerst die Höhe erreicht haben, auf der wir nun gemächlich auf einem Schotterweg in Richtung Grän wandern. Vor dem ersten Waldstück kommen wir zu einem auffallenden Kreuz, umgeben von einer Steinmauer.

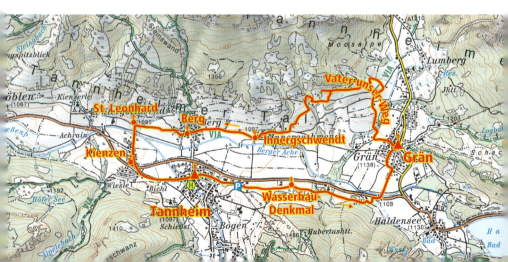

Das „Wasserbau-Denkmal" am Höhenweg

» *Nach den zehn Jahre andauernden Entwässerungsarbeiten im oberen Tannheimer Tal und der Regulierung der Berger Ache wurde im Jahre 1958 das große Holzkreuz auf einem gemauerten Natursteinsockel aufgestellt. Eine Steinmauer umgibt den prosaisch „Wasserbau-Denkmal" genannten Ort.*

Unser Steig bewegt sich weiter in mäßigem Auf und Ab oberhalb der Straße. Etwas unterhalb des Weges kommt eine erste Kapelle in den Blick, die jedoch zu einem Hof gehört und daher meist geschlossen ist. Wenig später können wir schon unser erstes Ziel ausmachen, den schmucken Ort Grän, der sich mit seiner grünen Zwiebelturm-Kirche gleich auffallend in Szene setzt. Eine Kurve führt uns bergab zu einem Sägewerk, an dem wir uns rechts, dann aber gleich wieder links halten. Nach einer weiteren Rechtsabbiegung unterqueren wir die Landstraße; gleich darauf bringt uns eine Brücke über die Berger Ache. Nun halten wir uns noch einmal kurz rechts und wandern auf dem Sankt-Wendelin-Weg in Richtung Ortszentrum zur gleichnamigen Kirche.

St. Wendelin in Grän

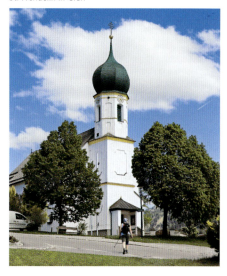

AUSSERFERN

Der baldachinartige Hochaltar in der Wallfahrtskirche von Grän

» *Der in ländlichen Gegenden häufige Viehpatron Wendelin wird hier nachweislich seit 1459 verehrt. Die heutige Barockkirche, die aufgrund der beliebten Wallfahrtstätigkeit im 17. und 18. Jahrhundert unter dem einheimischen Bauleiter M. Zobl errichtet wurde, besticht durch ihren baldachinartigen und lichtdurchfluteten Hochaltar und die einheitliche Gestaltung.*

Am Kirchplatz wandern wir in westlicher Richtung zwischen Laden und Hotel wieder aufs freie Feld und bald zum Waldrand. Hier geht es nach rechts, an der nächsten Verzweigung allerdings nach links und über den Logbach. Unser Weg führt uns nun in einigen Kurven leicht ansteigend nach Norden. Ein Holzschild weist uns bei einer größeren Verzweigung schon auf den Vater-unser-Weg hin, den wir bald erreichen. Zuerst noch auf Asphalt, später als angenehmer Feldweg begleitet er uns bergauf.

» Anlässlich des 200-jährigen Herz-Jesu-Gelöbnisses, mit dem die Tiroler ihren Sieg über Napoleon feierten, schuf der einheimische Künstler Dr. W. Besler im Auftrag der Kirchengemeinde Grän 1996 einen Weg zum Betrachten und Meditieren der Vater-unser-Bitten. In acht Stationen, die durch Granitstelen gekennzeichnet sind, laden die modernen Darstellungen mit aktuellen Bezügen und christlicher Symbolik zum Nachdenken ein. Interessant, dass dies den Lyriker H. Hauser zu einer Kantate anregte, die 1999 vom Komponisten R. Pappert vertont wurde.

Die letzte Stele wird in einer Sackgasse erreicht, da bereits an der vorletzten ein schmaler Pfad nach unten abzweigt. Er bringt uns auf einen Fahrweg, dem wir nach rechts folgen. Schattig geht es durch einen Bacheinschnitt und danach auf eine geteerte Straße, die uns links weiter bergab führt. Wir halten uns bereits unten im Tal angekommen nach rechts und gelangen zum Weiler Innergschwendt. Hier warten ein Café und die erste von drei sehenswerten Dorfkapellen auf uns.

» Die bereits 1494 erstmals genannte ursprünglich gotische Kapelle, die dem hl. Bischof Martin geweiht ist, wurde später barockisiert und 1725 geweiht. Durch das Gitter sieht man die schöne Einrichtung aus dieser Zeit, die Rocaille-Kartusche über dem Chorbogen mit den Attributen des hl. Martin stammt erkennbar aus dem etwas späteren Rokoko.

An der Verzweigung vor der Kirche halten wir uns schräg rechts und wandern nun immer weiter nach Westen, sonnig über die Wiesen im Talgrund. Der nächste Weiler Berg ist schon lang zu sehen, da machen nach einem guten halben Kilometer rechter Hand Treppen auf ein besonderes Bodendenkmal aufmerksam.

» Nach dem Anschluss Österreichs an Nazi-Deutschland im Jahr 1938 wurde hier ein sog. Reichsarbeitslager errichtet. Die zwangsverpflichteten jungen Männer, später auch Frauen, mussten beispielsweise am Bau der Vilsbegradigung in Tannheim mitarbeiten.

Nun sind wir bald in Berg, dessen schöne Sebastianskapelle, die recht unscheinbar an einer Straßenecke liegt, einen Blick wert ist.

» Ihr Inneres fasziniert durch seine prächtige Stuckausstattung aus der Zeit des Rokoko (1757). Etwa 100 Jahre früher datiert man die Erbauung des hübschen und erst kürzlich renovierten Gotteshauses.

Die acht Stationen des Vater-unser-Weges sind durch Granitstelen gekennzeichnet.

Wir folgen der Straße durch den Weiler nach links und bleiben dann in unserer westlichen Gehrichtung. Bald sehen wir über die vor uns liegenden Wiesen hinweg eine alte Wallfahrtskirche vor uns, das frei stehende Leonhardskirchlein.

» *Die spätgotische, in den letzten Jahrzehnten des 15. Jahrhunderts erbaute Kapelle birgt in ihrem Inneren einen sehr schönen Barockaltar von 1680, der den Viehpatron Leonhard zwischen den hll. Sebastian und Rochus zeigt, über denen eine seltene Anna-selbdritt-Gruppe schwebt. Die Darstellung als Statue links daneben ist wesentlich geläufiger – dass beides so nah beieinander zu sehen ist, weist auf eine große Verehrung der hl. Anna hin. Die beiden eher im Hintergrund des Hochaltares erkennbaren Statuen der hll. Leonhard und Sebastian sowie die kleine Statuette rechts vor dem Altar stammen möglicherweise bereits aus der Zeit der Erbauung (1500). Die hll. Rochus und The-kla (gegenüber der Anna selbdritt) erinnern daran, dass hier, im „Schinder-Winkel", die Pesttoten des Tales zusammengekarrt und begraben wurden, weshalb die Kapelle auch oft als Pestkapelle bezeichnet wird.*

Wir wenden uns nun nach Süden und wandern leicht bergab zur Vils, die wir auf einer Brücke überqueren. Nach dem Heimatmuseum des Tannheimer Tales wartet im Weiler Kienzen noch eine kleine Hofkapelle.

» *Die kleine Michaelskapelle birgt einen um 1680 entstandenen Altar mit der Statue des hl. Michael. Brauchtumsgemäß finden wir hier etliche Sterbebilder.*

Kurz danach unterqueren wir die Landstraße und gelangen in einem weiten Bogen zu den ersten Häusern von Tannheim. Der Hauptort des nach ihm benannten Tales wartet natürlich mit der größten

Die alte Wallfahrtskirche St. Leonhard

In einem weiten Bogen erreichen wir Tannheim mit seiner bedeutenden Kirche.

und bedeutendsten Kirche der Umgebung auf.

» Von der seit 1377 belegten gotischen Vorgängerkirche sehen wir heute nichts mehr. Ein einheitlicher barocker Kirchenbau aus den Jahren 1722 bis 1724 nach Plänen J. J. Herkommers zeigt sich uns mit seinem 47 m hohen Turm innen als vierjochiger Saalraum, dessen Ausgestaltung aber erst im 19. Jahrhundert vollendet wurde. Reichlich ausgestattet mit Stuck, Fresken und Glasmalereien sowie drei Altären aus Stuckmarmor mit schönen Altarbildern und Statuen gefällt das beeindruckende Gotteshaus, das als zweitgrößte Landpfarrkirche Tirols gilt. Stolz sind die Bewohner auch auf das einzige noch vollständig erhaltene Geläute der berühmten Tiroler Gießerfamilie Löffler aus den Jahren 1561 und 1580.

Nur noch wenige hundert Meter auf dem Weg Kirchacker trennen uns nun von unserem Ausgangspunkt.

Die zweitgrößte Landpfarrkirche Tirols ist auch innen reichlich ausgestattet.

AUSSERFERN

3 Auf dem Jakobsweg von Bichlbach nach Berwang

Zu sehr unterschiedlichen Heiligtümern – und der einzigen Zunftkirche Österreichs

| 3½ Std. | 12,8 km | ↑↓ 400 Hm |

Anfahrt mit dem Pkw: Inntalautobahn bis Ausfahrt Imst/Pitztal, B 171 nach Imst, B 189 nach Dormitz, B 179 über den Fernpass und Lermoos nach Bichlbach, Parkplätze beim Sport-/Freizeitpark unterhalb der Zunftkirche (Bomwäldele 152), von dort über den Kirchhof zur Pfarrkirche

Anfahrt ÖPNV: Bahnverbindung von Reutte auch direkt, von Innsbruck über Garmisch-Partenkirchen nach Bichlbach, Busverbindung über Nassereith, von Bahnhof oder Bushaltestelle über den Kirchhof zur Pfarrkirche

Ausgangspunkt: Bichlbach, Pfarrkirche

Wegverlauf: Bichlbach, Pfarrkirche – Pestkapelle – Jakobsweg – Berwang – Gröben – Jakobsweg – Bichlbach, Zunftkirche

Anforderung: meist einfache Wanderung auf guten Wegen, in den Ortschaften asphaltiert, außerhalb meist Forststraßen

Einkehrmöglichkeit: in Bichlbach Pizzeria S. Marco (Mo Ruhetag, sonst 12–14:30 Uhr und 17:30–21:30 Uhr geöffnet), in Berwang Sportstüberl (Di Ruhetag, ab 10 Uhr durchgehend geöffnet) oder Café Sprenger (durchgehend und ganztags geöffnet)

Beste Jahreszeit: Frühjahr bis Herbst

Tipp: Zunftmuseum in Bichlbach (Wahl 31a, Öffnungszeiten erfragen unter Tel.: +43/(0)5674 5205)

Die beiden Gemeinden, die im Winter durch die Skischaukel am Almkopf miteinander enger verbunden sind, führen in der Wandersaison ein eher zurückgezogenes Dasein, auch wenn ihre Verbindung durch den Jakobsweg von vielen Pilgern zu Recht als eine der schönsten Etappen auf diesem Pilgerweg bezeichnet wird. Unser Ausgangspunkt, die zentral im Ort gelegene Pfarrkirche St. Laurentius, bildet zugleich die erste Besichtigungsmöglichkeit unserer Wanderung.

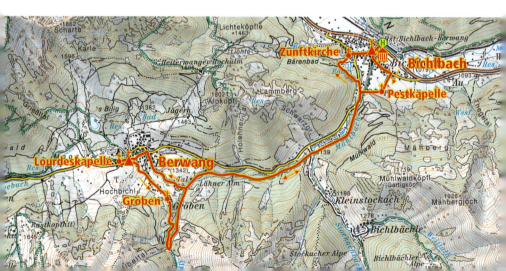

» *Möglicherweise in Erinnerung an die Schlacht auf dem Lechfeld (955) im darauf folgenden Jahrhundert erbaut, aber erst 1426 als Pfarrkirche bezeichnet, präsentiert sich das Gotteshaus heute als einheitlich barocker Saalbau. Nur am Turm kann man die Spuren der Gotik erkennen, die übrige mittelalterliche Kirche fiel dem verheerenden Einfall sächsischer Truppen im Frühjahr 1552 zum Opfer. Die hervorragenden Deckenfresken von Künstlern der Familie Zeiller zeigen im Chor die wunderbare Brotvermehrung, im Langhaus Leben und Verherrlichung des Kirchenpatrons Laurentius und über der Orgel den Harfe spielenden König David. Bewunderung verdient auch die herrliche Rokoko-Kanzel aus dem Jahr 1774 mit ihren zahlreichen schönen Details.*

Wir spazieren nun über den kleinen Platz in Richtung Süden und halten uns nach links. Die Straße Sämerhof begleitet uns bis zur Enggasse, in die wir einbiegen und die uns auf freies Feld führt. In der ersten Kurve fällt eine moderne Kapelle auf.

Eines der hervorragenden Deckenfresken der Familie Zeiller in St. Laurentius/Bichlbach

» *Der für eine Pestkapelle eher ungewöhnliche Baustil erklärt sich dadurch, dass hier schon seit den Pestjahren im 17. Jahrhundert ein*

Ungewöhnlich – eine moderne Pestkapelle!

Feldkirchlein stand. 1980 wurde der heutige Bau in seiner hübschen parkartigen Anlage errichtet. Schlicht mit Natursteinen und weißen Wandflächen und durchlässig für Licht und Landschaft gestaltet, lädt das kleine Gotteshaus sehr stilvoll zu Ruhe und Besinnung ein.

Wir gehen auf der ruhigen Straße weiter, erblicken zur Linken ein Gedenkkreuz, das an den Pestfriedhof erinnert, und sehen nach kurzem bereits die Landesstraße nach Berwang vor uns. Noch davor halten wir uns auf einem gekiesten Platz links und nehmen den Fußweg neben der Landstraße. Von dieser kommt bald ein Zubringer zu unserem Jakobsweg, dem wir nach links folgen. Der schöne rau-

Die sehr malerischen Höfe von Tal

schende, stellenweise aber auch ruhig mäandernde Mühlbach wird unser Begleiter zur Rechten, während wir meist schattig und in gleichmäßiger, sehr angenehmer Steigung dahinwandern. Auf einer Brücke überqueren wir den Stockachbach, passieren danach eine zu einem Parkplatz verbreiterte Straße und folgen weiter den Jakobswegzeichen. Nach etwa 1 km überqueren wir den Mühlbach, der inzwischen Älpelesbach heißt, und erreichen kurze Zeit später eine asphaltierte Straße, wo wir nach links abbiegen. Nun geht es eher sonnig zu den teilweise sehr malerischen Höfen von Tal, wo wir uns rechts halten. Hier können wir erstmals vor uns die Berwanger Jakobskirche entdecken. Nach dem schattigen Taleinschnitt befinden wir uns dann schon in der kleinen Ortschaft. Es geht weiter geradeaus und bergauf, bis wir zu einer größeren Kreuzung mit der Landstraße kommen. An dieser Stelle biegen wir links ab und steigen auf einer etwas kurvigen Straße hinauf zum Dorfplatz mit seinem schönen Jakobsbrunnen, der neben seiner modernen Brunnenfigur auch Bronzetafeln mit der Geschichte des Ortes bereithält. Wir lassen die Kirche zunächst links liegen, wandern an den Gaststätten vorbei, halten uns an einer Verzweigung links und erreichen an der Landstraße eine kleine Kapelle.

» *Das einfache schindelgedeckte Gotteshaus wurde 1895 erbaut und enthält eine ansprechende Darstellung der Lourdesgrotte in seiner Apsis. Die Privatkapelle wurde 1975 zuletzt renoviert.*

Hier ist der höchste Punkt unserer Tour erreicht, und wir wenden uns nun auf der Landstraße talwärts der Berwanger Kirche zu.

» *Die gotische Jakobskirche, die allein durch ihr Patrozinium darauf hinweist, dass wir hier einem sehr traditionsreichen Weg gefolgt sind, verrät nur von außen ihr hohes Alter – die Jahreszahl 1425 am Turm zeigt es an. Im Inneren finden wir in dem Rippengewölbe des Chorraumes noch eine gotische Spur, ansonsten sind Ausstattung und Gestaltung der Kirche verschiedensten Epochen zuzuordnen. Vieles entstand erst in der Zeit des zu Ende gehenden Zweiten Weltkrieges (1944/45), so auch die ungewöhnliche Gestaltung der beiden Emporen durch Darstellungen der Zehn Gebote. Vom barocken Neubau des Langhauses blieben lediglich die Kanzel und das ehemalige Hochaltarbild, das nun im Chorraum hängt, erhalten.*

Hinter dem Weiler Tal können wir vor uns die gotische Berwanger Jakobskirche entdecken.

Wir wenden uns wieder zur Landesstraße, biegen aber gleich nach rechts ab und wandern nun an der Friedhofsmauer entlang. Zwischen zwei Häusern führt – leider unmarkiert – ein schmaler Pfad, der nur durch das hier etwas niedrigere Gras erkennbar ist, bergab zu einem Wäldchen und schließlich auf eine Wiese, die wir in Richtung der schon sichtbaren kleinen Asphaltstraße überqueren. Dieser folgen wir in unserer Gehrichtung und kommen in den Weiler Gröben, der uns erst bei der zweiten Ansammlung von Häusern seine Kapelle zeigt.

Im Weiler Gröben im Älpelestal steht die Dreifaltigkeitskapelle.

AUSSERFERN

Der Altar aus dem Jahr 1758 zeigt ein seltenes Bild der sogenannten Sieben Zufluchten.

Auf der ruhigen Straße geht es mit schönen Blicken auf die sich vor uns erhebenden Zweitausender weiter in das weitgehend unberührte Tal des Älpelesbaches hinein. Nach dem letzten Haus wird unser Weg naturbelassen und steigt noch einmal leicht an. An einer Verzweigung nehmen wir den unteren, also eher links weiterführenden Pfad, der mit „Gröben Tal Weg" gekennzeichnet ist. Er bringt uns dann bald hinab in Richtung Talgrund, wo eine Abzweigung auf uns wartet. Auch hier halten wir uns links und wandern auf einem schönen Bergpfad gleichmäßig bergab. Nach nicht einmal 1 km befinden wir uns an einer schon bekannten Wegkreuzung in Tal. Ab hier nimmt uns wieder der Jakobsweg auf, dem wir in „falscher" Richtung bergab folgen, bis wir den Ortseingang von Bichlbach erreichen. An dem gekiesten Platz sehen wir auf der anderen Straßenseite einen Fußweg neben der Landesstraße. Nach etwa 300 m verlassen wir ihn nach links, um über eine Brücke zu spazieren und den gepflegten Weg in Richtung des Sport-/Freizeitparks von Bichlbach mit seinem Badesee und Hochseilgarten entlangzugehen. Wir durchqueren das Areal immer geradeaus und umrunden somit See und Sportplatz. Schließlich unterqueren wir einen Skilift und gehen leicht hinauf zu unserem letzten und kulturhistorisch einzigartigen Besichtigungs-Highlight, zur Zunftkirche von Bichlbach, der einzigen ihrer Art in Österreich.

» Die immer geöffnete einfache Dreifaltigkeitskapelle mit dem markanten Kreuz neben dem Eingang und dem netten Dachreiter stammt aus der Barockzeit und besitzt einen besonderen Altar, der auf das Jahr 1758 datiert wird und ein Bild der sogenannten Sieben Zufluchten beherbergt. Die Tradition dieser Verehrung wurde 1689 von einem Münchner Jesuiten begründet – die Dreifaltigkeit, der Gekreuzigte, die Eucharistie in der Monstranz, Maria, Engel, Heilige und die Armen Seelen bilden hierbei die Siebenzahl. Da diese besondere Spiritualität mit der Aufhebung des Jesuitenordens im Jahr 1773 verschwand, sehen wir ein ganz besonderes und sehr seltenes Relikt früherer Frömmigkeit.

» Der von außen für eine Barockkirche äußerst schlichte Eindruck wird vom Inneren, das nur vom Vorraum aus durch ein Gitter zu besichtigen ist, kontrastiert. Ein drastisch gestalteter Tropfheiland zieht, am Chorbogen hängend, die Blicke auf sich, aber der 10 m hohe und fast vollständig vergoldete Hochaltar verdient ebenfalls höchste Beachtung. Das ausdrucksvolle Altarbild der Anbetung der Hirten von J. Heel (1710) ist von einer ausnehmend harmonischen Altarkonstruktion umrahmt, die ganz oben vom Erzengel Michael, der den „Bichltuifl" besiegt, gekrönt wird. Die Fresken stammen auch in dieser Kirche von der Künstlerfamilie Zeiller. Der Reichtum der Ausstattung mag vor allem deshalb verwundern, da der Bau nur aus den finanziellen Mitteln der 1694 genehmigten Zunft für Bauleute, der sich nach und nach etliche andere Handwerkszweige anschlossen, errichtet wurde. Das Patronat des hl. Josef dagegen leuchtet fast von selbst ein. Nachdem 1859 gesetzlich die Gewerbefreiheit beschlossen worden war, fand zehn Jahre später noch ein feierlicher Handwerkstag statt, dann wurde aus der Zunft ein geselliger Verein, der sich nach dem Ersten Weltkrieg auflöste.

Die von außen äußerst schlichte Zunftkirche von Bichlbach – die einzige in Österreich!

Ein drastisch gestalteter Tropfheiland am Chorbogen der Bichlbacher Zunftkirche

Im Jahr 1974 wurde aber eine „Wiedergeburtsfeier" der Zunftkirche abgehalten, und seitdem fungiert die alte Zunft als soziale Vereinigung, die sich u. a. die Erhaltung dieser Kirche als kunsthistorische Aufgabe gegeben hat. Wer ausführlicher darüber informiert werden möchte, sollte sich das Zunftmuseum im Dorf anschauen.

Wir wandern um die Apsis herum, entdecken etwas entfernt vom Weg die schöne Barockfigur des hl. Josef in einem Bildstock und gelangen unten gegenüber einem alten Haus mit einem beeindruckenden Eingang auf die Dorfstraße, die hier genau auf der Trasse der römischen Via Claudia Augusta verläuft. Wir halten uns rechts und gelangen in Kürze zum Ausgangspunkt bzw. Parkplatz, Bahnhof oder Bushaltestelle.

4 Von Bschlabs dem Weg der Sinne folgen
Zum Ort der Stille

| | 3½ Std. | 7,6 km | ↑↓ 200 Hm |

Anfahrt mit dem Pkw: Inntalautobahn bis Ausfahrt Imst/Pitztal, B 171 nach Imst, L 246 über das Hahntennjoch nach Bschlabs
Anfahrt ÖPNV: Bahnverbindung von Innsbruck über Garmisch-Partenkirchen nach Reutte, Bus 110 nach Elmen, von dort mit dem Seitentallinientaxi nach Bschlabs
Ausgangspunkt: Bschlabs, Wanderparkplatz bei der Kirche
Wegverlauf: Bschlabs – Weg der Sinne – Ort der Stille – Hölltalschlucht – Bschlaber Höhenweg – Bschlabs
Anforderung: schmale Bergwege, teilweise Trittsicherheit von Vorteil
Einkehrmöglichkeit: in Bschlabs Gasthof zur Gemütlichkeit (Sommer kein Ruhetag, durchgehend warme Küche)
Beste Jahreszeit: Frühjahr bis Herbst

Das kleine beschauliche Dorf Bschlabs an der Hahntennjochstraße gehörte früher zur Pfarrei Imst auf der anderen Seite des Passes, inzwischen aber zur weitaus näheren Pfarrei Elmen im Lechtal. Malerisch liegt der kleine Ort mit seiner hübschen Kirche am Hang des schmalen Bschlaber Tales.

Zunächst empfiehlt es sich, falls das Gotteshaus geschlossen ist, den Mesner (Herr Krabacher, Tel.: +43/(0)676 9200068) anzurufen und zu informieren, dass man am Nachmittag (in etwa 4 bis 5 Stunden, je nach einkalkulierter Wander- und Jausenzeit) die Kirche besuchen möchte. Dann wird unser schöner Ausflug auch eine echte, auf ein Ziel gerichtete Wallfahrt!

Zunächst wenden wir uns allerdings dem Weg der Sinne zu, der unmittelbar beim Parkplatz für Wanderer beginnt. Ein schmaler Steig führt zunächst durch einen Wald bergab, steigt dann kurz wieder an, um anschließend zum bereits lange hörbaren Streimbach hin abzufallen. Schon auf diesem Wegabschnitt begegnen uns immer wieder Skulpturen aus Holz, Edelstahl oder Stein von einheimischen Künstlern oder meditative Sprüche auf Tafeln. Am munter sprudelnden Bach führt uns eine alte Fußgängerhängebrücke ans andere Ufer. Es geht wieder ein Stück bergauf, bis man erstaunt wahrnimmt, dass das Rauschen des Baches sehr viel leiser wird. An einer Felswand sehen wir bald ein Mosaik und einen Gebetstext; schon hier ist kaum etwas zu hören – abgesehen von ganz nahen Geräuschen. Doch der eigentliche Ort der Stille befindet sich noch einige Schritte weiter, eine Bank und ein Schild zeigen ihn an.

Malerisch liegt Bschlabs mit seiner hübschen Kirche am Hang.

» *Wir befinden uns an einem Ort in der akustischen Nullzone. Die absolute Ruhe wird aufgrund von Frequenzüberlagerungen höchstens von Geräuschen in der unmittelbaren Nähe unterbrochen.*

Wir wandern weiter durch die geheimnisvollen Felsen, die bereits zur Hölltalschlucht gehören. Das Wasser hören wir nun auch wieder tief unter uns. Nach der Steigung stoßen wir auf eine Forststraße und halten uns links. Wir kommen nach kurzer Zeit zu einer Brücke, die an der engsten und spektakulärsten Stelle die Schlucht überquert. Auf der Straße spazieren wir bergauf in Richtung der Landesstraße, die wir erreichen und überqueren. Hier führt der Bschlaber Höhenweg wieder zurück zu unserem Ausgangspunkt – allerdings geht er mehrere Taleinschnitte aus und ist daher sogar länger als unser bisheriger Weg. Es geht kurz dicht unter einer Telefonleitung und immer in Hörweite der bald unter uns liegenden Hahntennjochstraße relativ eben dahin, bis wir zum ersten Bach eines Taleinschnittes absteigen. Es sind nur wenige Schritte bis zur Hahntennjochstraße, an der sich eine Bushaltestelle befindet, falls man die Tour abbrechen möchte oder

Texte und moderne Kunstwerke laden immer wieder zur Besinnung ein.

AUSSERFERN

Die sogenannte Stalzer Kirche – ein großer exponierter Fels

muss. Für uns Wanderer geht es noch einmal merklich bergauf. An der Weggabelung zur Anhalter Hütte nehmen wir die Gegenrichtung (also nach links) und befinden uns auf einem entspannten, recht flachen Pfad. Ein kleiner Taleinschnitt präsentiert sich allerdings durch Erosionen und seine beiden Bachläufe recht spektakulär, Trittsicherheit ist hier sehr angenehm. Abgeschlossen wird die etwas kritischere Stelle durch einen großen exponierten Felsen, die sogenannte Stalzer Kirche. Wieder laden Text und moderne Skulptur zur Besinnung ein. Bald erreichen wir eine Almwiese und auf ihr die letzte der vielen Stationen des Weges der Sinne: eine Windharfe spricht hier – bei entsprechenden Windverhältnissen – besonders den Hörsinn an. Ein wenig später treffen wir auf die ersten Häuser, die in der hier üblichen Bauweise schwarz-weiß gestreift sind: Die weißen Fugen zwischen den dunklen Holzbalken machen den kleinen Weiler Zwieslen zu einem besonders malerischen Ort. Wir sollten nicht den Wegweisern hinunter zur Landesstraße folgen, sondern auf dem Höhenweg bleiben, der uns zum Knottenbach und danach – ein letztes Mal ansteigend – zum Weiler Egg führt. Nun geht es auf einer kurvigen Straße hinunter nach Bschlabs. Wir wandern an der Wirtschaft vorbei, die übrigens eines der seltenen erhaltenen Zeug-

Der kleine Weiler Zwieslen mit einem für hier üblichen schwarz-weiß gestreiften Haus

Auf kurviger Straße geht's hinunter nach Bschlabs!

nisse dafür ist, dass einst das Pfarrhaus (Widum) als Herberge für Pilger fungierte und der Pfarrer der Gastgeber war. Meist überdauerten diese Gebäude als Pfarrhöfe – hier nun einmal als Beherbergungsbetrieb! Vielleicht nach einer Jause, auf jeden Fall aber nach Eintreffen des Mesners, wenden wir uns letztlich dem Ziel unserer heutigen Wanderung zu.

» *Die Wallfahrtskirche Zu Unserer Lieben Frau Maria Schnee wurde 1648 geweiht und war zunächst als Friedhofskirche von Bedeutung, da bis dahin die Toten bis ins Imster Tal zur Beerdigung gebracht werden mussten. Der Zwiebelturm mit seinem achteckigen Obergeschoss kam 1780 hinzu, als bereits die Wallfahrt zur hölzernen Muttergottes mit Kind, die auch heute noch im Zentrum der Kirche und des Hochaltares (1859) steht, florierte. Die Prozessionsmadonna links hinten ist eine Votivgabe aus alter Zeit. Neueren Datums ist das interessante Antependium des Volksaltares mit der von D. Praxmarer geschnitzten Darstellung des Letzten Abendmahles.*

Zum Wanderparkplatz sind es nun nur noch wenige Schritte.

Die hölzerne Muttergottes mit Kind steht heute noch im Zentrum des Hochaltares.

AUSSERFERN

5 Rund um Elbigenalp

Religiöses Dreigestirn mitten im schönen Lechtal

| 2 Std. | 7,2 km | ↑↓ 100 Hm |

Anfahrt mit dem Pkw: Inntalautobahn bis Ausfahrt Imst/Pitztal, B 171 nach Imst, L 246 über das Hahntennjoch nach Elmen, dort B 198 nach Elbigenalp, Parkplätze am Gemeindeamt (gebührenfrei)

Anfahrt ÖPNV: Bahnverbindung von Innsbruck über Garmisch-Partenkirchen nach Reutte, Bus 110 nach Elbigenalp, Gemeindeamt

Ausgangspunkt: Elbigenalp, Gemeindeamt

Wegverlauf: Elbigenalp – Ölbergkapelle – Innerhoferweg – Grießauer Brücke – Pestkapelle – Grießau – Elbigenalp, St. Nikolaus

Anforderung: Höhenwegswanderung auf schmalen Bergwegen und Straßen unterschiedlichen Untergrundes, der Abstieg zur Grießauer Brücke ist seilversichert und dadurch gut machbar.

Einkehrmöglichkeit: in Elbigenalp Zur Geierwally (So/Mi Ruhetag, ab 17 Uhr normal geöffnet, mittags auf Anfrage), Gasthof Schwarzer Adler (Mo Ruhetag, 11:30–14 Uhr, 17:30–20:30 Uhr), Pizzeria La Terrazza (Do Ruhetag, sonst durchgehend geöffnet), unterwegs keine

Beste Jahreszeit: ganzjährig möglich, am schönsten im Herbst

Die Geierwally machte den kleinen Ort mitten im recht unberührten Lechtal bekannt, und auch heute noch finden an der Freilichtbühne im Sommer Theateraufführungen zu Ehren des wohl berühmtesten Kindes der Gemeinde statt, das hier als Anna Stainer-Knittel lebte und 1873 durch das Buch von W. von Hillern über die Grenzen Tirols hinaus bekannt wurde. Vom Gemeindeamt Elbigenalp spazieren wir an der Lechtal-Bundesstraße leicht bergauf, bis rechts ein Wegweiser zur Ölbergkapelle deutet. Sofort befinden wir uns auf einem schönen Wiesenweg, der bald durch ein Gatter führt und bergauf verläuft. Ein lehrreicher Kräuterweg begleitet uns nun bis hinauf zur kleinen Kirche mit dem wunderbaren Ausblick über das Lechtal. Beim Aussichtspavillon befindet sich ein alter schindelgedeckter Bildstock mit einem geschnitzten Christus im Kerker aus dem 18. Jahrhundert. Wir wenden uns aber zum kleinen Gotteshaus.

> *Im Jahre 1766 wurde von einem Einsiedler auf dem Felsvorsprung die schmucke Kapelle erbaut und 1829 auf einen dreijochigen Raum erweitert. Neueren Datums sind die Gewölbefresken von W. Köberl (1974), das riesige Kreuz hinter Glas unter dem Vorhang am Altar wurde bei der ersten hl. Messe in einer Prozession hierher verbracht.*

Die Ölbergkapelle auf dem Felsvorsprung oberhalb von Elbigenalp

Wir wenden uns nach links aufwärts und verlassen den Kirchengrund durch ein Gatter. Eine Forststraße, in die wir nach rechts einbiegen, nimmt uns auf, doch bald erreichen wir die Abzweigung „Innerhoferweg". Der Name kommt daher, dass der frühere Pfarrer von Elbigenalp namens Innerhofer gemeinsam mit freiwilligen Helfern diesen Höhenweg anlegte, der nun angenehm flach und mit wunderbaren Ausblicken auf den Ort unter uns durch Wald und Lichtungen verläuft. Der Pfad erreicht eine Forststraße und dabei gleich eine Verzweigung, an der wir uns rechts halten und weiter in nur sehr leichtem Bergauf und Bergab dahinwan-

Das riesige Kreuz hinter Glas unter dem Vorhang am Altar in der Ölbergkapelle

dern. Nach einer aussichtsreichen überdachten Schaukel, einem angenehmen Rastplatz, teilt sich der Weg, und nun biegen wir nach links. Es geht stetig bergauf, bis wir auf einer Almwiese den Wegweisern bergab zur Grießauer Brücke folgen. Stellenweise steil und seitlich abschüssig führt uns ein seilversicherter Steig hinab zur Straße. Diese überqueren wir vorsichtig und nehmen die Brücke über den Lech unter die Füße. Unsere Straße gabelt sich, wobei wir uns links halten und in leichter Steigung nach oben wandern. Über eine Wiese sehen wir nach etwa 500 m schon die weiße Pestkapelle am Waldrand liegen. Wir können auf einen Feldweg links einbiegen, der uns an Lärchen vorbei direkt zum kleinen Gotteshaus bringt.

Statue des hl. Sebastian an der Pestkapelle

» *Als in den Jahren 1633 die Pest anfing, hier im Tal zu wüten, wurde bald ein Friedhof für die Pesttoten auf der bis dato unbewohnten linken Lechseite notwendig. In der Abgrenzung links der Kapelle, deren Fundamente auch in diese Jahre zurückreichen, wird daran gedacht. Nach 60 Jahren erfolgte ein Neubau der eingefallenen Kapelle, wovon eine Votivtafel*

Über eine Wiese sehen wir die weiße Pestkapelle am Waldrand.

Beschauliche Wiesen und Stadel im Lechtal

kündet. 1832 wurde die Kapelle vergrößert. Der Hochaltar wird von einem Bild des hl. Sebastian dominiert (1834), die beiden spätbarocken Altarfiguren zeigen die hll. Rochus und Wendelin. Die Kreuzwegstationen stammen aus dem 18., das Kruzifix und die Figuren im Kirchenraum aus dem 19. Jahrhundert.

Wir verlassen diesen beschaulichen Ort aus der Kirche kommend nach links, wandern also den kleinen Hügel neben der Bank hinauf und behalten auch an der nächsten Kreuzung unsere Gehrichtung bei. Auf einer Brücke überqueren wir den Grießbach. Dahinter gabelt sich der Weg, eine Forststraße würde hinauf zur Grießbachalm oder wenigstens zum Höhenweg führen und könnte die Rundtour erweitern. Da wir aber die Pfarrkirche in Elbigenalp ohne weiteren Umweg erreichen wollen, biegen wir rechts ab und folgen unserer Straße zum Lech hinab. An ihm pilgern wir ein Stück entlang, bis wir ihn auf der schönen Nikolausbrücke überqueren. Schon ihr Name weist uns auf den Schutzpatron des schönen Dorfes Elbigenalp hin, auf den hl. Nikolaus, zu dessen stattlicher Kirche wir geradewegs kommen. Ein schräg abbiegender Weg geht zum alten Hauptportal.

» *Dass die Pfarre „Lechtal" bereits im Jahr 1312 erwähnt ist und wohl bereits damals ein Gotteshaus bestand, zeigt die lange Tradition dieses Ortes. Belegt ist der Kirchenbau seit dem 15. Jahrhundert. In seinem Inneren überrascht der lichtdurchflutete barocke Saalraum mit seinen ausnehmend großen Emporen. Die Fresken stammen vom berühmten Reuttener Künstler J. J. Zeiller; er schuf sie 1776 als sein*

AUSSERFERN

Dem Schutzpatron von Elbigenalp, dem hl. Nikolaus, ist die stattliche Pfarrkirche geweiht.

Spätwerk. Thema im Chor und über der Empore ist der hl. Nikolaus, das beachtliche Deckenfresko des Langhauses erzählt in einem grandiosen Perspektivgemälde vom Triumph der Ecclesia (Kirche). Der Vater des Künstlers, Peter Zeiller, gilt als der Maler der Kreuzwegstationen. Die Stuckmarmorsäulen des Baldachinraumes, der den Hochaltar bildet, in dessen Zentrum eine schöne Nikolausstatue steht, stammen aus einem früheren Barockaltar. Über dem schmiedeeisernen Sakramentsnischengitter im Chorraum links können wir das bei der letzten Renovierung unter Pfarrer Innerhofer hierher versetzte Königinnenfenster sehen, das an Königin Maria von Bayern erinnert, die oft in Elbigenalp weilte und als Wohltäterin gepriesen wird. Uralt ist vermutlich der Taufstein, der mindestens seit dem 15. Jahrhundert benutzt wird. Seine Symbole und die Minuskelschrift am oberen Rand sind noch nicht endgültig erforscht. Beachtenswert ist

Der lichtdurchflutete barocke Saalraum mit Fresken vom berühmten J. J. Zeiller

auch die Tragorgel aus dem Rokoko, die einst bei Prozessionen mitgenommen wurde.

Wieder außerhalb der Kirche, sollten wir wenigstens einen Blick in die kleine unscheinbare Martinskapelle werfen, die links hinten den Friedhof begrenzt.

» *Der älteste Kultbau des Lechtales, die Martinskapelle, wurde im 15. Jahrhundert über einem vermutlich uralten Beinhaus, das vielleicht schon ein Jahrtausend hier steht, errichtet. Das Fresko an der Stirnwand sowie die Kreuzigungsgruppe stammen aus dem 15. Jahrhundert. Ein Elbigenalper Künstler, A. Falger, ließ 1832 nicht nur die Kapelle auf seine Kosten restaurieren, von ihm stammen auch die an den Seitenwänden angebrachten bemalten Holztafeln. Eine davon zeigt den Totentanz, eine in Tirol eher seltene Abbildung.*

Wir wenden uns wieder in Richtung unserer Straße und erreichen sie auf dem anderen schräg zur Kirche verlaufenden Zugang. Ein besonderes Kreuz aus der zweiten Hälfte des 19. Jahrhunderts mit guss- und schmiedeeisernen Beifügungen, das an eine Schlacht der Lechtaler gegen die Appenzeller im Jahr 1408 erinnert, liegt am Weg. Wenige Schritte sind es nun noch nach rechts zum Gemeindeamt von Elbigenalp.

Das Innere des ältesten Kultbaues des Lechtales, der Martinskapelle

OBERLAND

6 Auf dem Jakobsweg von St. Anton nach St. Christoph am Arlberg

Unterwegs zum höchsten Punkt bis Santiago de Compostela

| 3 Std. | 7,8 km | ↑↓ 630 Hm |

Anfahrt mit dem Pkw: Inntalautobahn, ab Landeck S 16 bis Ausfahrt St. Anton am Arlberg, am Ortseingang Parkplätze P2 oder P3 (gebührenpflichtig)
Anfahrt ÖPNV: Bahnverbindung von Innsbruck direkt nach St. Anton, vom Bahnhof zu Fuß oder mit Bus 2 oder 4242 zum Ausgangspunkt
Ausgangspunkt: Bushaltestelle St. Anton am Arlberg Tyrol/Valluga
Wegverlauf: St. Anton am Arlberg – Pfarrkirche – Rosannaschlucht – Stiegeneckkapelle – Maiensee – St. Christoph am Arlberg
Anforderung: meist schmale Bergwege, in der Rosannaschlucht Schwindelfreiheit angenehm
Einkehrmöglichkeit: in St. Anton viele Möglichkeiten, in St. Christoph Gasthof Valluga (Di Ruhetag, sonst durchgehend geöffnet)
Beste Jahreszeit: Frühjahr bis Herbst

Die Trasse des Jakobsweges, der bis heute am Inn seine Zubringer von Böhmen, Bayern, Salzburg und schließlich Südtirol zusammenbringt, führt ab Landeck hier herauf ins Stanzertal und erreicht mit dem Pass bei St. Christoph ihren höchsten Punkt überhaupt. Allein diese fast unglaubliche Tatsache macht unsere Wanderung zu einem Pilgererlebnis, aber auch die schöne Rosannaschlucht ist einfach ein Genuss!

Zwischen den beiden Hotels Tyrol und Valluga spazieren wir hindurch, halten uns nach links und gelangen durch eine Schranke hindurch zur Kirchgasse, die eine Rechtskurve macht und dann geradewegs auf die Pfarrkirche von St. Anton zuläuft.

» *Durch seine Lage zwischen den beiden alten Kirchen in St. Jakob und St. Christoph besaß St. Anton lange Zeit kein eigenes Gotteshaus.*

Fröhlich wehen die Fahnen vor der Pfarrkirche von St. Anton am Arlberg.

Doch als sich bis zum 17. Jahrhundert das Zentrum der Ansiedelungen im Stanzertal hierher verlagerte, beantragte die Bevölkerung die Bewilligung zum Kirchenbau, die sie 1691 bekam. Noch im gleichen Jahr wurde dann in einem kleinen Neubau die erste Messe gefeiert, sieben Jahre später wurde sie geweiht. Von dieser barocken Kirche, die nur langsam mit Kunstwerken ausgestattet wurde, blieb der Hauptteil des Schiffes als heutiger Chor und der charakteristische Zwiebelturm erhalten. Die markante Veränderung geschah durch C. Holzmeister im Jahr 1932, nachdem das alte Gotteshaus zu klein geworden war. Dabei wurden ein zweiter niedrigerer Turm und das breitere Langhaus angefügt. Erst nach dem Zweiten Weltkrieg kamen moderne Ausstattungsgegenstände wie der Hauptaltar (1956) oder das Deckengemälde (1951) dazu. Teilweise farbenfrohe Glasfenster setzen ganz spezielle Akzente. Die Heili-

Farbenfrohes Glasfenster in der Pfarrkirche von St. Anton

OBERLAND

Der Steig durch die Rosannaschlucht ist ausgezeichnet gesichert.

gengruppe beim Kreuz am Triumphbogen, der gleichzeitig der Übergang von der alten zur neuen Kirche ist, stand früher auf der Empore des alten Gotteshauses. Ein spätgotischer Flügelaltar fungiert als rechter Seitenaltar und stellt das älteste Ausstattungsstück dar. Auch die Madonna an der Wand daneben ist älter als der Kirchenbau.

Wir verlassen die Kirche beim anderen Ausgang und befinden uns praktisch auf der Dorfstraße, die wir nach links entlangwandern. Nach etwa 200 m wird sie zur Fußgängerzone, durch die wir weiter entspannt schlendern können. Hinter dem Ortskern kommen dann wieder Autos hinzu, dennoch bleiben wir weiter geradeaus auf unserem Weg, bis wir an einem Kreisverkehr landen. Wir halten uns auch hier geradeaus, was in diesem Fall bedeutet, dass wir auf einen Fußweg gelangen, der den Parkplatz der Rendlbahn überquert und dann rechts neben der Talstation als Ingenieur-Julius-Lott-Weg weitergeht.

Die Beschilderung Rosannaschlucht können wir ab dem Kreisverkehr sehen. Wir bleiben auf dem asphaltierten Fuß- und Radweg, kommen am Denkmal seines Namensgebers vorbei, der als Erbauer der Arlbergbahn hier nahe des alten Tunnelportals geehrt wird, und unterqueren die Arlbergstraße. Nun können wir endlich die bekannte Jakobsweg-Markierung entdecken, die uns weiter begleiten wird. Sie führt uns auf immer schmaler werdendem Weg aus dem Ort in das Tal und später die Schlucht der Rosanna. Dabei unterqueren wir die beiden Tunnelröhren der Arlberg-Schnellstraße. Einen knappen Kilometer geht es beinahe flach weiter, erst nach einer alten gedeckten Brücke, die wir allerdings links liegen lassen, steigt der Pfad erst leicht und später etwas steiler an. Kleinere Rosanna-Zuflüsse werden mit guten Stegen überquert – wie auch der Steig insgesamt durch Seile, Zäune und Treppen ausgezeichnet gesichert ist. Da wir uns dennoch kontinuierlich vom immer weiter unter uns tosenden Gebirgsbach entfernen, ist Schwindelfreiheit bei den Tiefblicken doch angenehm.

Immer wieder können wir an Tafeln mit sinnigen Sprüchen und Texten innehalten. Unser Weg stößt nach einiger Zeit auf einen breiteren, dem wir nach links folgen, bis er wiederum auf eine schmale Asphaltstraße trifft. Hier geht es nun nach rechts und weiterhin ziemlich flach weiter. Eine erste Abzweigung nach links (Sagenweg zur Hexe von Stiegenegg) passieren wir und biegen erst bei der zweiten Abzweigung, die mit Kreuzweg markiert ist, über Treppen bergwärts ab. Etwa 100 m weiter steht auf einer natürlichen Kanzel zwischen Stanzertal und Verwall die Stiegeneckkapelle vor uns.

» *Bald nach Eröffnung des Weges ins Verwall 1609 wurde an diesem markanten Punkt eine Kapelle errichtet, von der aber nichts mehr zu sehen ist. Der heutige Bau entstand 1898 aus Dankbarkeit für das gute Gelingen des Arlbergtunnels und entwickelte sich zu einem lokalen Wallfahrtsziel, in dem bis 1950 der Flügelaltar der St. Antoner Kirche stand. Votivtafeln zeugen von einer langen Pilgertradition dieses Ortes.*

Die natürliche Kanzel mit der Stiegeneckkapelle

Direkt hinter der Kapelle steigt der Pfad an und überwindet auf dem Kilometer bis zur Querung der Arlbergstraße, die wir immer lauter vernehmen, knapp 200 Höhenmeter. Es geht aber durch angenehmen Wald, durchsetzt mit Hochmoor, und dadurch gelegentlich auf Bohlenwegen weiter. Schließlich führt uns eine Wiesentrasse hinauf zur Straße, die wir vorsichtig überqueren. Auf der anderen

Am Maiensee geht es über Bohlen entlang.

OBERLAND

Seite geht es gut markiert und anfangs sogar gepflastert weiter. Bald erreichen wir eine Weggabelung und halten uns links. Unser Maienweg, wie dieser Teil des Jakobsweges auch heißt, passiert etliche Tafeln und Kunstwerke, die u. a. an die Pionierleistungen im Skisport erinnern. Die Steigung bleibt uns die kommenden 250 Höhenmeter über erhalten, allerdings werden die Bäume schon spärlicher. Stattdessen säumen Latschen oder Arlen, die dem Gebirge hier den Namen gegeben haben, den Weg bis hinauf zum Sattel, hinter dem der Maiensee auf uns wartet. Wir balancieren teilweise über Bohlen an ihm entlang und erreichen bald die gut markierte höchste Stelle des Jakobsweges mit ihren 1860 m. Die angegebenen 2130 km bis Santiago allerdings sind heute nicht unser Ziel, wir begnügen uns mit dem Abstieg nach St. Christoph am Arlberg. Dazu überqueren wir eine Schotterstraße und pilgern auf einem lieblichen Pfad hinunter auf die Hotelsiedlung zu, bei der man eher links schon das alte Kirchlein und Hospiz sehen kann. Kurz vor der Ortschaft treffen wir wieder auf die Schotterstraße und wandern auf ihr gemütlich in den ganz dem Wintersport verschriebenen Ort und folgen dem Wegweiser zur Bruderschaftskapelle.

» *Vor dem überdachten Eingang erzählt eine Infotafel vom Schicksal der Schwabenkinder, die seit dem 17. Jahrhundert über den Arlbergpass geschickt wurden, aber auch von der Historie der Kapelle, die wir durch einen Gang und nach einigen Treppen erreichen. Ihre Ursprünge liegen wie die des Hospizes im 14. Jahrhundert, als der Schweinehirte H. Findelkind mit ein paar Gefährten eine Schutzhütte errichtete, die er mit Spendengeldern und der Stiftung eines Stückes Land durch Leopold III. von Österreich baute, um zu verhindern, dass weiterhin Menschen auf der Durchreise am Arlberg tödlich verunglückten. 1397 wurde der*

Die gut markierte höchste Stelle des Jakobsweges mit ihren 1860 Metern

Abstieg nach St. Christoph am Arlberg

Bau einer Christophorus-Kapelle vom Papst genehmigt, ein Jahr später fand die Weihe statt. 1644 und dann noch einmal im 19. Jahrhundert wurde diese allerdings grundlegend renoviert. Mit dem Bau des Arlbergtunnels im Jahr 1884 verlor der Pass seine Bedeutung, allerdings gewann der Skisport großen Zuspruch, und 1901 wurde im Hospiz der Ski-Club Arlberg gegründet. Im Jahr 1957 brannte allerdings der gesamte Komplex ab, so dass von der ursprünglichen Kapelle nichts mehr zu sehen ist. Der zwei Jahre später errichtete Raum, der 1962 eingeweiht wurde, enthält eine große Christophorus-Statue von 1909 sowie Fresken und Glasgemälde aus dem Jahr 1962. Bis heute ist hier der Sitz der karitativ wirkenden Bruderschaft St. Christoph, zu deren 18.000 Mitgliedern auch gekrönte Häupter zählen.

Nun können wir entweder mit dem Bus nach St. Anton zurückfahren oder auf gleichem Weg wieder ins Tal wandern. Allerdings kann der Umweg durch die Rosannaschlucht vermieden werden, wenn man vor der Querung der Arlbergstraße bei der Weggabelung geradeaus geht und über die Ortsteile Dengert und Moos das Dorf erreicht.

Bruderschaftskapelle in St. Christoph am Arlberg

OBERLAND

7 Kultur-Wallfahrt nach Pians, Grins und Quadratsch

Drei kleine Orte, aber groß(artig)e Kirchen

| 2½ Std. | 4,2 km | ↑↓ 200 Hm |

Anfahrt mit dem Pkw: Inntalautobahn A 12 und Arlberg-Schnellstraße S 16 bis Landeck West, L 171 nach Pians, Parkplätze (limitiert auf 3 Stunden!) im Ort
Anfahrt ÖPNV: Bahnverbindung von Innsbruck nach Landeck/Zams, Bus 4242 nach Pians Ort
Ausgangspunkt: Pians, Ort
Wegverlauf: Pians – St. Margaretha – Grins – Römerbrücke – St. Nikolaus – Quadratsch
Anforderung: Einfach, oft im Ortsbereich auf Straßen, dazwischen aber schmale Wiesenwege
Einkehrmöglichkeit: in Grins Restaurant Maultasch (Mo/Di Ruhetage, sonst ganztags durchgehend geöffnet)
Beste Jahreszeit: ganzjährig möglich, am schönsten im Herbst

Während die Arlberg-Schnellstraße unter den drei Dörfern mit den hübschen, aber eigenwilligen Namen Pians, Grins und Quadratsch durch Tunnel hindurchrauscht, können wir auf der Sonnenseite der Lechtaler Alpen, die hier mit der Parseierspitze einen ihrer Höhepunkte erreichen, in aller Ruhe eine kleine, aber feine Rundtour zu ganz unterschiedlichen Gotteshäusern unternehmen.

Die Wahl des Verkehrsmittels der Anreise entscheidet über eine sportliche Runde ohne oder eine gemütliche Wanderung mit Einkehr, denn am Parkplatz im Dorf darf man nur 3 Stunden parken – das ist möglich, wird aber mit Einkehr knapp. Vom Parkplatz oder der Bushaltestelle Dorf gehen wir in jedem Fall die Anliegerstraße hinauf zur kleinen Kapelle St. Margaretha. Den Schlüssel hat gegenüber (Hausnummer 8B) die Familie Lederle (Tel.: +43/(0)5442 62916).

» *Der gotische Bau mit seinem hölzernen Dachreiter wurde im 14. Jahrhundert errichtet – im Oktober 1414 soll hier der Papst auf der Durchreise zum Konzil von Konstanz eine Messe gelesen haben. Vermutlich nur wenige Jahre später entstanden die wunderbaren Fresken im Chorraum und auf dem Triumphbogen, die im Langhaus sind erst mit 1598 datiert. Die Verkündigung mit dem vom Himmel zu Maria schwebenden Christkind am Chorbogen oder auch die Darstellungen auf dessen Rückseite mit Jesus und dem Satan – beide als Gärtner! – sind von einzigartiger Aussagekraft und Qualität. Im Gewölbescheitel thront Christus mit der Seitenwunde in einer Mandorla, umgeben von Engeln, Evangelisten und Kirchenvätern. An den Wänden sehen wir die Apostel mit richtigen Charakterköpfen, in der Laibung des*

St. Margaretha in Pians mit ihrem hölzernen Dachreiter

Bogens die klugen und die törichten Jungfrauen. Den farbenprächtigen Hauptaltar aus dem 17. Jahrhundert dominieren drei Frauenstatuen, Maria mit dem Kind, Margareta und Katharina.

Ein Stück folgen wir nun der Straße bergauf, biegen aber nach ca. 100 m links ab und beachten den Wegweiser „Abkürzung Grins" über Treppen rechts aufwärts. Nach einem kurzen steilen Anstieg stoßen wir auf einen Fahrweg und wandern nach links bis zu einem kleinen Bildstock.

» Der Herz-Jesu-Andachtsort aus dem Jahr 1796 bewahrt eine schöne Holzbüste auf, die auf die in Tirol ja sehr populäre Verehrung des Herzens Jesu hinweist.

Freskendetail von St. Margaretha (15. Jh.): Gott schickt das Christkind zur Erde.

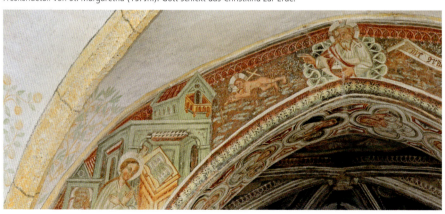

OBERLAND

43

Römerbrücke und Florianskapelle in Grins

Neben der Kapelle geht es nun rechter Hand wieder aufwärts, bis der Pfad bei einer Bank wieder auf einen flachen Weg stößt. Wir halten uns links und wandern durch macchia-artigen Wald stellenweise in Serpentinen etwa 100 Höhenmeter von Zeit zu Zeit auch steiler bergauf zu den ersten Gebäuden von Grins, wo ein ehemaliger Pestfriedhof durch ein Kreuz angezeigt ist. Ab hier ist unser Untergrund asphaltiert, und bald schon genießen wir den Blick auf den hübschen Ort Grins mit seiner mächtigen Kirche. Wir biegen allerdings erst bei der 3. Abzweigung nach links ab und kommen gleich auf die Straße, die von Pians hierher führt. Wir folgen ihrem Verlauf bis zu einer größeren Kreuzung, wo wir später nach links gehen werden. Aber ein kurzer Abstecher geradeaus lohnt sich: Wir sehen nach wenigen Schritten die alte Römerbrücke und dahinter die eigenwillige Florianskapelle.

» *Die Schlucht des Mühlbaches wurde hier vermutlich tatsächlich schon von der alten Römerstraße überspannt, und welche Steine die Baumeister der heutigen, aus dem 16. Jahrhundert stammenden Brücke verwendet haben, weiß niemand mehr – der Name Römerbrücke hat sich aber gehalten. Auf ihr finden wir einen entzückenden Bildstock mit einer barocken Kreuzigungsgruppe. Die Kapelle St. Florian ist ein moderner Bau, der an die Toten beider Weltkriege und an den Dorfbrand von 1945 erinnert.*

Wir wandern nun wieder zurück zur vorher erwähnten Kreuzung und entdecken hinter der nächsten Ecke linker Hand die

1982 anerkannte Heilquelle mit einem hölzernen Floriansbrunnen. Dem Straßenknick nach rechts folgend kommen wir am Gasthaus Maultasch vorbei, bis wir vor der Kirche St. Nikolaus stehen.

» *Der Turm, der die eigenwillige Fassade beherrscht, stammt noch vom gotischen Vorgängerbau der heutigen im Spätbarock entstandenen Kirche, die von 1775 bis 1779 gebaut wurde. Der überraschend weitläufige und lichte Saalbau ist mit Deckenfresken von M. Günther ausgestattet, die vor allem durch ihre perspektivische Wirkung herausragen. Besonders schön ist die Darstellung der Huldigung der Ecclesia (Kirche) durch die bis dahin bekannten vier Erdteile mit den liebevoll gemalten, aber wohl noch eher unbekannten Tieren im Gewölbe des Langhauses. Edel wirkt der weiß-goldene Rokokostuck, speziell an der*

Floriansbrunnen an der 1982 anerkannten Grinser Heilquelle

Grins, Kirche St. Nikolaus mit ihrer eigenwilligen Fassade

Auch ein Krokodil huldigt auf dem Deckenfresko von M. Günther der Kirche!

1780 entstandenen Kanzel. Das auf das gleiche Jahr datierte Taufbecken steht auf seinem ursprünglichen gotischen Fuß.

Vom Kirchplatz folgen wir unserer Straße weiter, also nach links bergab zum nächsten Bach, den wir auf einer Brücke queren. Nach dem Einschnitt wählen wir die untere Straße und gehen an Häusern vorbei. Nun kommen wir auf einen Wiesenpfad, der an einem Wildgehege entlangführt. Von diesem fast ganz umschlossen liegt eine kleine Kapelle mit einer Geißelungsszene. Wir wandern durch den Wald und kommen zu einer Dreierkreuzung, wo wir den Lehmsteig nach unten wählen. Vor einer Hochspannungsleitung finden wir eine Kapelle mit einem Maria-Hilf-Bild und einer Bank und treten nun auf die freie Wiese hinaus. Der Pfad bringt uns zu den ersten Häusern von Quadratsch, wo wir schließlich auf eine Straße gelangen. Ein Pfosten mit mehreren Wegweisern zeigt uns an, dass wir bei der Schlüsselad-

Maria-Hilf-Kapelle auf dem Weg nach Quadratsch

Das Kreuz in der Antoniuskirche wird A. Thamasch zugeschrieben.

resse für die Quadratscher Kirche sind – rechts liegt das Haus von Herrn Sprenger (Tel.: +43/(0)5442 66995), der den Schlüssel von St. Antonius besitzt und uns gerne zum Gotteshaus, das ab der nächsten Bergkante auch sichtbar ist, begleitet.

» *Im Jahr 1696 erbaut, aber erst 1718 geweiht wurde diese barocke Filialkirche, die dem hl. Antonius von Padua gewidmet ist. Mit ihrem schönen Schnitzaltar, der – wie auch das beeindruckende Kreuz – dem bekannten Paznauner Künstler A. Thamasch zugeschrieben wird, den barocken Kreuzwegstationen und den allerdings später entstandenen Deckengemälden hat das Kirchlein wirklich Sehenswertes zu bieten.*

Ein kleines Stück, bis zu einer Dreierkreuzung der Straße, müssen wir wieder zurückgehen und dann die Straße bergab nehmen. Nach einer ausladenden Rechtskurve zweigt ein kleiner Pfad ab, der uns direkt hinunter zur Landesstraße führt. Dort halten wir uns links und erreichen bald die Kirche von Pians nahe unserem Ausgangspunkt.

» *Hier stand seit 1646 ein Kirchenbau, wenn auch nicht der, den wir heute sehen. Dieser stammt – wie auch die noch erhaltenen Kreuzwegbilder – aus dem 19. Jahrhundert, wurde aber erst 1972/73 nach Plänen von C. Holzmeister umgebaut und erneuert.*

8 Die Serfauser Kirchen und eine Kapellenrunde bergab
Vom mondänen Skiort ins Mittelalter

| 3½ Std. | 8,2 km | ↑↓ 500 Hm |

Anfahrt mit dem Pkw: Inntalautobahn A 12 bis Knoten Oberinntal, B 180 nach Ried im Oberinntal, Serfauser Landesstraße bis zum Ortseingang Serfaus, dort kostenfreie Parkplätze für Tagestouristen
Anfahrt ÖPNV: Bahnverbindung von Innsbruck nach Landeck/Zams, dann Bus 4236 bis Serfaus/Muiren
Ausgangspunkt: Bushaltestelle Serfaus/Muiren
Wegverlauf: Serfaus – Madatschen – St. Georgen – Argenschlucht – Serfaus
Anforderung: bis Madatschen einfache Wanderung auf Teerstraßen, schmale Bergwege nach St. Georgen, in der Argenschlucht stellenweise Trittsicherheit und Vorsicht bei Nässe nötig
Einkehrmöglichkeit: in Serfaus viele Möglichkeiten, unterwegs Restaurant Madatschen (Sa Ruhetag, sonst durchgehend geöffnet)
Beste Jahreszeit: Frühjahr bis Herbst

Das schneesichere Serfaus auf seiner Hochterrasse über dem Inn stellt im Winter ein Pilgerziel unzähliger Skitouristen dar, die begeistert auf den Hängen des Komperdell ihrem Sport frönen. Dass im Sommer herrliche Wanderungen und auch viel Kultur in diesem zugegeben etwas abgelegenen Teil Tirols verborgen sind, stellt unsere Tour unter Beweis.

Vom Parkplatz am Ortsrand des verkehrsberuhigten Serfaus müssen wir etwa 500 m auf der Dorfbahnstraße zurücklegen, um zum Ausgangspunkt, der Bushaltestelle Serfaus/Muiren zu gelangen. Dabei können wir schon rechter Hand eine erste kleine Kapelle bewundern, die dem hl. Josef geweiht ist. Über die auf einem kleinen Hügel thronende Muirenkapelle links von uns werden wir am Ende der Tour zurück zum Ausgangspunkt kommen. Nun wenden wir uns erst den beiden Kirchen von Serfaus zu, die wir nach 250 m erreichen, wenn wir gleich beim Pfarramt in den Friedhof abbiegen. Wir gehen zwischen den beiden Gotteshäusern hindurch und wenden uns zunächst der Pfarrkirche rechter Hand zu.

» *Der von außen spätgotische Charakter mit dem großen Christophorus-Fresko an der Südwand wird im Inneren ersetzt durch eine durch und durch barocke Atmosphäre, wo lediglich die Stichkappen im Chorraum die ursprüngliche Form erahnen lassen. Im 18. Jahrhundert wurden Altäre, Figuren und Bemalung in reichem und lebhaftem Barock gestaltet, nur das große Kruzifix an der Chorwand ist noch spätgotisch.*

Malerisch eingebettet in der Samnaungruppe liegt der bekannte Skiort Serfaus.

Weitaus älter ist die Wallfahrtskirche Unsere Liebe Frau im Walde gleich daneben. Ein Blick sollte aber auch dem sehr originellen Campanile gelten, der mit einer alten Glocke von 1577 und der Kreuzigungsgruppe aus dem 17. Jahrhundert äußerst markant ist.

» Nun stehen wir in der Kirche der ältesten Marienwallfahrt Tirols. Der Bau selber geht in seinen Fundamenten auf das Jahr 804 zurück; die ehrwürdige romanische Madonna selbst wurde mit Holzuntersuchungen ins 11. Jahrhundert datiert. Die Form des niedrigen Kirchenraumes, der sich asymmetrisch zu einer frühgotischen Apsis öffnet, atmet schon allein den Geruch längst vergangener Zeiten. Die fragmentarisch erhaltenen Wandmalereien unterstreichen diesen Eindruck – allerdings gehen sie „nur" auf das 14. Jahrhundert zurück. Von 1340 etwa stammt die Bemalung der Südwand mit dem Jüngsten Gericht, dem am Chorbogen der Erzengel Michael als Seelenwäger folgt. Auf der anderen Seite des Bogens können wir noch einen heiligen Bischof mit einer Stifterfigur erkennen, sehr gut erhalten dagegen ist die Nische mit der

Die älteste Marienwallfahrt Tirols führt zur ehrwürdigen romanischen Madonna (11. Jh.).

OBERLAND

Der markante Glockenturm der beiden Kirchen von Serfaus

Kreuzigungsgruppe. Die Bemalung der Apsis entstand wohl erst ein Jahrhundert später. Hier zieht aber die alte Gnadenmadonna alle Blicke auf sich. In der seltenen Darstellung der Nikopoia (Siegbringerin) hält sie einen Apfel sowie das gekrönte und herrschaftlich segnende Jesuskind. Beachtenswert ist auch das Kruzifix von A. Thamasch in dessen typischer Art des „Tropfheilandes" aus dem Jahr 1690.

Die spektakuläre Brücke wurde nach der links sichtbaren St.-Zeno-Kapelle benannt.

Wir verlassen den heiligen Bezirk von Serfaus durch das Tor neben dem Campanile und wandern leicht bergab, bis wir auf die Untere Dorfstraße stoßen. Dort wenden wir uns nach rechts und schlendern durch den Ort. An der Dorfbahnstraße halten wir uns links, bis wir nach etwa 250 m links in den Mühlbachweg einbiegen. Hier überquert nach wenigen Schritten die spektakuläre Zeno-Brücke den tiefen Abgrund des Argebaches. Ihr Name kommt von der vor uns links etwas weiter unten sichtbaren schindelgedeckten St.-Zeno-Kapelle – eine leider immer verschlossene Nachfolgerin einer ursprünglich bis ins Mittelalter zurückgehenden Kapelle, die dem heiligen Bischof von Verona geweiht war.

Wir wenden uns aber nach der Brücke bergwärts und folgen den Wegweisern nach Madatschen, obwohl unser großes Ziel für heute, St. Georgen, in der anderen Richtung beschildert ist. Wir genießen den Rückblick auf den Ort und tauchen auf der nur anfangs steileren Straße wieder in den Wald ein. Alle Abzweigungen ignorieren wir, auch wenn uns das Gatter durch die Kuhweide ebenso ans richtige Ziel bringen würde. Wir umlaufen einen Hügel und befinden uns bald in einem Weiler mit einer hübschen Kapelle auf der Spitze des Hügels. Wenn wir uns an der Verzweigung rechts halten und hinter einem alten Haus das kleine Schild „Zur Kapelle" finden, können wir durch eine hohe Wiese zu dem Gotteshaus in traumhafter Lage gelangen, das als Privatkapelle allerdings meist verschlossen ist.

» *Der weiß getünchte Bau mit seinem hübschen Giebel-Dachreiter diente vielleicht ursprünglich als Pestkapelle und ist der Hl. Fami-*

Ein kleines Schild leitet durch eine hohe Wiese zur Privatkapelle von Madatschen.

lie geweiht. Ein paar Bänke laden zur Rast und zur Aussicht auf die Berge ringsum ein.

Der höchste Punkt unserer Wanderung ist somit erreicht, nun geht es zum nächsten Ziel fast nur bergab. Am Restaurant Madatschen vorbei haben wir noch eine Straße, doch dahinter wird kurzzeitig die Orientierung schwer, da Wegweiser fehlen. Wir halten uns geradeaus und entdecken nach kurzem an der Baumreihe links einen schmalen Pfad, der uns bald im Wald gut sichtbar bergab leitet. Er vollführt eine scharfe Kurve und endet etwa 100 Höhenmeter weiter unten auf einer asphaltierten Straße. Wir gehen nach links und dadurch wieder ganz leicht bergauf, bis scharf rechts ein diesmal markierter „Alter Steig (sehr steil)" abzweigt. Nicht sehr viel steiler als unser Waldpfad zuvor führt er wieder durch schönes lichtes Gehölz, wobei an der ersten Linkskurve auch ein Weg geradeaus verläuft. Leider ist hier kein Wegweiser, aber wir folgen der Kurve sowie bald darauf einer gegenläufigen und landen wenig später auf einem etwas breiteren Weg, der uns rechter Hand, allerdings unvermindert steil, weiter abwärts führt. Wieder stoßen wir auf eine Asphaltstraße und halten uns links. In der bald erreichten Serpentine sehen wir schon neben einem Wegkreuz die Abzweigung für unseren späteren Weg wieder bergauf, nun geht es aber ohne weitere Schwierigkeiten noch weiter bergab zu den Häusern von St. Georgen, wo wir bei Familie Müller (Tel.: +43/(0)5477 20047) den Schlüssel für die Kirche holen, die auf der Wiese weiter unten vor uns liegt.

» *Die einsame Lage zwischen Inntal und der Hochebene von Serfaus wird mit der Tradition als alter Kultplatz oder auch einer Initiative von Kreuzfahrern erklärt. Vermutlich gab es bereits vor dem 12. Jahrhundert ein kleines*

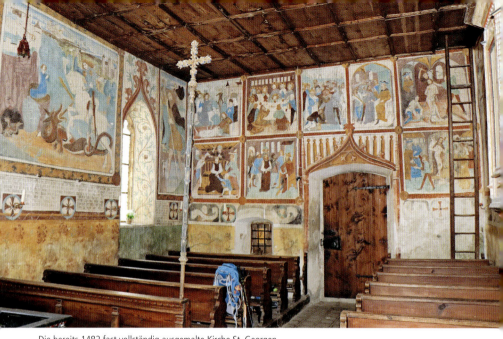

Die bereits 1482 fast vollständig ausgemalte Kirche St. Georgen

Gotteshaus, wobei die heute sichtbare Kirche 1429 urkundlich erwähnt wurde. Das Fresko des hl. Christophorus (frühes 16. Jahrhundert) an der Südwand außen ist nur ein Vorgeschmack dessen, was uns innen erwartet. Im Stil einer Armenbibel finden wir die Heilsgeschichte in einem Gemäldezyklus von 1482, der an der West- und Nordwand in 14 Bildern die Passion Jesu vom Einzug in Jerusalem bis zur Auferstehung zeigt. Über dem Chorbogen sehen wir Mariä Verkündigung und ansonsten etliche Heilige, wobei dem Kirchenpatron, dem hl. Georg, ein großes Fresko an der Südwand gewidmet ist. Der gotische Flügelaltar ergänzt den wunderbar harmonischen Eindruck der Kirche mit seinen Figuren Anna selbdritt, Rochus und Jakobus und den Gemälden auf den Altarflügeln, recht drastisch hierbei das Martyrium der hl. Ursula. Der wertvolle Reliquienschatz, die älteste Sammlung dieser Art in Tirol, steht heute im Tiroler Landesmuseum Ferdinandeum in Innsbruck.

Nun geht es bergauf, zurück nach Serfaus – natürlich nicht, ohne den Schlüssel zurückzubringen! Bis zur oben bereits angesprochenen Serpentine mit dem Kreuz ist der Weg der gleiche, danach folgen wir der Beschilderung Argensteig. Dass hier auch steht, dass dieser im Winter gesperrt ist, deutet schon darauf hin, dass wir uns in nicht gerade einfaches Terrain begeben – wenn allzu nasse Bedingungen oder mangelnde Trittsicherheit den Steig gefährlich machen könnten, ist man besser beraten, auf der Teerstraße zu bleiben und über den Weiler Stadelwies gemächlich nach Serfaus hinaufzuschlendern, wo man bei St. Zeno wieder auf unseren Hinweg trifft.

Wir wandern aber nun zunächst durch schöne Wiesen in Serpentinen und mit malerischen Tiefblicken auf St. Georgen bergauf und folgen immer den zahlreichen Wegweisern „Serfaus über Argensteig". Am oberen Ende der Wiese geht es in den Wald hinein, und bald schon können wir das tosende Wasser der Argenschlucht hören und weit unter uns sehen. Wir laufen wieder bergab, bis wir den Bach erreichen und auf einer Holzbrücke überqueren. Mit kleinen Serpentinen gewinnt der schmale Weg zuerst schnell an Höhe, aber auch danach geht es weiter in gleichmäßiger Steigung bergauf, bis wir die Felskante unterhalb des Ortes erreicht haben, die wir nochmals in engen Kurven überwinden. Wir lassen die erste Straße rechts liegen und steigen weiter über die Wiese zu den Häusern hinauf. Die Untergasse mit ihrem kurvigen Verlauf nimmt uns auf, doch wir können nach der ersten Biegung geradeaus weitergehen, auch wenn das Verkehrsschild vielleicht zunächst abschreckt. Wir kommen dadurch wieder auf die Untergasse, folgen ihr aber nur wenige Meter nach rechts und biegen dann links ab. Das Sträßchen Unterer Muiren teilt sich nach kurzem, wir halten uns rechts und gelangen so zum Muirenweg. Der Name verrät bereits, dass wir uns nahe unserer letzten Kapelle für heute befinden, die wir über eine Wiese erreichen können.

» *Hier auf dem Hügel Muiren steht die 1637 dem hl. Sebastian geweihte Pestkapelle, zum Dank dafür errichtet, dass in Serfaus die drei Jahre lang wütende Pest überwunden war. Außen erinnert sie mit ihrem offenen Glockengiebel stark an die Kapelle von Madatschen, innen finden wir einen hübschen frühbarocken Altar mit dem Schutzpatron und den ebenfalls als Pestheiligen verehrten Rochus und Pirmin.*

Die Bushaltestelle ist nun schnell erreicht, und auch zum Parkplatz können wir gemütlich zurückschlendern.

Die sogenannte Muirenkapelle ist dem hl. Sebastian geweiht.

OBERLAND

9 Wallfahrt nach Kaltenbrunn
Auf traditionsreichem Weg ins Kaunertal hinein

| 3½ Std. | 5 km | ↑↓ 300 Hm |

Anfahrt mit dem Pkw: Inntalautobahn bis Ausfahrt Landeck/Zams, B 180 bis Prutz, dort Abzweigung ins Kaunertal und wenig später nach Kauns, Parkplätze an der Dorfbücherei (oder am Gemeindeamt)
Anfahrt ÖPNV: Bahnverbindung nach Landeck/Zams, Buslinien 4210, 210 oder 4236 nach Prutz, von dort 4232 nach Kauns Dorfplatz
Ausgangspunkt: Kauns, Pfarrkirche
Wegverlauf: Kauns – Kaltenbrunn – Kauns
Anforderung: einfache Wanderung auf Teer- und Forststraßen
Einkehrmöglichkeit: in Kauns erst abends (ab 18 Uhr, Mo/Di Ruhetage) im Gasthof Falkeis, in Kaltenbrunn Gasthaus Kaltenbrunn (Di Ruhetag, durchgehend geöffnet)
Beste Jahreszeit: ganzjährig möglich

Seit im Jahr 1982 die Kaunertaler Gletscherstraße den Weißseeferner verkehrsmäßig erschloss und auch im Sommer der Gletscherpark Imst-Pitztal-Kaunertal rund um den Naturpark Kaunergrat für Touristen attraktiv ist, blühte das schmale Bergtal auf. Auf weitaus älterem und traditionsreicherem Weg sind wir heute unterwegs, wenn wir zum bekannten Marienheiligtum Kaltenbrunn pilgern.

Wir spazieren dazu aber zunächst zur weithin sichtbaren Pfarrkirche von Kauns.

» *Geweiht ist das Bauwerk mit seinem noch aus der Romanik stammenden Turm dem Pilgerpatron Jakobus. Die Kirche selbst stammt aus der Spätgotik und wurde im 18. Jahrhundert im Barockstil umgebaut, allerdings später wieder regotisiert. Die Gewölbefresken stammen sogar erst aus dem 20. Jahrhundert.*

Durch den Friedhof gelangen wir zurück auf die Dorfstraße und wenden uns taleinwärts. Die Abzweigung nach Kaunerberg und ins Pitztal (und weitere Wege in der Folge) lassen wir links liegen, kommen am Gemeindeamt vorbei und wandern mit wunderbarem Ausblick auf die Kaunertaler Berge aus dem langgezogenen Ort hinaus. Aus dem Wald in einiger Ferne können wir schon bei den letzten Häusern unser Ziel, die hübsche Wallfahrts-

kirche Kaltenbrunn, entdecken. Es geht an Feldern und Wiesen vorbei, und rechter Hand taucht bald die auf einem mehr als 100 m hohen Felsen gelegene, stattliche Burg Berneck auf. Im Sommer finden vormittags Führungen statt.

» *Das vor allem vom Tal aus gesehen beeindruckende Gebäude hatte wohl wenig strategische Bedeutung, sondern wurde wahrscheinlich zur Sicherung des Verkehrs über den Piller erbaut. Eine Bartholomäuskapelle mit gotischen Fresken kann neben anderen Räumen im Rahmen der Führung besichtigt werden.*

Wir überqueren in einem Taleinschnitt den Schlossbach und bleiben danach auf der unteren Straße, die uns weiter an Feldern und Stadeln vorbeiführt. An der nächsten Abzweigung halten wir uns bergauf – diese ist gut erkennbar mit einem hölzernen Wegweiser „Wallfahrtskir-

Die Pfarrkirche von Kauns ist dem Pilgerpatron Jakobus geweiht.

Die beeindruckende Burg Berneck vor unserem Ziel Kaltenbrunn

OBERLAND

Letzte Abzweigung auf den Kreuzweg nach Kaltenbrunn

che Kaltenbrunn" und einem schönen Kreuz am Zaun gegenüber. Es geht nun erstmals etwas steiler aufwärts, der Asphalt weicht bald einem schönen Feldweg, und unschwer pilgern wir auf das immer wieder sichtbare Ziel zu. Urtümlich wirkende Bildstöcke begleiten uns. Meist gut beschattet halten wir uns am Hang, queren ein paar Bachläufe und werden bei den wenigen Abzweigungen zuverlässig durch die rot-weißen Markierungen geleitet.

An einem Anstieg vor einem Bacheinschnitt stößt der Pilgerweg von Kaunerberg zu uns. Etwa 500 m weiter kommen wir zu einer größeren Lichtung mit Häusern; ab hier haben wir wieder Asphalt unter den Füßen und sehen Kaltenbrunn schon recht nah vor uns liegen. Nun geht es noch einmal merklich bergauf, wir queren einen weiteren Bachlauf und haben dann nach der folgenden Kurve einen wunderbaren Blick auf die Kirche vor den hohen Dreitausendern des Kaunertales. Links zweigt der Kreuzweg als kleiner Pfad ab, dem wir folgen. An einem alten Gebäude vorbei, das für Gruppengottesdienste mit zwei sakralen Räumen ausgestattet ist, und über etliche Treppen erreichen wir den Vorplatz der Kirche mit Gasthaus (dem früheren Widum), dem Kalten Brunnen und dem schlichten Portal.

» Noch bevor ein Ritter von Schenkenberg 1273 als Büßer eine steinerne Kapelle errichtete, war der Ort durch ein Marienbild, das auf Mensch

und Vieh segensreich wirkte, im Tal bekannt, und vermutlich gab es schon einen hölzernen Vorgängerbau. Etliche Wege führen seitdem aus allen Richtungen hierher, auch hochalpine wie der über das Wallfahrtsjöchl (2766 m), was die Beliebtheit dieser Kirche und ihres Gnadenbildes belegt. Letzteres zeigt sich uns in einer eigenen Gnadenkapelle. Der 1714 errichtete barocke kleine Zentralkuppelbau beherbergt die um 1400 entstandene Madonna mit Kind, die oft mit schweren Brokatgewändern geschmückt ist. Der gesamte Raum der sich über der Kapelle erhebenden Kirche wirkt nicht zuletzt durch den meisterhaften Wessobrunner Stuck, der im 18. Jahrhundert das eigentlich spätgotische Bauwerk in einen barocken Raum verwandelte, leicht und licht. Zwei Zeugnisse aus etwas früherer Zeit setzen einen

Am Ziel: vor der Gnadenkapelle (1714) mitten in der Kirche von Kaltenbrunn

Wallfahrtskirche Kaltenbrunn

gewissen Kontrapunkt: das Pestkreuz von A. Thamasch im Chor (1697) und der frühbarocke Weltgerichtsaltar (1661), der heute an Stelle des linken Seitenaltares steht und von ebenfalls von A. Thamasch geschnitzten Statuen umrahmt wird. Der rechte Seitenaltar dagegen mit dem lieblichen Altarbild von P. Candid und den weißmarmornen hll. Franziskus und Antonius spiegelt wieder das spätbarocke Lebensgefühl.

Wir wandern auf gleichem Weg wieder zurück nach Kauns und genießen nun den weiten Blick auf den Talausgang und das Inntal.

OBERLAND

10 Zwei Besinnungswege auf zwei Etagen
In Fließ und auf dem Venet spirituell unterwegs

| 1½ Std. | 3,7 km | ↑↓ 100 Hm |

Anfahrt mit dem Pkw: A 12 bis Ausfahrt Fließ, Parkplatz vor der Barbarakirche (beschildert)
Anfahrt ÖPNV: Bahnverbindung von Innsbruck nach Landeck, von dort Bus 4230 nach Fließ Ort, von dort zu Fuß zur Barbarakirche
Ausgangspunkt: Fließ, Barbarakirche
Wegverlauf: Barbarakirche – Besinnungsweg – Maaßkirche – (Aufstieg und) Auffahrt zum Krahberg – Besinnungsweg Venet – Gegenwartskapelle – Abfahrt nach Fließ oder Landeck
Anforderung: einfache Wanderung auf guten Wegen; bei Auf-/Abstieg zur Sesselbahn Venet Süd 2 Std. und 450 Höhenmeter/3,4 km zusätzlich
Einkehrmöglichkeit: in Fließ mehrere Möglichkeiten, auf dem Krahberg Venet Panoramarestaurant (Öffnungszeiten wie die Seilbahnen)
Beste Jahreszeit: Frühjahr bis Herbst (Öffnungszeiten der Seilbahnen Ende Mai – Oktober; Venet Süd täglich nur Juli – September, später an den Wochenenden)

Fließ liegt klimatisch begünstigt auf einer Sonnenterrasse an der Südseite des Krahberges und eignete sich strategisch perfekt als wichtiger Wegpunkt der späteren Via Claudia Augusta. Siedlungstätigkeit lässt sich hier schon seit der Jungsteinzeit nachweisen. Zeugnisse davon sind vor allem im beachtenswerten Museum zu bestaunen. Der Fasnachtsbrauch des Blochziehens ist eine besondere Attraktion am Faschingssonntag. Doch auch in religiöser Hinsicht hat Fließ mit seinen zwei großen Kirchen und unzähligen Kapellen viel zu bieten – und oben am Krahberg entstand vor kurzem eine weitere spirituelle Stätte. Wir beginnen unsere Wanderung an der auffallenden neuen Pfarrkirche St. Barbara, die mit ihren beiden Türmen seit Beginn des 19. Jahrhunderts ein weithin sichtbares Wahrzeichen darstellt.

» *Da die alte Pfarrkirche im Ort im 18. Jahrhundert die Gläubigen nicht mehr aufnehmen konnte, wurde an Stelle einer alten Wallfahrtskapelle St. Barbara aus dem 13. Jahrhundert der große Saalbau mit seiner dreiportaligen Vorhalle errichtet und erhielt das Patrozinium Mariä Himmelfahrt. Dieses konnte sich aber nicht durchsetzen, weshalb bald der Name Barbarakirche gängig wurde. Der weite spätbarocke Innenraum ist meist verschlossen, kann aber von der Vorhalle aus betrachtet wer-*

den. In ihr begegnen wir bereits Aussprüchen des lokal sehr verehrten Alois Simon Maaß (1758–1846), der uns auf dem ersten Besinnungsweg auch begleiten wird.

Vom Vorplatz der Kirche geht bei einem Brunnen ein gut markierter Wanderweg nach unten – der Maaß-Besinnungsweg. Er führt uns in einem weiten Bogen erst an einem Bach, später unter Bäumen und durch Felder um die Barbarakirche herum und verliert dabei etliche Höhenmeter. An einer Abzweigung halten wir uns links, danach wandern wir nur noch leicht bergab und gelangen nach 400 m auf einen Forstweg. Auf ihm steigen wir nun wieder hinauf ins Dorf Fließ, kommen direkt gegenüber dem Kircheneingang der Alten Pfarrkirche, die jedoch bei den Einheimischen nur „Maaßkirche" heißt, auf die Hauptstraße und überqueren diese vorsichtig.

Die neue Fließer Pfarrkirche St. Barbara mit ihren beiden Türmen

» *Der auffallend kolorierte romanische Glockenturm und das gotische Christophorus-Fresko verraten bereits ein hohes Alter der Kirche, doch überraschen uns innen noch ältere Bauspuren. In der Unterkirche, in der auch der alte Pfarrer A. S. Maaß begraben ist und verehrt wird, können wir Relikte eines Kirchenbaues sehen, die auf die Jahre 530 bis 620 da-*

Durch Felder geht es um die Barbarakirche herum und in den Ort Fließ.

Die alte Pfarrkirche mit ihrem Christophorus-Fresko wird in Fließ „Maaßkirche" genannt.

tiert wurden. Weitere Reste aus Umbauten im 8. und 12. Jahrhundert sprechen für eine äußerst lange Kultkontinuität an diesem Ort, der dadurch wohl eine wichtige Rolle bei der Missionierung des Tiroler Oberlandes gespielt hat. Das zwischen 1693 und 1696 umgestaltete Innere der Pfarrkirche mit seinem Tonnengewölbe und den Stichkappen wirkt größer, als es ist, und enthält einen reich vergoldeten Hochaltar mit dem 1709 gemalten Mariä-Himmelfahrt-Gemälde von M. Gasser und noch einen spätgotischen Taufstein mit Wappen einheimischer Adelsgeschlechter.

Wenn wir wieder vor der Kirche stehen, müssen wir eine Entscheidung fällen, wie wir nun zum zweiten Besinnungsweg kommen wollen, der sich allerdings auf dem Gipfelplateau des Krahberges, mehr als 1000 Höhenmeter über uns, befindet. 650 Höhenmeter davon kann uns die Sesselbahn Venet Süd abnehmen, die allerdings nicht im Ort Fließ beginnt, sondern deren Talstation (!) noch 450 Höhenmeter über uns liegt: Sportliche Wanderer nehmen dafür den teilweise in Serpentinen bergauf führenden, aber unschweren Weg mit der Nummer 7, der neben der Kirche hinauf nach Blumenegg und dann über den Weiler Bannholz und anschließend schönen Wald zur Sesselbahn leitet. Wer das Auto dabei hat, kann es vom Parkplatz vor St. Barbara holen und die Strecke auch damit zurücklegen. Dazu verlässt man Fließ in Richtung Schatzen und folgt dann den Wegweisern. Der letzte Kilometer ist hierbei allerdings nicht asphaltiert! Mit öffentlichen Verkehrsmitteln schließlich können wir diese Möglichkeit nur im Winter nutzen. Normalerweise aber müssen wir mit dem Bus nach Landeck und weiter nach Zams zurück – und von dort mit der großen Venetbahn auf den Krahberg fahren.

Oben angekommen sollten wir erst einmal das umfassende Panorama bewundern, bevor wir uns der ersten modernen Tafel des im Herbst 2018 errichteten und trotz seiner Höhenlage sogar barrierefreien Besinnungsweges nähern, dem wir nun – uns links haltend – folgen.

» *Sieben Stationen, die durch Betonstelen mit kunstvollen Metallplatten markiert sind, enthalten kurze christliche Texte. Sie entstanden unter Mitwirkung des Pfarrers von Zams, H. Traxl, und regen durch das gelungene Zusammenspiel von Wort, Bild und Umgebung zum Nachdenken an.*

2018 wurde der Besinnungsweg auf dem Venet mit seinen sieben Stationen errichtet.

Ungefähr ein halber Kilometer flacher und meditativer Wanderung trennt uns nun vom Zielpunkt des Besinnungsweges, der ungewöhnlichen Gegenwartskapelle, die 2016 realisiert und geweiht wurde.

» *Der interessante Name Gegenwartskapelle bezieht sich dabei nicht nur auf die moderne, aktuelle Gestalt des kleinen Gotteshauses, sondern soll daran erinnern, dass hier „das Herz in die Gegenwart des Herrn gebracht werden kann", wie der Initiator, Pfarrer Traxl, bei der Weihe betonte. Ein Altar steht vor der knapp 7 m hohen Kapelle, oft werden Bergmessen gefeiert. Innen beeindruckt das bunte Glas, das je nach Sonnenstand und -einstrahlung verschiedene Wirkungen erzielt.*

Von der Kapelle gehen wir ein paar Schritte nach Norden und kommen auf einem breiten Weg wieder zur Bergstation bei den Venet-Bahnen. Den Rückweg nach Fließ oder auch gleich nach Zams bewältigen wir wie den Aufstieg zu diesem besonderen Ort.

Zielpunkt des Besinnungsweges ist die ungewöhnliche Gegenwartskapelle von 2016.

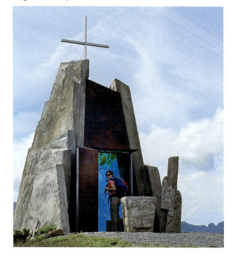

OBERLAND

11 Wallfahrtskultur am Zammerberg
Von Schönwies über drei Kirchen nach Kronburg

| 4½ Std. | 15,1 km | ↑↓ 600 Hm |

Anfahrt mit dem Pkw: Inntalautobahn bis Ausfahrt Mils/Schönwies, B 171 nach Schönwies, Parkplätze im Ort
Anfahrt ÖPNV: Bahnverbindung von Innsbruck oder Salzburg bzw. München über Wörgl nach Schönwies
Ausgangspunkt: Schönwies, Bahnhof
Wegverlauf: Schönwies – Obsaurs – Falterschein – Grist – Kronburg – Schönwies
Anforderung: meist einfache Wanderung auf Teer- und Forststraßen, schmale und gelegentlich sehr steile Bergwege nach Obsaurs und im Abstieg nach Kronburg
Einkehrmöglichkeit: in Kronburg Gasthof (Mo/Di Ruhetage, sonst ab 10 Uhr durchgehend geöffnet)
Beste Jahreszeit: Frühjahr bis Herbst

Die traditionelle Marienwallfahrtskirche nahe der Kronburg erreichen wir bei unserer Wanderung nicht gerade auf schnellstem Weg und auch nicht über einen der bekannten Wallfahrtswege. Dafür bekommen wir Einblicke in uralte Kulttraditionen in Obsaurs und Grist und können den Blick auf unser Ziel bereits vom hoch gelegenen Falterschein genießen.

Am Bahnhof Schönwies halten wir uns gleich rechts in Richtung Parkplatz, durchqueren diesen und wandern auf einem teilweise naturbelassenen Fahrweg zwischen Feldern und dem Gleiskörper entlang nach Osten, bis der Weg – nach einer 90-Grad-Drehung – zu den Häusern des Ortsteiles Saurs führt und bei einer Kapelle auf die Straße mündet.

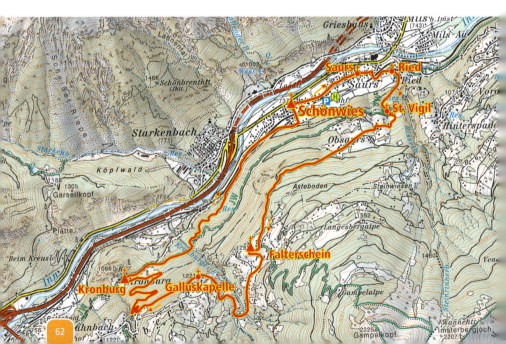

Die altehrwürdige Kirche St. Vigil in Obsaurs mit dem Römerturm dahinter

» Das mitten auf der Straßenkreuzung stehende kleine spätbarocke Gotteshaus ist dem hl. Josef geweiht und steht immer zum Gebet offen. Die Jahreszahl 1757 auf den Kreuzwegstationen weist hier nicht auf das Alter der Kapelle hin, die erst drei Jahre später errichtet wurde. Der Kreuzweg stammt nämlich aus der Pfarrkirche, wie auch das alte Fastenbild hinten links (Ende 17. Jahrhundert).

Wir folgen nun der kleinen Landstraße, die nach etwa 200 m abknickt und anschließend den Gleiskörper unterquert. Ihr weiterer Verlauf führt uns links in den Ortsteil Ried, wo wir nach kurzer Zeit wieder eine Kapelle vorfinden.

» Die grau gestrichene Michaelskapelle wurde 1723 errichtet und beherbergt ebenfalls ein Gemälde („Drei Engel") aus der Schönwieser Pfarrkirche, die wir am Ende unserer Wanderung besuchen. Die hübschen Büsten der populären vier Heiligen Barbara, Katharina, Ursula und Apollonia stammen vom Imster Künstler J. G. Wittwer von 1760.

Unsere Straße verlässt nun die Häuser und wendet sich – durch eine echte Jakobsmuschel markiert – als Fahrweg bergan. Kaum im Wald endet aber das recht bequeme Gehen abrupt, da wir nach links auf einen Weg mit beträchtlicher Steigung geleitet werden. So gelingt es, die etwa 150 Höhenmeter bis zu unserem nächsten Zwischenziel schnell, aber schweißtreibend zu überwinden, und wir gelangen an der Einfassungsmauer entlang zur altehrwürdigen Kirche St. Vigil in Obsaurs. Den Schlüssel erhält man im Haus oberhalb bei Familie Pohl (Tel.: +43/(0)5418 5176).

» Es ist ein wohl uralter Kultplatz, den wir betreten. Dafür spricht nicht nur die Tatsache, dass schon vor dem gotischen Gotteshaus, das wir heute bewundern, eine romanische Vorgängerkirche aus dem 12. Jahrhundert belegt ist, sondern vor allem die Verehrung der drei Saligen oder „Bethen" Ambett, Gwerbett und Wilbett, die innen und in der Sakristei auch bild-

OBERLAND

St. Vigil/Obsaurs, Wandmalereien aus dem 16. Jahrhundert

1962 wiederentdeckt und freigelegt wurden. Der Rokokoaltar im Inneren stammt wieder von J. G. Wittwer, Kanzel und Kreuzigungsgruppe sind aber noch aus der Gotik, die sehr bäuerlich wirkende romanische „Winkelmuttergottes" (vermutlich allerdings als Darstellung der Gwerbett mit dem Sonnenszepter gedacht) sogar aus dem frühen 13. Jahrhundert. Interessant ist auch das wohl berühmteste Jakobsweg-Graffiti in Tirol von 1604.

lich dargestellt sind. Wahrscheinlich handelt es sich hier um eine christliche Umwidmung dreier heidnischer Göttinnen; das Gemälde ist frei von christlicher Symbolik und zeigt stattdessen drei Königinnen. Das Patronat hält allerdings – ebenfalls als Nordtiroler Einzigartigkeit – der hl. Vigil. Schon außen kann man Wandmalereien aus dem 16. Jahrhundert bestaunen, die

Wir steigen zur Straße hinauf, missachten die Beschilderung des Jakobsweges und halten uns bergauf. An einer Verzweigung am Waldrand wandern wir rechts weiter und kommen zu einem Gehöft des Weilers Obsaurs. Nun geht es auf einer asphaltierten Straße ziemlich geradewegs weiter aufwärts, bis wir wieder im Wald geschotterten Boden unter den Füßen haben. In manchmal kräftigerer Steigung wandern wir länger weiter, immer geradeaus und um den Bergrücken herum, bis wir uns an einer Gabelung links halten

Kruzifix am Fahrweg zum malerischen Weiler Grist

Die pittoreske Galluskapelle von Grist

und kurz darauf wieder ins Freie treten. Den Weiler Falterschein sehen wir schon vor uns, erreichen die ersten Häuser und damit auf Asphalt und auch bald auf die Zammerberg-Landesstraße. Wir halten uns rechts und damit direkt auf die Kirche mit ihrem Spitzturm zu.

» *Die alte Seelsorgskirche des hoch über dem Inntal gelegenen Weilers, dessen Name früher Vollerschein lautete, ist dem Fest Mariä Reinigung geweiht und wurde 1669 erbaut. Das schön stuckierte Innere mit seinen drei Jochen lässt erkennen, dass bald Erweiterungen nötig waren, die jedoch den harmonischen Gesamteindruck der Kirche nicht trüben. Aus dem 18. Jahrhundert stammt denn auch der Großteil der Einrichtungsgegenstände, nur die Altäre sind jüngeren Datums. Bereits älter als das Gotteshaus ist eine der Glocken, die bereits um 1500 gegossen wurde.*

Nun beginnt, mit schönem Blick auf die Wallfahrtskirche und die Kronburg, der lange Abstieg, zunächst für einige Zeit auf der schmalen Bergstraße, die sich zu Beginn durch Felder bergab zieht und dann in den tiefen Taleinschnitt des Kronburger Baches führt. Hier durchqueren wir sogar einen Tunnel, passieren dann den Bach und gehen auf der anderen Seite wieder aus dem Einschnitt heraus. Beim Anblick der nächsten Häuser können wir links auf einen Fahrweg abbiegen und befinden uns bald im malerischen Weiler Grist mit seiner hübschen Galluskapelle.

» *Das einer Urkunde nach im 17. Jahrhundert geweihte Kirchlein mit seinem schindelgedeckten Türmchen ist durch die gelben Rahmungen an der Fassade bereits von außen ein Blickfang. Das Innere mit seiner dekorativen Malerei ist meist nur durch ein Fenster zu sehen.*

OBERLAND

Kronburg mit seinem Gnadenbild im Hochaltar

Wir wandern nun wieder nach rechts und zur Zammerberger Landesstraße zurück, der wir ein Stück folgen, bis rechts vor dem Einschnitt des Meranzbaches ein guter, in Serpentinen verlaufender und daher angenehmer Weg abzweigt, der uns rasch hinunter nach Kronburg mit seinem einzigartigen historischen Bauensemble von Kirche, Widum, Kloster und Mesnerhaus bringt.

Etliche Votivbilder erzählen von der langen Tradition Kronburgs als Wallfahrtsort.

» *Die bekannteste Wallfahrt der heutigen Wanderung ist seit dem 17. Jahrhundert Ziel von Gläubigen, nachdem 1673 nach einer wundersamen Heilung eine Kapelle unterhalb der Kronburg errichtet worden war. Was wir heute sehen, stammt aus dem Beginn des 18. Jahrhunderts, der Turm wurde erst 1912 angefügt. Innen machen barocke Seitenaltäre und die Gewölbemalerei mit der Darstellung zahlreicher Wunder das von außen schlichte Bauwerk zu einem sinnlichen Erlebnis. Der klassizistische Hochaltar mit dem besonders verehrten Mariahilf-Bild fügt sich durch die Einbindung der barocken Statuen und des Ta-*

bernakels aus dem Jahr 1700 gut in das Konzept ein. Interessant sind auch die vielen Votivbilder, die von der langen Tradition als Wallfahrtsstätte erzählen.

Auf der Fahrstraße, die mit einem Kreuzweg versehen bis hinunter nach Schönwies verläuft, wandern wir weiter. Wir könnten ihr unbesorgt bis zu unserem Ausgangspunkt folgen, wer aber lieber keinen asphaltierten Boden unter den Füßen hat, kann, bald nachdem der Wald erreicht ist, die Abzweigung nach rechts nehmen, die auf gutem Weg, allerdings mit ein paar kleineren Gegenanstiegen, ebenfalls nach Schönwies hinunterführt. Hinter der Kronburger Schlucht muss man sich in diesem Fall links halten, ansonsten ist die Orientierung kein Problem. Die sehenswerte Pfarrkirche St. Michael von Schönwies ist unser gemeinsames abschließendes Ziel.

» *Durch den neoromanischen Turm erscheint die Kirche älter, als sie tatsächlich ist, da sie erst 1688 nach kurzer Bauzeit geweiht wurde. Im Inneren zeigt sich der barocke Saalbau dann in seiner ganzen harmonischen Pracht. Die meisten Ausstattungsteile, sowohl die Deckengemälde mit den originellen Darstellungen der Inspiration der Evangelisten als auch der Hochaltar, stammen aus dem Jahr 1790 und zeigen mehrfach den Kirchenpatron sowie die anderen Erzengel Raphael und Gabriel. Nur die eindrucksvolle Kreuzigungsgruppe ist älteren Datums.*

Nach dem Besuch der Kirche spazieren wir am Kriegerdenkmal vorbei in östlicher Richtung weiter, bis rechts eine Straße zum Bahnhof abzweigt.

Die Michaelskirche von Schönwies mit ihrem neoromanischen Turm

12 Imst und seine Kirchen

Durch die Rosengartenschlucht nach Hochimst und zum Wetterkreuz

| 2½ Std. | 5,8 km | ↑↓ 320 Hm |

Anfahrt mit dem Pkw: Inntalautobahn bis Ausfahrt Imst/Pitztal, B 171 nach Imst, Parkplätze Rosengartenschlucht am Johannesplatz (gebührenpflichtig)
Anfahrt ÖPNV: Bahnverbindung nach Imst-Pitztal, von dort Bus 4 zum Pflegezentrum Gurgltal
Ausgangspunkt: Imst, Johanneskirche
Wegverlauf: Imst, Johanneskirche – Bergl – Laurentiuskirche – Rosengartenschlucht – Blaue Grotte – Hochimst – Wetterkreuz – Lourdeskapelle – Pestkapelle – Imst, Pfarrkirche
Anforderung: in der Rosengartenschlucht schmaler Klammsteig, Schwindelfreiheit angenehm, sonst einfache Wanderung auf guten Wegen
Einkehrmöglichkeit: in Imst viele Möglichkeiten, unterwegs in Hochimst Restaurant Sonneck (Mo Ruhetag außer im Juli und August, dann durchgehend geöffnet)
Beste Jahreszeit: Frühjahr bis Herbst

Als 2010 die Fasnacht Imst, genauer das Schemenlaufen zum immateriellen Kulturerbe der UNESCO erklärt wurde, rückte die kleine Bezirkshauptstadt einmal wieder in den Mittelpunkt. Neben dieser alten Tradition, die alle vier Jahre am Unsinnigen Donnerstag lebendig wird, wurde Imst durch das erste SOS-Kinderdorf bekannt, das Hermann Gmeiner hier 1950/51 eröffnete. Doch auch die Kirchen im Ort sowie die wunderschöne Rosengartenschlucht verdienen einen näheren Blick auf unserer Wanderung.

Von unseren Ankunftsorten erreichen wir schnell St. Johannes, das am rauschenden Schinderbach liegt.

» *Vermutlich handelt es sich bei diesem Gotteshaus um die älteste Johannestaufkirche Tirols, da man annimmt, dass die Taufkapelle der oberhalb auf dem Bergl liegenden Laurentiuskirche Grundlage für die heutige Kirche ist. 1274 erstmals erwähnt und im Mittelalter (spätestens seit 1467) als Spitalskirche genutzt, stand hier also ein gotisches Gotteshaus, von dem leider nur noch der Chor und der Unterbau des Turmes erhalten sind. Auch die barocke Ausstattung wurde bei einem verheerenden Stadtbrand 1822 gänzlich zerstört, so dass heute ein schlichtes Inneres mit zwei schönen im 17. Jahrhundert errichteten Seitenaltären und einem großen Triumphbogenkreuz zu bewundern ist.*

Wir gehen nur wenige Schritte am Schinderbach entlang und biegen praktisch neben der Johanneskirche rechts ab. Ein mit

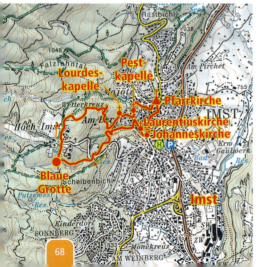

ansprechenden modernen Gedanken und Bildstöcken aus dem 16. Jahrhundert gestalteter Kreuzweg – einer der ältesten im deutschsprachigen Raum – führt uns teilweise steil über Treppenwege hinauf aufs Bergl. Vielleicht war dieser besondere Konglomerathügel schon in vorchristlicher Zeit ein Kultort, jedenfalls befindet sich hier eine der ältesten Kirchen Tirols, St. Laurentius, unser nächstes Ziel.

» *Grabungsarbeiten im 20. Jahrhundert erwiesen, dass unter dem heutigen Gotteshaus bereits Spuren eines Vorgängerbaus aus der ersten Hälfte des 5. Jahrhunderts lagen. Vielleicht als Chorschranke verwendet wurde eine Marmorplatte, die ein von einem Kreis nimbusartig gerahmtes Christus-Monogramm zeigt. Sie ist heute an der Südwand des romanischen Baus aufgestellt. In der Apsis sind die ältesten Imster Fresken zu sehen (1360/70), von einer früheren Malschicht sind nur noch wenige Reste in Form von Evangelistensymbolen vorhanden.*

Von der ältesten Johannestaufkirche Tirols in Imst ist noch die Apsis aus der Gotik erhalten.

Unter St. Laurentius wurden Reste eines Vorgängerbaus aus dem 5. Jahrhundert entdeckt.

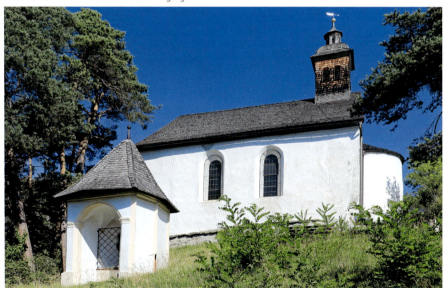

OBERLAND

Vom Rücken des Bergls öffnet sich der Blick auf die Imster Pfarrkirche.

Wir setzen unseren Kapellenweg fort und wandern auf dem Rücken des Bergls entlang, erst weiter leicht bergauf, dann bergab zu einer Straße. Wir halten uns links und steigen auf ihr abwärts, bis ein Fußweg rechts steiler hinunter in die Rosengartenschlucht abfällt. Er ist als SOS-Kinderdorf-Themenweg gestaltet, der dann unten auch weiter in die Richtung des allerersten Kinderdorfes führt. Wir folgen dem Weg aber nicht mehr über die Brücke, sondern biegen an der Kreuzung rechts ab und gehen in die Schlucht hinein. Davor sollten wir aber noch einen Blick zurück auf das Bergl werfen, da wir von hier aus die in den gepressten Fels gebauten alten Häuser gut sehen können.
Auf Bohlen, Felsen und Stegen geht es durch die spektakuläre Schlucht, vorbei an Wasserfällen, durch Tunnel – und an

In der Rosengartenschlucht geht es auf Brücken vorbei an Wasserfällen.

einer Stelle auch nur gebückt! Eine zierliche Madonna auf der Gegenseite an einer der schmalsten Passagen dürfen wir nicht übersehen. Wenn wir die felsigen Engstellen überwunden haben, unterqueren wir die Autostraße und wandern dann eher oberhalb der Schlucht weiter. Ungewöhnliche, fast südländische Vegetation begleitet uns nun zum nächsten Naturspektakel, der Blauen Grotte, zu der wir einen kleinen Umweg in Kauf nehmen. Hinter einer Brücke führt der Weg zu einem kleinen Höhlensystem mit zwei Eingängen und einem Loch, das vielleicht schon zur Römerzeit zum Erzabbau angelegt wurde. Wegen des bläulichen Schimmers des Sees in der Ostzeche erhielt die Grotte ihren Namen. Wir folgen danach dem Weg weiter und erreichen recht schnell ohne große Steigung den Weiler Hoch-Imst mit seinem Badesee, der linker Hand zum Rasten einlädt. Nun durchqueren wir geradeaus den Parkplatz, gehen über die Straße und orientieren uns an den Wegweisern in Richtung Wetterkreuz, die uns auf einen Pfad am Rand der großen Wiese bringen. An einer größeren Kreuzung halten wir uns rechts und spazieren durch schönen Wald erst flach, dann mit Gefälle dahin. Das große Wetterkreuz mit seiner wunderbaren Aussicht können wir 50 Höhenmeter weiter unten nicht verfehlen. Nach dem Genuss des Panoramas geht es weiter bergab. An einer Weggabelung, die nur einen Steinwurf, aber etliche Höhenmeter von der Rosengartenschlucht entfernt ist, halten wir uns links, etwas mehr als 150 m weiter ebenfalls. Nun heißt es aufpassen, damit wir den unscheinbaren Abstecher zur hübschen Lourdeskapelle

Im Hoch-Imster Naturspektakel, der Blauen Grotte

nach weiteren etwa 100 m nicht verpassen! Nach links führt ein kleiner Trampelpfad hinauf zu dieser Oase der Ruhe.

» *Die idyllische offene Kapelle steht an der Stelle, wo eine fromme Frau nach einer Erscheinung der Muttergottes auf deren Wunsch einen Marienbildstock errichtete. Nachdem der Blumenstock immer wieder verdorrte, zeigte ihr Maria eine Stelle, an der sie graben solle und Wasser finden würde, das für die Pflege der Blumen ausreichte. Etwas unterhalb der ansonsten an das Ereignis von Lourdes erinnernden Kapelle kann man dieses Wasserloch bis heute sehen.*

Wir kehren wieder zum Hauptweg zurück und stoßen bald auf eine Asphaltstraße, der wir bergab, also nach links folgen. An schönen Häusern entlang geht es nach unten, bis wir fast an der Stelle, an der wir nach dem Laurentiuskirchlein die Straße erreicht hatten, wieder auf diese stoßen. Nun gehen wir aber nach links und kommen nach wenigen Schritten zur Pestkapelle.

» *Das Kirchlein ist wohl eines der ungewöhnlichsten Gotteshäuser in ganz Tirol: Die heute mit Holz verkleideten Wände wurden beim Bau nach der Pestepidemie im 17. Jahrhundert bewusst offen gehalten, da man davon ausging, dass sich die Seuche in geschlossenen Räumen schneller verbreitete. Während der Feuersbrunst 1822 blieb die Pestkapelle verschont und diente übergangsweise als Hauptkirche der Imster, die im Freien dem Gottesdienst folgen konnten. Das durch das eingezogene Holz heute recht düstere Innere mit seinem kleinen Chorraum ist besonders in der Karwoche ein bedeutender Anziehungspunkt, wenn hier ein barockes Heiliges Grab aufgestellt wird. Ohne diese Attraktion ist der kleine Hauptaltar von 1690 mit einem Auferstehungsgemälde der Blickpunkt der kleinen Kirche.*

Wir wandern nun weiter bergab, kommen erneut an einigen Informationstafeln des SOS-Kinderdorf-Themenweges vorbei und spazieren auf einer Brücke über den Malchbach. Unser Streleweg trifft auf die Schulgasse, geht aber schräg wieder von ihr weg. Wir bleiben also auf ihm, bis kurz vor seiner Einmündung in die Dorfstraße links die kleine Gafiailgasse abzweigt und wir dem Wegweiser zum Haus der Fasnacht, die hier in Imst durch den alle vier Jahre stattfindenden Schemenlauf eine ganz große Bedeutung und Tradition aufweist, folgen. Neben dem Haus der Fasnacht führt ein kleiner Fußweg zum Friedhofstor. Dort stehen wir schon vor dem letzten kulturgeschichtlichen Höhepunkt unserer Wanderung, der Pfarrkirche von Imst.

» *Der höchste Kirchturm Nordtirols und die eindrucksvolle Fassade mit ihrem gotischen Treppengiebel erzählen bereits von der großen Kunstfertigkeit der Imster Bauhütte im Mittelalter. Ebenfalls vor dem Betreten der Kirche können wir an Portal und Südseite erstaunlich gut erhaltene Fresken aus der Spätgotik be-*

Die Imster Pestkapelle

Am Wetterkreuz genießen wir die wunderbare Aussicht auf Imst und den Tschirgant.

wundern, die Ende des 15. bis Anfang des 16. Jahrhunderts dort angebracht wurden. Nur die Gemälde außen am Chor sind aus der Barockzeit. Alle überstanden den Stadtbrand 1822 wohl nur, da sie übertüncht worden waren. Innen dagegen sind die Ausstattungsgegenstände zumeist neugotisch, passen dadurch aber gut zur spätgotischen Hallenkirche mit ihrem Sternrippengewölbe. Das große Kruzifix aus dem Jahr 1510 jedoch überstand den Brand und beeindruckt heute noch mit seiner Ausdruckskraft, wie auch die Pietà im nördlichen Seitenschiff. Obgleich das Laurentiuskirchlein als ältester Kultort von Imst erwiesen ist, kann man doch annehmen, dass hier, am geologisch weitaus ungefährlicheren Standort, bereits im 7./8. Jahrhundert eine Vorgängerkirche stand. Besonders die Michaelskapelle (heute Friedhofskapelle auf Höhe der Apsis) ist dafür ein Beweis. Erbaut wurde sie im 15. Jahrhundert, doch bereits in Urkunden zuvor ist von einer Michaelskirche die Rede, so dass ein Patroziniumswechsel angenommen werden muss: Ursprünglich war also die Pfarrkirche dem hl. Michael geweiht, erst ab dem Neubau dieser Kapelle wechselte sie zu Mariä Himmelfahrt und übertrug das Michaelspatrozinium der zweigeschossigen Doppelkapelle, deren Oberkirche – ein seltener spätgotischer Zentralraum, der als Kriegergedächtnisstätte dient – ein Fresko von 1480 beherbergt. In der 2001 renovierten Unterkirche, die während der Zeit des Nationalsozialismus als Stätte des Religionsunterrichtes diente, befindet sich das Gnadenbild der „Totengruft-Muttergottes" aus dem 16. Jahrhundert.

Nach der Besichtigung verlassen wir den Friedhof durch das Südportal und befinden uns an der Bushaltestelle Oberdorf, wo man bereits die Tour beenden kann. Wer zum Parkplatz muss, wandert auf der Pfarrgasse nach rechts leicht bergab und folgt dem Straßenverlauf bis zum Vorplatz der Johanneskirche und damit zum Parkplatz.

13 Maria Schnee im Ötztal
Unterwegs zwischen Umhausen und Tumpen

| 3½ Std. | 12,9 km | ↑↓ 400 Hm |

Anfahrt mit dem Pkw: Inntalautobahn bis Ausfahrt Haiming/Ötztal, B 186 nach Umhausen, Parkplätze im Zentrum
Anfahrt ÖPNV: Bahnverbindung von Innsbruck zum Bahnhof Ötztal, dann Bus 4194 bis Umhausen/ Gasthof Andreas Hofer
Ausgangspunkt: Umhausen, Zentrum
Wegverlauf: Umhausen – Leiersbach – Hopfgarten – Tumpen – Lehn – Maria Schnee – Umhausen
Anforderung: im Talbereich einfache Wanderung auf Teer- und Forststraßen, schmaler, steiler Bergweg zwischen Hopfgarten und Tumpen, Trittsicherheit hier angenehm
Einkehrmöglichkeit: in Umhausen viele Möglichkeiten, unterwegs Pizzeria Castello in Tumpen (täglich durchgehend geöffnet)
Beste Jahreszeit: Wanderung im Talgrund ganzjährig möglich, zwischen Hopfgarten und Tumpen nur Frühjahr bis Herbst

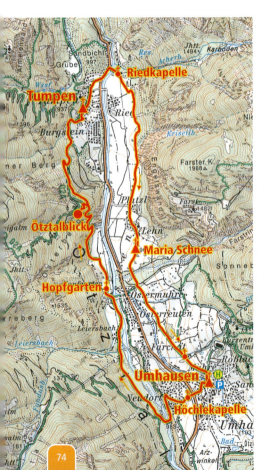

Mitten im tief eingeschnittenen Ötztal liegt die malerische Kapelle Maria Schnee. Unsere Wallfahrt führt uns von Umhausen allerdings nicht auf dem kurzen direkten Weg dorthin – wir wandern zunächst auf dem Ötztaler Urweg an ihr vorbei, um ab Tumpen dann wieder talaufwärts zu ihr zu pilgern. Brandrodungsspuren an den Hängen und Almen rund um Umhausen belegen eine Besiedelung des Gebietes bereits zur Zeit des berühmten „Ötzi", dem hier auch ein eigenes Freilichtmuseum gewidmet ist.
Im Ortszentrum vom Umhausen beginnt unser Rundweg an der Kirche.

» *Analog zu den frühen Siedlungsspuren stehen wir auch vor der ältesten Kirche des Ötztales. Bereits 1220 erwähnt, wurde sie 1482 erweitert, und das schöne gotische Portal, durch das wir das Gotteshaus betreten, stammt aus dieser Zeit. Im Inneren können wir neben Ausstattungsstücken aus Renaissance und Barock noch eine wertvolle Pietà und eine Kreuzigungsgruppe aus der Gotik bewundern. Die dem hl.*

Johannes Nepomuk geweihte Seitenkapelle wurde nach einem schlimmen Murenabgang im Jahr 1762 angefügt – schließlich gilt der Heilige aus Prag nicht nur als „Brückenheiliger", der vor Hochwasser schützt, sondern wird auch bei Muren und Lawinen angerufen. Bei einer Restaurierung im 20. Jahrhundert entdeckte man außerdem Fresken, die bis ins Jahr 1330 zurückdatiert werden konnten – innen sind es Szenen der Passionsgeschichte, außen die große Christophorus-Figur und eine Kreuzigungsgruppe. Sie stellen in Tirol eine große Besonderheit dar!

Vom Blick der Christophorus-Figur begleitet gehen wir wenige Meter auf der Dorfstraße nach Süden, biegen aber hinter dem altehrwürdigen Gasthof Krone, den ein Fresko mit der Hochzeit zu Kanaan ziert, nach rechts ab. Wir erreichen so die Hintere Gasse, wo wir uns links halten, an der bald folgenden Verzweigung aber nach rechts wandern. Der Höchleweg führt uns unter der Landesstraße durch und dann direkt auf die hübsche Höchlekapelle zu.

» *Die Kapelle, eher allerdings ein besonders großer und wunderbar ausgeschmückter Bildstock aus dem Jahr 1688, wurde erst vor kurzem restauriert. Dabei wurden die beiden spätgotischen Figuren der Apostelfürsten Petrus und Paulus wieder in ihre Originalfassung gebracht. Die Gemälde stellen Himmel und Hölle dar.*

Unser Sträßchen wendet sich nun nach Süden und fällt leicht ab. Wir können die Kurve ein wenig abkürzen, indem wir den Fußweg hinunterwandern und geradeaus auf den kleinen grünen Anger zugehen, von dem etliche Straßen wegführen. Wir bleiben in unserer Gehrichtung und nehmen den Achrainweg, dem wir nun über eine Kreuzung geradeaus folgen. An einem alten denkmalgeschützten Brotbackofen aus dem 19. Jahrhundert müssen wir uns allerdings eher schräg rechts

Die Pfarrkirche von Umhausen, das älteste Gotteshaus des Ötztales

Die hübsche Höchlekapelle in Umhausen – ein barock ausgeschmückter Bildstock!

Zwischen Hopfgarten und Tumpen sind abschüssige Stellen durch ein Seil abgesichert.

halten, also weder geradeaus wandern noch wirklich rechts abbiegen. Es ist auch weiterhin der Achrainweg, der uns aus dem Ort hinausführt und an das Hochufer der Ötztaler Ache bringt. Die kleine Achrainkapelle steht direkt an der nächsten Verzweigung.

» *Das tonnengewölbte Kirchlein mit dem hölzernen Dachreiter wurde im 18. Jahrhundert errichtet und später um eine Apsis ergänzt.*

Wir biegen nach links in den Erlanger Weg ein und wandern bergab zur Brücke über die Ache, überqueren diese und gelangen bald zu einer größeren Wegkreuzung. Hier begegnet uns zum ersten Mal die auffallende Wegnummer 12, der wir uns bis Tumpen anvertrauen werden. Zunächst ist jedoch der Weiler Leiersbach angegeben. Es geht auf einem Forstweg gemütlich neben dem lebhaften Bach durch schönen Wald dahin, bis wir einen Zufluss überqueren und nach einem kleinen Gegenanstieg die kleine Siedlung durchwandern. Nun haben wir als Untergrund für ca. 1 km Asphalt. Die Brücke nach Östen lassen wir rechts liegen und sehen vor uns das hübsche Kirchlein von Hopfgarten, das wir bald erreichen.

» *Da der Schlüssel an der Eingangstür angebracht ist, lohnt sich ein Blick in die erst 2019 renovierte Kapelle mit ihrem hübschen Maria-Hilf-Altar in der himmelblauen Apsis.*

Etwa 400 m hinter dem malerischen Ensemble von Kirche und Gehöft biegen wir nach links von unserem inzwischen gewohnt gemütlichen Forstweg ab – nun folgt das anstrengendste und spektakulärste Stück unserer Wanderung. Es geht gleich ziemlich bergauf, zunächst als breitere Forststraße über die Wiese, dann als guter Weg mit herrlichem Blick auf die Maria-Schnee-Kapelle im Tal und die Engelswand gegenüber in den Bereich der Felsen und schließlich als Wiesenpfad. Wir queren an einem schönen Wasserfall einen Steg und gehen dann einen gut (mit unserer 12 und Farbmarkierungen) bezeichneten, aber schmalen und bei Feuchtigkeit sehr unangenehmen Steig steil bergan. Durch Wald und über Wurzeln und Steine kraxeln wir etliche Höhenmeter aufwärts, ein paar besonders felsige Stellen sind durch ein Seil abgesichert.

Doch danach erreichen wir eine Forststraße. Nun können wir unsere Mühen durch einen Abstecher zum Ötztalblick belohnen, indem wir kurz – 200 m und 25 Höhenmeter weit – nach links bergauf gehen. Die Aussicht, die uns auch unseren gesamten bisherigen Weg vor Augen führt und uns wieder tief unter uns die Kapelle Maria Schnee zeigt, ist es allemal wert! Doch nun geht es abwärts, wieder bis zum Punkt, an dem wir unseren Abstecher begannen, und dann weiter nach

An der sagenumwobenen Engelswand, einem Eldorado für Kletterer

Tumpen. Hierzu folgen wir zunächst der Forststraße bis kurz nach ihrer ersten Serpentine, können dann aber mittels eines Weges, der durch sein Geländer sehr gut sichtbar ist, die nächsten Kurven abkürzen und direkt auf den kleinen Ort zuwandern. Hier geht es noch einmal auf engem Pfad durch Wald, über Steine, Wurzeln und Bäche sowie vorbei an einer Wildfütterung, hinter der wir wieder auf den Forstweg stoßen. Wir halten uns links und damit weiter direkt auf Tumpen zu. Kurz vor den ersten Häusern verlassen wir unsere schon gewohnte Markierung Nr. 12 und wandern nach rechts bergab in den Ort mit seiner markanten Spitzturmkirche, die wir kaum verfehlen können.

Brunnen am Weg zur Engelswand

OBERLAND

Die 2019 durch einen Murgang schwer beschädigte Ried-Kapelle bei Tumpen

» *Der gotisch anmutende Turm stammt allerdings erst aus dem 19. Jahrhundert und wurde erbaut, um den damals erworbenen zusätzlichen Glocken sicheren Raum zu geben, den das Zwiebeltürmchen aus der Zeit der Erbauung nicht bot. 1666 war die Kirche dem hl. Martin geweiht worden und beherbergt Ausstattungsgegenstände aus dem 17. bis 19. Jahrhundert. Aus der ursprünglichen Einrichtung finden sich noch die schöne Madonna und das Kruzifix. An der Eingangsfront können wir die Wetterheiligen Johannes und Paulus sowie Jesus als Guten Hirten aus der Barockzeit bewundern.*

Wir wandern die Straße östlich der Kirche weiter bergab und halten uns an allen Abzweigungen eher links, bis hinter Haus 65 ein Wiesenweg diagonal über ein Feld führt. Wir erreichen an der Tankstelle die Landesstraße und folgen ihr noch etwas mehr als 100 m talauswärts, bis rechts eine Brücke die Ötztaler Ache überquert und unseren nördlichsten Punkt für heute markiert. Wir gehen also auf dem Zebrastreifen über die Landesstraße und danach auch über die Brücke und sehen bald die 2019 durch einen Murenabgang schwer beschädigte Ried-Kapelle, die in den nächsten Jahren wieder renoviert werden soll.

Nun geht es am Spielplatz vorbei, und wir folgen den Wegweisern zur Engelswand. Dazu halten wir uns links, wenn unser Weg eine andere Straße erreicht. Am Sportplatz geht es dann nach rechts, und in gemütlichem Auf und Ab am Waldrand entlang auf die Engelswand zu, die wir nach einer Brücke erreichen. Um dieses beeindruckende Eldorado für Kletterer ranken sich natürlich etliche Sagen – ihr Name kommt von der Erzählung, dass ein Kind hier von einem Geier in die Lüfte entführt, nach inbrünstigen Gebeten der Eltern aber von einem Engel wieder ins Tal gebracht worden sei. Wir können die Infrastruktur (Picknickplatz, Toilette) gut nutzen, bevor es auf einem Sträßchen in den Weiler Lehn geht. Ein schöner Johannes-Nepomuk-Brunnen aus dem 19. Jahrhundert erinnert wieder an die vielen Gebete der Bewohner um Schutz vor Muren. Hier halten wir uns rechts und sehen bald schon nach einer leichten Steigung die charakteristische Fassade der Maria-Schnee-Kapelle vor uns.

» *Auch die Geschichte dieses Gotteshauses ist durch die Murengefahr geprägt. Ein etwa 100 m südlich von hier gelegenes Kirchlein wurde seit seiner Erbauung 1648 immer wieder zerstört. Als es 1777 brannte und 1791 vollständig von einer Mure begraben wurde, entschloss man sich für diesen neuen Standort und erbaute 1796 die heutige hübsche Barockkirche – mitten in den Wirren der Napoleonischen Kriege. Die wunderbare Rokokoausstattung mit dem schönen Hochaltar und den Fresken ist für ein so abgelegenes Kirchlein beachtlich, teilweise stammen sie noch aus dem alten und dann zerstörten Kirchenbau, wie etwa das Altarblatt und die Heiligenfiguren.*

Nun ist es nicht mehr weit zu unserem Ausgangspunkt. Wir überqueren den wegen seiner vielen Muren berüchtigten Rennebach und halten uns auch in der Folge immer geradeaus. Auf dem bequemen Asphaltsträßchen geht es in angenehmer gleichmäßiger Steigung an Wiesen vorbei bergauf. Zwei kleinere Bäche werden gequert, und beim letzten, dem Murbach, bietet ein Rastplatz neben einer Kapelle noch einmal eine aussichtsreiche Gelegenheit zur Einkehr.

» *Die dem hl. Martin geweihte Kapelle, eher ein großer Bildstock, stammt aus dem 17. Jahrhundert und gefällt durch ihre Stuckaturen innen und außen.*

Die wenigen Schritte hinein nach Umhausen führen noch einmal über sonnige Wiesen, und im traditionsreichen Ort beschließen wir unsere Wanderung.

Die barocke Maria-Schnee-Kapelle mitten in den Wiesen des Ötztals

Herrliche Rokokoausstattung von Maria Schnee, Ötztal

OBERLAND

14 Von Längenfeld nach Gries
Zwischen Pest- und Wallfahrtskirche

| 4 Std. | 15,3 km | ↑↓ 600 Hm |

Anfahrt mit dem Pkw: Inntalautobahn bis Ausfahrt Haiming/Ötztal, B 186 nach Längenfeld, Parkplätze im Zentrum
Anfahrt ÖPNV: Bahnverbindung von Innsbruck zum Bahnhof Ötztal, dann Bus 4194 bis Längenfeld Kirche
Ausgangspunkt: Längenfeld, Zentrum
Wegverlauf: Längenfeld – Oberlängenfeld/St. Katharina – Stiftskapelle – Besinnungsweg – Gries – Brandalm – Unterlängenfeld – Pestkapelle Kropfbühel
Anforderung: meist einfache Wanderung auf Forststraßen, kurzer schmaler Bergweg zur Brandalm
Einkehrmöglichkeit: in Längenfeld viele Möglichkeiten, unterwegs Gasthof Schöpf in Gries (12–14 und 17:30–21 Uhr geöffnet) und Brandalm (Mo/Di Ruhetage, sonst 10–19 Uhr durchgehend geöffnet)
Beste Jahreszeit: Wanderung im Talgrund ganzjährig möglich, nach Gries spätes Frühjahr bis Wintereinbruch (Lawinensperre)

Das recht zentral mitten im Ötztal gelegene Längenfeld ist gleichzeitig dessen einwohnerstärkste Gemeinde und konnte sich seinen ursprünglichen Charme weitgehend bewahren, auch wenn seit der Errichtung des bekannten Aqua Domes und dem damit verbundenen Titel „Thermengemeinde" (als einzige in Tirol!) der Tourismus stark zunahm.

Wir beginnen mitten im Hauptort Oberlängenfeld, bei der bunt bemalten Pfarrkirche St. Katharina mit ihrem charakteristischen Spitzturm.

Die Längenfelder Pfarrkirche St. Katharina mit ihrem charakteristischen Spitzturm

» *Der spätgotische Bau, dessen Vorgänger bereits im Jahr 1303 urkundlich erwähnt wurde, erfuhr in seinem Inneren mehrfach Umgestaltungen. Außen können wir aber am Hauptportal und dem früheren südlichen Seiteneingang schöne gotische Gewände sehen. Auch der etwas aus der Achse verschobene Chor und das Langhaus haben im Grunde noch die Stichkappen aus der Gotik. Die hübsche Kanzel sowie der Apostelaltar im Langhaus wurden im Zuge der barocken Umgestaltung errichtet und sind schöne Zeugnisse einheimischer Schnitzkunst. Hochaltar, Seitenaltäre, Fresken und der Kreuzweg stammen erst aus dem 19. Jahrhundert.*

Hölzerne Kreuzwegstationen begleiten uns.

Wir können gleich den nördlichen Seitenausgang des Friedhofes benutzen, um loszuwandern. Gelbe Wegweiser zeigen uns die Richtung – es geht an Häusern und einer Tischlerei vorbei in Richtung des Fischbaches, der uns nun fast den ganzen Tag begleiten wird. Die Brücke lassen wir aber links liegen und steigen auf der Forststraße in Serpentinen zügig einige Höhenmeter bergauf. Dass uns Kreuzwegstationen begleiten, zeigt schon, dass wir auf einem alten Wallfahrtsweg unterwegs sind – und heute noch pilgern Gläubige zwischen Mai und Oktober an jedem 13. des Monats auf diesem Weg nach Gries, wo dann um 15 Uhr eine Messe gefeiert wird. Da wir zweimal an Abzweigungen zur Brandalm vorbeikommen, wissen wir schon, wo wir beim Heimweg den Abstecher dorthin machen werden. Nach ei-

Traumhafte Ausblicke auf die Dreitausender und das malerische Gries

nem flacheren Teilstück geht es dann in gleichmäßiger, aber angenehmer Steigung weiter am Hang entlang. Am anderen Ufer erkennen wir die Häuser und das Kapellchen des Unterlehnerhofes. Danach wird das Murmeln des Fischbaches immer lauter, und bald darauf können wir das Gewässer neben uns sehen. Eine Brücke bringt uns denn auch auf die andere Seite, wo wir uns nach rechts halten und ca. 250 m unserer bisherigen Gehrichtung treu bleiben. Danach überqueren wir die Straße und befinden uns auf dem Besinnungsweg, der uns von der kleinen Stiftskapelle zur Wallfahrtskirche führt.

» Der tonnengewölbte Bildstock stammt aus der ersten Hälfte des 19. Jahrhunderts. Innen erkennen wir den Schutzpatron der Pilger, den hl. Christophorus, sowie ein schönes Kruzifix.

Es geht auf einem schönen Feldweg weiter bergauf, und uns darf dabei nicht irritieren, dass wir nun wieder etwa 700 m weit talauswärts laufen. Erst dann biegen wir rechts ab und können dafür auf einem traumhaften Höhenweg mit wunderbaren Ausblicken auf die Dreitausender des Tales und schließlich auf das malerische Gries in Richtung unseres Ziels wandern. Wieder säumen Kreuzwegstationen unseren Weg, allerdings diesmal in „falscher" Reihenfolge. Eine kleine Aussichtsterrasse markiert den höchsten Punkt unserer Tour, nun geht es hinunter zur Wallfahrtskirche in Gries, die wir – an der Straße links haltend – nicht verfehlen können.

» Der Legende nach geht der Bau auf einen unbekannten Pilger zurück, der den Einheimischen riet, eine Maria-Hilf-Kirche zu errichten.

Abgebildet findet man diese Geschichte gleich nach dem Eintreten als Fresko unterhalb der Empore. Das barocke Kleinod wurde jedenfalls 1655 erbaut und bereits nach knapp 50 Jahren erweitert und beherbergt eine Kopie des berühmten Cranach-Bildes „Maria Hilf" aus dem Innsbrucker Dom. Eine Zeitlang weilte hier allerdings sogar das Original, da es vor der Gefahr von Kriegsschäden in den letzten Jahren des Zweiten Weltkrieges in Gries untergebracht wurde! Am 26. Juli oder an dem diesem Tag folgenden Sonntag führt eine in der gesamten Region bekannte Frauenwallfahrt hierher.

Wir gehen auf der Straße wieder bis dorthin zurück, wo wir vorher auf sie gestoßen sind, und halten uns jetzt aber links. Der Weg führt an Häusern vorbei und nach Ende der Asphaltierung nach rechts durch ein Gatter wieder in Richtung Fischbach. Wir überqueren ihn und stei-

Während des Zweiten Weltkrieges weilte hier das berühmte Innsbrucker Maria-Hilf-Bild im Exil.

Wallfahrtskirche Maria Hilf in Gries

OBERLAND

Am Waldrand oberhalb der Brandalm öffnet sich die Aussicht auf das Ötztal.

gen kurz zur Forststraße hoch, auf der wir nach rechts bergab wandern. Bis zur Brücke, die wir zuvor genutzt haben, geht es sehr sanft abwärts, danach in gleichmäßigem Gefälle auf bereits bekanntem Terrain. Nun können wir die Aussicht auf die andere Seite des Ötztals genießen und vielleicht unten im Tal bereits den Turm unseres letzten Zieles, der Pestkapelle auf dem Kropfbühel, entdecken. An der Abzweigung der Schwarzbachlas-Stiege steigen wir die Holztreppe und danach noch ein paar Höhenmeter auf schmalem Bergpfad hoch und befinden uns bald am Waldrand oberhalb der Brandalm, die auf einer aussichtsreichen Terrasse über Längenfeld liegt. Mitsamt ihrer Kapelle bildet sie ein ungemein malerisches Ensemble, auf das wir zusteuern, indem wir uns an den beiden Abzweigungen immer rechts halten.

» *Die Teufelskanzel auf der Gegenseite des Ötztales, die wir von hier gut erkennen können, fand ihr frommes Pendant in dieser kleinen Maria-Hilf-Kapelle (mit dem vertrauten Bild), zu der die Gläubigen im 18. Jahrhundert pilgerten, als eine große Hungersnot wütete und der Legende nach der Teufel auf der nach ihm benannten Kanzel predigte. Bis heute ist das schlichte schindelgedeckte Gotteshaus ein in der Bevölkerung tief verwurzelter Zufluchtsort, vor allem für Frauen mit Kinderwunsch.*

Nach der vielleicht nicht nur geistlichen Einkehr auf der Brandalm spazieren wir gemütlich den Fahrweg hinab zu unserem vertrauten Forstweg, der uns rasch ins Tal hinunterbringt. Die Versuchung ist groß, gleich wieder zur Kirche zurückzuwandern, doch wir empfehlen noch einen knapp 2,5 km langen Abstecher zur Pestkapelle. Dazu gehen wir an der Brücke hinüber nach Unterlängenfeld und halten uns grundsätzlich links, bis wir wieder an der Landesstraße angekommen sind und diese geradeaus überqueren. Wir können weiter auf unserer Straße laufen, schöner ist allerdings der Uferweg am Damm des Fischbaches, den wir bis zur Ötztaler Ache begleiten. Dieser folgen wir ein paar Meter talauswärts bis zu einer Brücke, die wir überqueren. Nun geht es hinauf auf den Kropfbühel, und bald stehen wir vor der „Pestkapelle" genannten Dreifaltigkeitskirche.

» *Als 1614 im Ötztal die Pest ausbrach, begrub man die Opfer der Krankheit auf dem anderen, unbewohnten Ufer der Ache und gelobte eine Kirche. Der Bau wurde dann zwischen 1661 und 1666 im Stil der Spätgotik errichtet. Der frühbarocke goldene Hochaltar, der wenig später hinzukam, und vor allem der Seitenaltar aus der Zeit des Rokoko geben dem an so traurigem Ort erbauten Gotteshaus jedoch einen festlichen und heiteren Charakter.*

Auf gleichem Weg geht es nun über die schöne Wiese, die im Sommer gelegentlich als Konzertplatz dient, durch den Wald und über die Brücke wieder zurück. Dann überqueren wir allerdings auch den Fischbach und wandern an seinem anderen Ufer – mit Blick auf den bekannten Aqua Dome – wieder in Richtung Ortskern. Nach dem ersten Haus führt eine Straße nach rechts, an der nächsten Verzweigung halten wir uns links und kommen am alten Widum, dem heutigen Gasthof Mesner Stubn, wieder zurück zur Pfarrkirche.

Auf dem Kropfbühel bei Längenfeld steht die „Pestkapelle" genannte Dreifaltigkeitskirche.

15 Nach Maria Locherboden und Stams
Wallfahrten beidseits des Inns

| 2½ Std. | 7,7 km | ↑↓ 250 Hm |

Anfahrt mit dem Pkw: Inntalautobahn bis Ausfahrt Mötz, B 171 aus Fahrtrichtung Westen, sonst bzw. danach auf der Mötzer Dorfstraße zum Bahnhof Mötz, dort Parkplätze
Anfahrt ÖPNV: Bahnverbindung nach Mötz
Ausgangspunkt: Mötz, Bahnhof
Wegverlauf: Mötz – Maria Locherboden – Innsteg – Stams – Mötz
Anforderung: meist einfache Wanderung auf unterschiedlichem Untergrund, schmaler Bergweg mit Tiefblicken auf den Inn zwischen Maria Locherboden und dem Innsteg
Einkehrmöglichkeit: Kiosk bei Maria Locherboden, in Stams Orangerie (Di Ruhetag, sonst von 10–18 Uhr durchgehend geöffnet) und Alte Schmiede (Mo Ruhetag, sonst von 10–18 Uhr durchgehend geöffnet)
Beste Jahreszeit: ohne Schnee ganzjährig möglich

Vor dem beeindruckenden Panorama der felsigen Mieminger Kette erhebt sich auf einem vorgelagerten Hügel, hinter dem sich das malerische Hochplateau von Mieming befindet, ein schlanker Kirchturm, der unwillkürlich vom Inntal her die Blicke auf sich zieht. Es ist eine eher junge Wallfahrt, noch keine 200 Jahre alt, die hier – allerdings erst im zweiten Anlauf – entstand: Maria Locherboden. Auf der anderen Seite des Inntales erreichen wir schließlich Stams, das nicht nur als Kaderschmiede des ÖSV bekannt ist, sondern mit seinem Stift auch kulturell einiges zu bieten hat.

Von Bahnhof oder Parkplatz gehen wir vor zur Mötzer Dorfstraße, biegen links ab und folgen ihrem Verlauf. Bald schon überqueren wir den Inn und können schon einmal die markante Silhouette der Wallfahrtskirche Maria Locherboden bewundern. Hinter der Brücke beschreibt die Straße eine Rechtskurve, heißt danach Lente und verläuft recht gerade ins Zentrum. An der Einmündung des Flößerweges steht eine Kriegergedächtniskapelle mit einem barocken Kruzifix in einer liebevoll gestalteten Anlage. Weiter geradeaus nähern wir uns der Pfarrkirche von Mötz mit dem Patrozinium Maria Schnee.

» An dieser Stelle stand vor dem barocken Bau, den wir heute sehen, eine kleine Pestkapelle, die den hll. Sebastian, Rochus und Pirmin geweiht war. Die beiden Erstgenannten sehen wir auch in einem Bildfeld seitlich des Einganges. Der helle, mit vornehmem grauem Stuck dekorierte Innenraum beherbergt einen qualitätsvollen Stuckaltar, dessen Schnitzwerke ein herausragendes Spätwerk von A. Thamasch darstellen. Ein besonderes barockes Gemälde zieht über einer Nische in der linken Chorwand die Blicke auf sich – die Martyrien aller Apostel, die aus einem Rebstock mit einem Gnadenstuhl entwachsen. Auf der rechten Seite im Langhaus erinnert eine Tafel an die hier eingekleidete Schwester Angela Maria Autsch, die als „Engel von Auschwitz" bekannt wurde und deren Seligsprechungsverfahren eingeleitet ist.

Neben der Kirche bringt uns nun die Entergasse über den Klammbach und dann zum Locherbodenweg, in den wir nach rechts einbiegen. Bald schon zweigt gut markiert rechts eine kleine Straße ab, die unter der Landesstraße hindurchführt und sich danach an einem Bildstock verzweigt. Wir bleiben in unserer Gehrichtung und folgen den Wegweisern nach Locherboden bzw. dem Weg der Sinne. Kreuzwegstationen aus dem Jahr 1876 begleiten unseren kurvenreichen Aufstieg durch den lichten, südlich anmutenden Wald. Gegen Ende stößt ein anderer Kreuzweg, der vom Parkplatz herführt, zu unserem, und bald danach stehen wir auf der Fläche des Freialtars der Nachtwallfahrtskapelle, die an jedem 11. der Monate Mai bis Oktober Ziel von abendlichen Wallfahrern ist. Wir wenden uns aber nach links und gehen die Straße hinauf, vorbei am Kiosk und geradewegs zur sogenannten Ursprungskapelle.

Pfarrkirche von Mötz, im Hintergrund Maria Locherboden

» Mit dem Stein und seiner Inschrift „Hier stand Maria" wird an die Grundlegung der Wallfahrt erinnert. Beim Schürfen nach silberhaltigen Erzen wurde ein Knappe Anfang des 18. Jahrhunderts der Legende nach verschüttet,

Blick zur sogenannten Ursprungskapelle von Maria Locherboden über dem Inntal

OBERLAND

Die Silhouette der Wallfahrtskirche Maria Locherboden vor den Mieminger Bergen

rief Maria um Hilfe an und gelobte die Anbringung eines Muttergottesbildes, was nach seiner Rettung durch Maria spätestens im Jahr 1740 geschah. Daraufhin setzte die Wallfahrt ein, bis das Marienbild so sehr in Mitleidenschaft gezogen wurde, dass man es 1860 durch ein größeres ersetzte. Man entschied sich wie beim ersten Bild für eine Kopie des berühmten Gnadenbildes Mariahilf von Lucas Cranach. Danach kamen allerdings kaum mehr Pilger, und Berichten zufolge diente die Höhle auch als Schafstall. Erst die wundersame Heilung der Maria Kalb aus Rum, die seit 1864 Visionen genau dieses Bildes hatte, brachte wieder die Wende. Die junge todkranke Frau wurde 1871 erst nach einer Offenbarung, dass das Bild zwischen Stams, Silz und Mötz zu finden sei, der Erinnerung einer Bekannten an die alte Locherbodener Madonna und durch die Mithilfe ihrer Verwandten hierher getragen und spontan geheilt. Heute ziert eine Pietà den engen neoromanischen Raum.

Zur Kirche, die heute das Gnadenbild beherbergt, steigen wir noch die Treppe hinauf und stehen vor dem schlichten neugotischen Bau.

» 25 Jahre nach der Heilung der Maria Kalb wurde der Grundstein zur Kirche gelegt, die den Andrang der vielen Wallfahrer besser bewältigen sollte, und 1901 fand die Weihe und die Übertragung des Gnadenbildes statt. Im Portal finden sich gemalt die beiden grundlegenden Rettungsgeschichten. Innen sind die Malereien von A. Kirchmayr in bestem Jugendstil und mit dem eher originellen Thema der Kirchenfeste zu bewundern. Natürlich aber richtet sich der Blick auch auf den neugotischen Gnadenaltar mit dem Wallfahrtsbild und die farbenfrohen Glasfenster mit Heiligen im Presbyterium.

Wir steigen die Treppe wieder hinunter, genießen dabei noch die Aussicht auf das schöne Inntal, passieren wieder die Gnadenkapelle und später den Kiosk und finden uns auf dem Platz der Nachtwallfahrtskapelle wieder. Unser Weg quert diesen und taucht in den Wald dahinter ein. Nach wenigen Metern teilt er sich – links würde der bis Telfs führende Besinnungsweg verlaufen, der auch sehr empfehlenswert ist. Wir aber haben heute noch ein anderes Ziel, Stams, weshalb wir den als „Weg der Extreme" bezeichneten rechten Steig wählen. Als „Extreme" sind zum Glück keine übermäßigen Schwierigkeiten gemeint, sondern die außergewöhnlichen Lebensbedingungen an diesem Südhang, dessen Flora und Fauna gelegentlich an Mittelmeerländer erinnert. Tafeln weisen immer wieder auf Besonderheiten hin.

Es geht nun am steilen Hang in gleichmäßigem Gefälle nach unten, wobei die Tiefblicke zum Inn fast direkt unter uns spannend und die Fernblicke auf Stift Stams und die Sprungschanzen des bekannten Skigymnasiums vor uns beeindruckend sind. Zum Passieren eines markanten Felsens müssen wir gegen Ende des Weges noch einmal kurz aufwärts steigen, dann aber befinden wir uns am Ufer des hier recht strömungsintensiven Inns. Dieser wird nun auf einer durch ihre Länge doch recht wackeligen Hängebrücke passiert. Dahinter halten wir uns links und gehen durch eine Unterführung unter der Autobahn durch, deren Geräuschpegel uns schon die ganze Wanderung begleitet. Dahinter geht es nach rechts, wir kommen an einem Trinkwasserbrunnen vor-

In der Wallfahrtskirche Maria Locherboden herrscht bester Jugendstil.

Der „Weg der Extreme" eröffnet Fernblicke auf Stams und seine Sprungschanzen.

OBERLAND

Die mächtigen Zwiebeltürme von Stift Stams

bei und wandern durch das Gewerbegebiet. An einer Verzweigung spazieren wir nach links, gehen über die Gleise und geradewegs über einen Kreisverkehr, an einem Sportplatz vorbei auf das Stift zu, indem wir die Straße nach schräg links oben verlassen. Wir treten durch das Tor, halten direkt auf einen der mächtigen Zwiebeltürme zu und spazieren an der Fassade entlang zur Stiftskirche. Wer eine Führung miterleben möchte, die neben dem Zugang ins Langhaus der Kirche auch ausgewählte Räume des Stiftes miteinschließt (meist um 11 und 16 Uhr), folgt den Wegweisern zum Klosterladen.

» *Ohne Führung bleiben wir auf den Teil hinter dem kunstvollen schmiedeeisernen Gitter beschränkt, können aber die wesentlichen Kunstwerke der ursprünglich romanischen Basilika, die aber im Hochbarock ihr heutiges Aussehen erhielt, auch sehen. Der Stuck des Wessobrunners F. X. Feuchtmayer überzieht den in die Höhe strebenden Raum dezent. Wir sehen vor uns das „Österreichische Grab", das der Künstler A. Thamasch als Gedenkstätte für Tiroler Landesfürsten und ihre Familien 1684 gestaltete. Ganz vorne fällt der originell als Lebensbaum geformte frühbarocke Hochaltar auf, der vor einem mächtigen blauen Schnitzvorhang 84 Statuen rund um die zentrale Madonnenskulptur zeigt. In der Vorhalle findet sich das jüngste Ausstattungsstück, die im Jahr 2000 angebrachte Gedenktafel zur Erinnerung an den letzten Staufer, Konradin, der 1268 in Neapel getötet worden war. Sein grausamer Tod ist der Legende nach Ursache für die Stiftung des Klosters, da seine Mutter, Elisabeth von Wittelsbach, in zweiter Ehe mit dem Landesfürsten Meinhard II. von Görz-Tirol verheiratet war und diesen um die Stiftung des Klosters für ihren toten Sohn bat. 1273 wurde dies in die Tat umgesetzt, und Stams blühte schnell zu einem bedeutenden wirtschaftlichen Zentrum auf. Von Krisenzeiten im 16. Jahrhundert (Reformation, Bauernkriege, Brand) und im 19. Jahrhundert (Säkularisation) erholte sich das Kloster immer recht schnell und beherbergt heute mehrere (hoch)schulische Einrichtungen.*

Wir durchqueren den schönen Vorplatz und den Torbogen und können vom Dorfplatz durch einen gotischen Treppenaufgang mit Fresken eines Südtiroler Meisters aus dem 15. Jahrhundert gleich zur nächsten Kirche hochsteigen, zur Pfarrkirche St. Johannes der Täufer.

» *Obschon um vieles älter als die Stiftskirche – erste Spuren deuten auf eine christliche Kultstätte um 700 hin –, steht das Gotteshaus mit dem ungewöhnlichen Turmaufbau doch immer im Schatten der berühmten Nachbarin. Unter dem heutigen Längsschiff wurden bei Ausgrabungen Spuren von vier Vorgängerbau-*

ten gefunden: eine seltene Holzkirche aus der schon genannten Frühzeit der Christianisierung, dann eine erste Steinkirche aus dem 8. Jahrhundert, eine romanische Kirche, die den hierher gerufenen Mönchen als Gotteshaus vor der Fertigstellung der Basilika diente, und schließlich ein gotischer Bau, der als erstes Beispiel reifer Gotik in Tirol belegt ist und 1318 geweiht wurde. Ein Brand 1593, der auch die Basilika teilweise zerstört hatte, beschädigte das Gebäude beträchtlich, aber erst im 18. Jahrhundert ging man an eine grundlegende Renovierung und Neugestaltung im barocken Stil. Stuck umkleidet nun die Rippen des Gewölbes und umrahmt die farbenfrohen Deckengemälde von F. A. Zeiller aus dem Jahr 1755, auf denen sehr lebendige Darstellungen aus dem Johannesleben zu sehen sind. Beachtenswert sind auch die Kanzel, die als die schönste Tirols gilt, sowie die hübschen Rokokoaltäre; im Hochaltar steht die alte aus dem 15. Jahrhundert stammende Gnadenstatue des Täufers aus Sandstein. Die Reliquie im Finger der Statue, derentwegen im Mittelalter Pilger sogar vom Boden- oder Neusiedlersee hierher kamen, ist allerdings nicht mehr vorhanden.

Am Restaurant vorbei gehen wir auf die Graf-Meinhard-Straße, die uns nach Westen aus Stams hinausführt. Nach dem Ortsende kommen wir in den Eichenwald, ein Naturdenkmal, welches das Dorf und das Stift seit Jahrhunderten vor Murgängen des Stamser Baches schützt. An einer Lehrtafel biegen wir auf den schmalsten der hier abgehenden Wege in nordwestlicher Richtung ein und können das Flair des sehr ursprünglichen Laubmischwaldes etwa 200 m lang genießen, bis wir wieder auf einen Feldweg gelangen, der uns linker Hand erst am Waldrand entlang, dann über eine Brücke und schließlich auf freies Feld führt. Die Kreuzung bei der nächsten Brücke, die den Stadlingerbach überspannt, passieren wir geradeaus, sehen bald die Einschleifung auf die Landesstraße beim Bahnhof und erreichen so unseren Ausgangspunkt.

Die Stamser Pfarrkirche St. Johannes der Täufer steht meist im Schatten der Stiftskirche.

16 Wallfahrt zum heiligen Antonius nach Rietz

Von Pfaffenhofen über dem Inntal und auf dem Jakobsweg unterwegs

| 3 Std. | 9,6 km | ↑↓ 380 Hm |

Anfahrt mit dem Pkw: Inntalautobahn bis Ausfahrt Telfs/Pfaffenhofen, Parkplätze am Bahnhof
Anfahrt ÖPNV: Bahnverbindung von Innsbruck nach Pfaffenhofen
Ausgangspunkt: Pfaffenhofen, Bahnhof
Wegverlauf: Pfaffenhofen – Hörtenberg – Höll – Rietz – St. Antonius – Hl. Kreuz – Bahnhof Rietz (evtl. zurück ab Hl. Kreuz)
Anforderung: meist einfache Wanderung auf guten Wegen, oft allerdings ohne Markierungen, nur kurzes anspruchsvolles Wegstück
Einkehrmöglichkeit: unterwegs Bistro Höll (Mo/Di/Mi Ruhetage, sonst 11:30–14 Uhr und ab 18 Uhr geöffnet), in Rietz einige Cafés abseits des Weges
Beste Jahreszeit: Frühjahr bis Herbst

Schon das Gemeindewappen von Rietz zeigt seine drei Kirchen auf grünem Grund – und da alle schön und eine davon, das weit ins Inntal hineinblickende St. Antonius, auch eine bekannte Wallfahrtskirche ist, wollen wir vom Nachbarort Pfaffenhofen dorthin pilgern. Da der Weg im Spätherbst nicht mehr besonders gut zu begehen ist, können wir uns die Warnung vor den „Nackerten" ersparen. So heißen hier die Krampusse, die um den Nikolaustag im Advent mit nacktem, nur mit einer Öl-Ruß-Mischung eingeschmiertem Oberkörper ihr Unwesen treiben – eine weitere Besonderheit dieses interessanten Ortes!

Vom Bahnhofsvorplatz in Pfaffenhofen gehen wir auf der Bahnstraße in Richtung Zentrum. Wir stoßen auf eine größere Straße und halten uns links, so dass uns die Lehngasse zwar kurvig, aber zuverlässig zur Pfarrkirche Mariä Himmelfahrt führt.

» *Der Ortsname lässt schon erahnen, dass wir auf einem uralten christlichen Kultboden stehen – Grabungen belegen eine im 5./6. Jahr-*

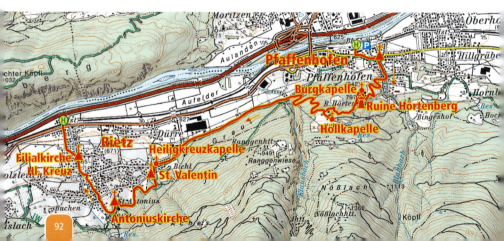

hundert erbaute Kirche, der bereits um das Jahr 700 ein zweiter größerer Bau folgte. Aus dieser Schicht stammen zwei Gräber, deren kostbare Ausstattung heute im Tiroler Landesmuseum in Innsbruck zu bewundern ist. So stehen wir vor dem dritten hier errichteten Gotteshaus, das ursprünglich gotisch war, dann barockisiert und schließlich im 19. Jahrhundert regotisiert wurde. In ihrem Inneren fällt die asymmetrische Gestalt des Chorraumes auf, die nicht nur in den Bögen begründet ist, sondern auch durch den innen sichtbaren Turm ihre ungewöhnliche Form erhält. Der Rest einer spätgotischen Malerei mit der Verkündigung an Maria ist in einem der Felder zu entdecken. Eine hübsche barocke Rosenkranzmadonna (1776) dominiert den Hochaltar. Außen neben dem Turm ist am Sakristeigebäude ein großes, leider etwas ausgeblichenes Fresko aus dem Jahr 1826 zu bewundern, das die Auferstehung und das Jüngste Gericht zeigt.

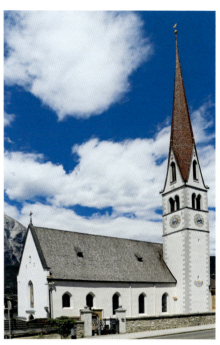

Pfarrkirche Mariä Himmelfahrt in Pfaffenhofen

Am Kirchenvorplatz wählen wir den ruhigeren Klosterweg zum Aufstieg in Richtung der Ruine Hörtenberg. Seinen Namen bekam dieser durch das bald auch sichtbare ehemalige Kloster der Armen Schulschwestern, an dessen neuromanischer Kirchenapsis wir vorbeikommen. Wir überqueren den Blahbach und steigen an seinem Ufer weiter bergan. So stoßen wir wieder auf eine Straße und folgen ihr kurz nach rechts, bis ein gut markierter Weg zur Ruine Hörtenberg weist. In sonnigen Serpentinen geht es nun über eine Wiese, die aber durchaus noch vermuten lässt, wo einstmals die Burgbefestigungen standen, den Burghügel aufwärts. Wir erreichen auf unserer kleinen Straße nach einer Kurve, wo ein Feldweg abzweigt, einige Häuser und die sogenannte Burgkapelle.

» Wir befinden uns auf dem Gelände der Vorburg, die spätestens im 14. Jahrhundert unterhalb der Kernburg errichtet wurde. Die kleine Kapelle markiert vermutlich den Platz der früheren Burgkapelle, die dem hl. Dionysius, dem Patron der Karolinger, geweiht war, wurde aber erst 1866 im neuromanischen Stil erbaut. Erwähnenswert ist allerdings auch, dass hier bei Grabungen die größte eisenzeitliche Siedlung Nordtirols freigelegt wurde, die bis in die Römerzeit bewohnt war und deren Anfänge bis in die Bronzezeit (2. Jahrtausend v. Chr.) zurückreichen.

Wir wandern bis zur Kurve mit der Abzweigung zurück und wollen nun den Bergfried der Ruine besichtigen. Dazu folgen wir dem mit Lampen abends für Veranstaltungen beleuchteten Weg bis zum höchsten Punkt des Hügels.

Bergfried von Burg Hörtenberg, die im Volksmund auch „Pfaffenhofener Schlössl" heißt

» Hier stand seit dem 13. Jahrhundert also die Kernburg der Grafschaft Hörtenberg, die in ihrer Geschichte zahlreichen prominenten Herrschern als Quartier gedient hat – so auch Kaiser Maximilian I. als Jagdschloss. Daher heißt die Ruine im Volksmund bis heute „Pfaffenhofener Schlössl". Bis zum 18. Jahrhundert diente das wehrhafte Ensemble als Munitionslager, was bei einem Blitzschlag am 5. 8. 1706 verhängnisvolle Folgen hatte: das eingelagerte Pulver zerstörte die bis dahin nie eingenommene Burg. Heute sehen wir nur noch den rekonstruierten fünfgeschossigen Bergfried.

Wir steigen auf gleichem Weg wieder bergab, bis wir an der ersten Kurve geradeaus weitergehen und durch ein bereits sichtbares Holzgatter treten. Eine Forststraße nimmt uns auf, der wir wiederum so lange folgen, bis sie eine Serpentine macht. Wir bleiben aber in unserer Gehrichtung und wandern auf einem kleinen, leider unmarkierten Waldpfad weiter bergauf. Beim Weiler Höll kommen wir wieder auf eine asphaltierte Straße. Zu diesem Punkt kehren wir später wieder zurück, um dann abwärts weiterzugehen. Doch ein Abstecher zum Bistro und/oder zur malerisch gelegenen Höllkapelle lohnt sich durchaus. Letztere erreichen wir nach etwa 150 m auf der Straße bergwärts.

» Der etwas merkwürdige Name „Höll" für eine Kapelle leitet sich nicht vom Jenseitsort Hölle ab, sondern kommt vom Hof „von Helle", der bereits im 13. Jahrhundert hier erwähnt wurde. Im Sprachgebrauch verschliff sich das Wort mit der Zeit zu Höll. Das barocke, immer geöffnete Kirchlein wurde im 18. Jahrhundert erbaut und birgt in seinem Inneren ein schönes barockes Altarbild mit der Madonna zwischen den hll. Barbara und Sebastian vor einer Landschaft, auf der man die Burg Hörtenberg in ihrem stattlichen Urzustand sehen kann.

Nun kehren wir also wieder zu dem zuvor erwähnten Punkt zurück und wandern auf dem leider wieder unmarkierten Feldweg talwärts – erst über eine schöne Wiese, später kurvig durch Wald. Nach der zweiten Serpentine nach rechts sehen wir bereits unter uns einen Waldweg und

Der Abstecher zur malerisch gelegenen Höllkapelle lohnt sich.

Talwärts geht es zunächst über eine schöne Wiese.

dürfen kurz darauf bei einem Holzstoß die Abzweigung zu ihm nicht übersehen. Auch hier fehlt leider jede Markierung. Der wunderschöne Waldweg verläuft erst beinahe flach zu einem riesigen Hochspannungsmast, wo ein Steig und eine alte Bank dazu verführen, in die Schlucht des Klausbaches abzusteigen, was aber nicht empfehlenswert ist. Stattdessen folgen wir der Serpentine unseres Weges und stoßen so bald auf einen endlich markierten Steig, den Jakobsweg. Wir biegen nach links ab und erreichen ein etwas steileres Stück, bevor wir dann auf gutem Weg mittels einer Brücke über den Klausbach geleitet werden. Ab jetzt befinden wir uns im Gemeindegebiet Rietz und damit im Bezirk Imst. Der Jakobsweg führt nun bergab und dann länger flach am Waldrand entlang. Ein Elektrizitätswerk, ein paar gewerbliche Hallen und ein hübscher Bildstock liegen auf unserer Strecke, bis wir links neben der Ranggasse auf schönem Fußweg wieder bergauf wandern. Die kleine Heiligkreuzkapelle mit einer barocken Figurengruppe zeigt uns an, dass wir in den Kirchweg abbiegen müssen, um zur Pfarrkirche St. Valentin zu gelangen, die wir bereits vor uns sehen.

» *Wie in Pfaffenhofen finden wir auch hier einen asymmetrischen Übergang zwischen Chorraum und Langhaus vor, der wohl der Hanglage geschuldet sein dürfte. Das mit barocken Fresken aus dem Leben des Patrons Valentin geschmückte Gotteshaus verrät durch die Stichkappen seinen gotischen Ursprung – 1369 wurde die Kirche erstmals erwähnt. Auch einige Figuren im hinteren Teil des Langhauses, besonders der mit Scharnieren an den Armen des Korpus ausgestattete Kruzifixus, erzählen vom Mittelalter. Vorn im Altarraum herrscht dagegen verspieltes Barock.*

Wir gehen noch einmal durch den Friedhof zum Kirchweg zurück und biegen rechts ab. Der Forstweg führt bergauf, und bald verrät ein hübsch gestaltetes Schild, dass wir uns nun nach rechts auf einen Pfad orientieren müssen, der als Antoniussteig bezeichnet wird. Mit schönen

Die Pfarrkirche von Rietz, St. Valentin

Blicken zurück auf die Pfarrkirche wandern wir am Waldrand entlang, bis wir eine weitere Forststraße queren. Es geht schattig durch den Wald, unter uns liegen ein paar Häuser, und schließlich erblicken wir die stattliche Wallfahrtskirche auf einer Anhöhe vor uns. Es geht weiter bergauf, und schließlich dreht sich unser schöner Weg auch hin zur Kirche, die wir nach einem letzten Aufschwung erreichen. An einem Findling vorbei spazieren wir zum Eingang von St. Antonius.

» Hier sehen wir nun eine von Beginn an als barocker Saalbau geplante Kirche, die der großen landesweiten Antoniusverehrung im 17. Jahrhundert entsprang. 1666 noch ein Kirchlein, wurde knapp 100 Jahre später der heutige Bau nach Plänen von J. M. Umhauser errichtet. Die farbenfrohen Deckenfresken aus dem Jahr 1757 von J. M. Strickner zeigen verschiedene Legenden des Kirchenpatrons. Aus dieser Zeit stammen auch die Seitenaltäre und die Kanzel sowie der anmutige Rokokostuck; der Hochaltar wurde erst im 19. Jahrhundert errichtet. Im Widum lebte im 18. Jahrhundert ein Einsiedler.

Hinter der Wallfahrtskirche führt ein von verschiedenen Kapellen und Bildstöcken begleiteter Kreuzweg auf den Rietzer Kalvarienberg, der im Volksmund „Bargl" genannt wird.

» An der ersten Serpentine steht die um 1780 erbaute Ölbergkapelle mit spätbarocken Fresken, darunter eine Darstellung des Fegefeuers unter den Skulpturen der Ölberggruppe. Die Bildstöcke mit den Darstellungen aus der Passion Christi stammen erst aus der Mitte des 19. Jahrhunderts. Oben erreichen wir die Kalvarienbergkapelle, die den ältesten Bestandteil des Bargls bildet, wie die Jahreszahl deutlich macht. Die lebensgroßen Figuren der Kreuzigungsgruppe sind aus der Barockzeit. Dahinter kommen wir zur Marienkapelle, die im Jahr 1800 errichtet wurde und mit Fresken ausgestattet ist. Ganz zuletzt stehen wir an der Heiliggrabkapelle, die durch ihren schindelgedeckten Dachreiter besonders malerisch ist. Innen können wir ein Deckenfresko aus dem 18. Jahrhundert mit der Legende der Kreuzauffindung sehen.

Wir steigen hinab zum Parkplatz der Wallfahrtskirche und wandern die Straße namens Wegscheid entlang, die uns bergab in den Ort zurückbringt. Am Ende der Wegscheid ist es dann die Vordere Gasse, die uns zum schön gestalteten Platzl führt. Wir halten uns hier nach links und gehen die Kluibenschedlstraße weiter talwärts. Bald heißt unsere Straßenbezeichnung Bachtal, und über der Wiese rechter Hand sehen wir wenig später eine etwas gedrungene Kirche. Zu ihr kommen wir, wenn wir an der nächsten Abzweigung rechts abbiegen, den Rietzer Bach überqueren und hinter einem idyllischen Rastplatz mit einem alten denkmalgeschützten Brunnen haltmachen.

Auf dem Antoniussteig erblicken wir vor uns die stattliche Wallfahrtskirche auf der Anhöhe.

» Es ist die Filialkirche Hl. Kreuz, die nun die letzte Station unseres Ausflugs bildet. Der von unserem Weg aus sehr plumpe Eindruck des Bauwerkes kommt von seiner Lage, da es in den Hang hineingebaut wurde. Im Jahre 1664 errichtet und mit vornehmem zeitgenössischem Stuck ausgestattet, verbirgt sich in seinem Inneren eine besondere Gestaltung des Chorraumes. Wie auf einem Lettner erhebt sich eine Kreuzigungsgruppe mit zwei Heiligen über einer hübschen barocken Rosenkranzmadonna. Auf der Seite ist außerdem eine beeindruckende Darstellung des Gekreuzigten inmitten der beiden Schächer zu sehen.

Wir kehren nun wieder zum Bachtal zurück und biegen diagonal jenseits der Kreuzung in die Heinrich-Natter-Straße ein. Diese mündet auf die B 171, und mittels einer Unterführung unterqueren wir die Straße und kommen leicht zum Bahnhof von Rietz. Mit der S-Bahn oder einem Nahverkehrszug sind wir in nicht einmal 5 Minuten wieder am Ausgangspunkt in Pfaffenhofen – es sei denn, man möchte die Strecke auch wieder retour wandern. Dafür bietet sich bereits ab der Heilig-Kreuz-Kirche der mehrheitlich in Talnähe bleibende Jakobsweg an.

Die hübsche barocke Rosenkranzmadonna in Heiligkreuz in Rietz

OBERLAND

17 Zwischen Seefeld und Mösern unterwegs

Zur Friedensglocke des Alpenraumes und den beiden Seefelder Wallfahrtskirchen

3½ Std.	13,1 km	↑↓ 400 Hm

Anfahrt mit dem Pkw: Inntalautobahn bis Ausfahrt Zirl, B 177 nach Seefeld, dann Landesstraße nach Mösern zum Parkplatz an der Seewaldalm (gebührenfrei)

Anfahrt ÖPNV: Bahnverbindung von Innsbruck nach Seefeld, Bus 8354 zur Seewaldalm (oder Runde ab Seefeld gehen)

Ausgangspunkt: Seewaldalm-Parkplatz, Beginn des Friedensweges

Wegverlauf: Seewaldalm-Parkplatz – Friedensweg – Möserer See – Mösern Friedensglocke – Mösern Kirche – Gföllkapelle – Kapelle des Sports – Seefeld Kalvarienberg – Pfarrkirche Seefeld – Seekircherl – Seewaldalm-Parkplatz

Anforderung: einfache Wanderung, meist auf Forststraßen oder guten Bergwegen

Einkehrmöglichkeit: in Seefeld viele Möglichkeiten, unterwegs Möserer Seestubn (Mo Ruhetag, sonst 10:30–17:30 Uhr durchgehend geöffnet), Restaurant Alt-Mösern (Mi Ruhetag, sonst 11:30–14 und 17:30–21:30 Uhr, donnerstags erst ab 17 Uhr) oder Neunerwirt (Di Ruhetag, sonst 12–21 Uhr durchgehend geöffnet)

Beste Jahreszeit: Frühjahr bis Herbst

Das Seefelder Plateau bietet nicht nur im Winter, wo es für sein reichhaltiges Angebot an Loipen und Pisten berühmt ist, ein malerisches Terrain für Wander- und Naturgenuss. Noch dazu kommen wir an kulturellen Höhepunkten vorbei. Unser erster Weg führt uns aber ins eher unbekannte Dorf Mösern mit seiner Friedensglocke.

Dazu beginnen wir bei Station 1 des Friedensglockenweges am Parkplatz bei der Seewaldalm. Gut markiert führt er zunächst einmal weg von der Straße und mündet in den Verbindungsweg zwischen Seefeld und Mösern, auf dem wir später auch unsere Rundtour beenden. Wir folgen ihm bergauf, wo wir gleich am Ortsrand von Mösern die 2. Station des

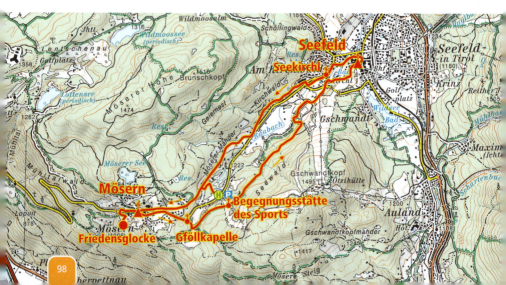

Der Friedensglockenweg leitet uns zunächst zum zauberhaften Möserer See.

Friedensglockenweges besuchen und uns hier – wie einst Albrecht Dürer – an dem wunderbaren Blick ins Inntal erfreuen können.
Wir wenden uns dann aber weiter bergauf, also nach rechts, und wandern eher flach an Hotels vorbei, während danach unser Weg noch einmal merklich ansteigt. Dabei halten wir uns immer geradeaus, bis uns ein braunes Schild des Friedensglockenweges nach links zur Station 3 leitet. Diese befindet sich am zauberhaften Möserer See, der im Sommer auch zu einem erfrischenden Bad einlädt, in allen anderen Jahreszeiten aber ein beschauliches Dasein führt. Ob wir ihn einmal umrunden oder gleich wieder zurückgehen, wo nach einer Abzweigung nach rechts Station 4 auf uns wartet, können wir selbst entscheiden. Wir befinden uns nun nahe des Kalvarienberges, halten uns aber noch einmal nach rechts und schlendern den Brochweg bergab. Es geht zwischen einigen Häusern hindurch, dann aber wieder auf freies Feld, wo wir mit wunderbarem Panorama auf Station 5 treffen. Diese stimmt uns mit ihrem Thema „Weitblick", das sich hier nicht nur auf unsere Aussicht ins Inntal bezieht, ein in das Anliegen der Friedensglocke, die wir als nächstes Ziel aufsuchen, auch wenn ihr Themenweg zuvor einen Umweg über die Kirche macht. Sie wollen wir erst danach besichtigen. Wir wandern also am Ende des Brochweges nach rechts, gehen kurz die L 36 entlang und überqueren sie, wenn die Wegweiser auf der anderen Straßenseite hinunter auf ein Privatgelände zeigen, das wir aber durch ein Gittertor betreten dürfen, um zur Friedensglocke des Alpenraumes (Station 7) zu gelangen.

Die mehr als 10.000 kg schwere Friedensglocke des Alpenraumes

» Am 12. 10. 1997 wurde die Glocke hier vom damaligen Südtiroler Landeshauptmann Silvius Magnago zum ersten Mal geläutet, heute tut sie dies täglich um 17 Uhr. Sie erinnert an das damals 25-jährige Bestehen der Arge Alp, deren Mitgliedsländer Baden-Württemberg, Bayern, Graubünden, Lombardei, Salzburg, Südtirol, Tessin, Tirol, Trentino und Vorarlberg auf der mehr als 10.000 kg schweren Glocke eingeprägt sind – wie auch der Satz: „Ich läute für die gute Nachbarschaft und den Frieden der Alpenländer". Unter ihrem beachtlichen Durchmesser von über 2,5 m kann man außerdem die Namen aller unterstützenden Gemeinden nachlesen.

Wir wandern nun auf gleichem Weg wieder zurück in den Ortskern und können noch vor Erreichen des Brochweges rechts in ein Weglein abbiegen, das zur Kirche Mariä Heimsuchung führt. Vor ihrer Fassade finden wir auch Station 6 des Friedensglockenweges.

» Der Rokokoaltar der schönen Dorfkirche zeigt die Heimsuchung Mariens (1772) und bildet mit seinen schräg gestellten Säulen einen etwas extravaganten Blickfang. Im 17. Jahrhundert erbaut und schon bald erweitert – zuletzt im Jahr 1979 um gleich zwei Joche –, erfreut das barocke Gotteshaus durch seine Einheitlichkeit und die hübsche Stuckaturmalerei. Das Deckenfresko, die Schnitzfigur der Madonna im Strahlenkranz und auch die Wachsfigur mit dem gegeißelten Christus stammen aus dem 18. Jahrhundert.

Nun geht es ein Stück die Straße bergauf in Richtung Seefeld; dabei können wir immer wieder schöne Blicke auf das Inntal und die Berge auf seiner anderen Seite werfen, bis wir auf der Passhöhe angekommen sind und wieder bergab wandern. Vor uns liegt nun die kleine Gföllkapelle.

» Der moderne Bau von 1968, der eine alte Wegkapelle ersetzt, die dem Straßenbau weichen musste, täuscht ein wenig darüber hinweg, dass wir uns hier an einer ausnehmend früh besiedelten Stelle befinden. Archäologische Untersuchungen des Passes legten in den vergangenen Jahren Hausfundamente, Fragmente von Metall und Keramik sowie ein Hügelgrab aus der späten Hallstattzeit (5./4. Jahrhundert vor Christus) frei.

Wir nehmen den kleinen Pfad nach rechts, der auf gleicher Höhe bleibt und uns zu einem Waldweg bringt. Hier und auch an der nächsten Abzweigung orientieren wir uns noch nicht in Richtung Seefeld, sondern folgen den Schildern zum Gschwandtkopf. An einer lärchenbestan-

Wunderbarer Ausblick ins Inntal von der Friedensglocke des Alpenraumes

denen Kreuzung biegen wir auf den als „Sommerweg" nach Seefeld bezeichneten Wanderweg ab. Er führt uns in mäßiger Steigung schattig bergan. Vor der Querung einer Skipiste sehen wir linker Hand den kleinen Andachtsort „Begegnungsstätte des Sports".

» *Ein schlichtes Holzkreuz und dahinter eine pyramidenförmige Stele aus silberglänzendem Metall markieren seit 2008 diesen Ort, der an die verbindende Kraft des Sports erinnern soll. Einfache Bänke laden zur Rast ein.*

Etwa ebenso lang wie zuvor geht es nun noch bergauf, bis der Weg schließlich abwärts verläuft. Nach einer Abzweigung, die wir ignorieren, gibt es einen kleinen Gegenanstieg, dann aber laufen wir geradewegs auf die nordischen Sportanlagen im Tal zu, nehmen also keine Notiz von aufwärts führenden Wegen. An der Anlage der Toni-Seelos-Schanzen achten wir auf die Verbotsschilder, die Wanderer und

Sportler trennen, und gehen entweder durch den Tunnel oder außen herum zum WM-Turm der Nordischen Weltmeisterschaft von 2019. Mit bewundernden Seitenblicken zu den Sprungschanzen rechter Hand wandern wir weiter und können bereits das bekannte Seekirchl vor uns

Am kleinen Andachtsort bei der Skipiste wird an die verbindende Kraft des Sports erinnert.

ausmachen. Der Weg geht durch einen Tunnel und führt uns zur Einkehrmöglichkeit Sportalm. Von hier spazieren wir über einen Parkplatz zur Unterführung der Landesstraße. Wir widerstehen der Versuchung, gleich das nahe malerische Kirchlein zu besuchen, und halten uns an der Kreuzung in die Gegenrichtung, biegen also rechts bergauf ab. Erst Serpentinen, dann ein schmaler Pfad bringen uns zu den bereits sichtbaren Stelen des Kalvarienberges auf dem Pfarrerbichl, der mit Klangskulpturen und einem Kreuzweg aufwartet.

» *Die Idee, einen Steinkreis anlässlich der Jahrtausendwende auf der Kuppe des Hügels zu errichten und so diesen uralten Kraftplatz neu zu beleben, wurde damit ergänzt, dass ein Kreuzweg von der Pfarrkirche heraufführt. Monumentale Findlinge aus dem Ötztal markieren oben die 12 Apostel rund um das Grab Jesu (die 14. Station). Die weiteren Stationen sind anhand von Reliefs auf den Steinen zu erkennen und laden – auf dem Pfarrerbichl verteilt – zur Besinnung ein. Zusammen mit den Ausblicken auf die Umgebung bilden sie einen unvergleichlichen Meditationsplatz.*

An den Klangspuren entlang verläuft der Weg bergab zur direkt an der Talsohle des Hügels liegenden Kirche. Das mit einem herrlichen Tympanonrelief verzierte gotische Portal, durch das wir eintreten, zeigt uns schon das Alter und die kunsthistorische Qualität dieses Gotteshauses, das zu den schönsten spätgotischen Bauten Tirols zählt.

» *1432 wurde mit dem heutigen Bau begonnen und damit ein kleines Kirchlein ersetzt, in dem sich folgendes Wunder ereignet haben soll: Am Gründonnerstag verlangte Schlossherr Oswald Milser aus Hochmut die große Priesterhostie und versank in diesem Moment im Boden, hielt sich aber am Altar fest, wobei auch dieser nachgab. Diese Abdrücke sind rechts vom Volksaltar heute noch sichtbar. Erst als er bereute, gab er die zwischenzeitlich blutig gewordene Hostie zurück. Dieses Ereignis hatte einen wahren Pilgeransturm zur Folge; allerdings wurde die stattliche Kirche erst 1474 fertig. Das hervorragende Netzrippengewölbe und ausnehmend schöne gotische Wandmalereien stammen aus dieser Zeit, kurz darauf entstanden das Tafelbild von J. Kölderer rechts im Chorraum sowie der wunderschöne Flügelaltar mit seinen spätgotischen Figuren und Reliefs. Oberhalb der Sakristei wurde 1574 die Heiligblutkapelle errichtet und im 18. Jahrhundert ausgestattet.*

Wir gehen hinaus auf den Dorfplatz und nehmen dann die Fußgängerzone auf der anderen Seite der Kirche. Hinter dem Postamt halten wir uns links und kommen damit in die Klostergasse, die uns zunächst an Hotels vorbei wieder auf freies Feld führt. Vor uns sehen wir wieder das Seekirchl, das sich an einer Brücke, die wir überqueren, herrlich im Wasser spiegelt. Wir wandern zum Wahrzeichen von Seefeld hoch und befinden uns schon

Idyllisch gelegen: das Seekircherl

Die letzte Steigung vor dem Panorama der Reither Spitze

wieder in einer altehrwürdigen Wallfahrtskirche, die wir durch das schöne Renaissance-Portal betreten.

» *Die Kirche ist dem Heiligen Kreuz geweiht, und dieses alte, wundertätige Kreuz befindet sich heute in einem hübschen Rokokoaltar gegenüber dem Eingang. Einstmals stand es auf freier Flur – zwei Legenden, die auf den Wandfresken abgebildet sind, trugen aber zum Kirchenbau bei: Rechts wird gezeigt, dass 1628 eine Pilgerin vom Kreuz angesprochen wurde und dadurch Verzeihung ihrer Sünden erlangte, links, dass ein Gelübde Erzherzog Leopolds V. den Bau der Kapelle veranlasste. Diese, ein in Tirol seltener achteckiger barocker Zentralbau, wurde 1666 unter Baumeister C. Gumpp fertiggestellt und stand damals mitten in einem künstlich angelegten See, weshalb es bis heute seinen Namen Seekirchl trägt.*

Ein wenig können wir den Wasserreichtum der Ebene hier aber bis heute nachvollziehen, wenn wir wieder zu dem Bach hinunterwandern und den Bohlenweg nach rechts nehmen. Vor einer Brücke halten wir uns wieder rechts und gehen nach oben zur Landesstraße, die wir vorsichtig überqueren. Nun geht es kurz links bergauf zu einem Parkplatz, an dessen Rand wir aber gleich wieder in den Wald eintauchen und dem Wanderweg zurück nach Mösern folgen. An einer Kneippanlage vorbei geht es in leichtem Auf und Ab dahin. Nach einer Passage direkt neben der Landesstraße erwartet uns die letzte Steigung entlang einer Schafweide. Dann sehen wir schon bald die uns bereits vertraute Abzweigung zurück zum Parkplatz der Seewaldalm, wo wir unsere Rundwanderung beenden.

OBERLAND

UNTERLAND

ZWISCHEN INNSBRUCK UND GERLOS

18 Neue Wallfahrt oberhalb von Innsbruck
Über Mutters und Natters nach Götzens zum seligen Otto Neururer

| 3½ Std. | 13,9 km | ↑↓ 250 Hm |

Anfahrt mit dem Pkw: Inntalautobahn bis Ausfahrt Innsbruck Süd, B 182 und Natterer Landesstraße nach Natters, Parkplätze am Gemeindeamt
Anfahrt ÖPNV: Bus 4142 von Innsbruck nach Natters, Gemeindeamt
Ausgangspunkt: Natters, Gemeindeamt
Wegverlauf: Natters – Mutters – Götzens – Natters
Anforderung: einfache Wanderung auf Teer- und Forststraßen
Einkehrmöglichkeit: unterwegs in Götzens Restaurant Klammhütte (Mi/Do Ruhetage, sonst durchgehend warme Küche) oder Café Martina (Mo Ruhetag, sonst immer ab 16 Uhr geöffnet, am Wochenende ganztags), am Natterer See Seerestaurant (Di Ruhetag, sonst ab 11:30 Uhr durchgehend warme Küche)
Beste Jahreszeit: Frühjahr bis Herbst

Im Innsbrucker Naherholungsgebiet auf der Mittelgebirgsterrasse im Südwesten der Tiroler Landeshauptstadt finden wir nicht nur überraschend ruhige und ländlich gebliebene Ortschaften, sondern können einem mutigen Mann Gottes die Ehre erweisen, der in der dunklen Zeit des Nationalsozialismus standhaft seinen Glauben gelebt und mit seinem Leben dafür bezahlt hat: Otto Neururer, der vielleicht bekannteste der Tiroler Blutzeugen dieser finsteren Jahre. Zu seiner Wirkungsstätte, der auch sonst lohnenden Pfarrkirche in Götzens, führt uns die Pilgerwanderung. Wir beginnen unsere Rundtour am Gemeindeamt in Natters und gehen wenige Schritte auf der Landesstraße zur etwas erhöht stehenden Pfarrkirche.

» *Außen fällt gleich die große, Sonnenuhr von J. A. Zoller auf, die die Südseite des Turmes seit 1759 schmückt. Der sonstige Eindruck der Kirche ist recht einheitlich gotisch, da das 1451 geweihte Gebäude zwar barockisiert wurde, im 19. Jahrhundert dann aber wieder eine neugotische Ausstattung erhielt. Der Kirchenpatron Michael ist am Hauptaltar neben einer Kreuzigungsgruppe zu sehen. Im Friedhof kann man bemerkenswerte Grabsteine bewundern, die bis ins 16. Jahrhundert zurückgehen.*

Wir steigen über die Treppen wieder hinunter auf die Landesstraße, überqueren sie und wandern ziemlich geradeaus zwischen den mit Lüftlmalerei geschmückten Häusern am Kirchplatz 6 und 8 leicht bergab in südliche Richtung. An einer platzartigen Erweiterung mit einem Baum in der Mitte halten wir uns rechts und gehen auf der Schulstraße bis zum Haus Nr. 7, hinter dem wir nach links abbiegen. Die ruhige Straße macht eine Rechtskurve und verläuft dann leicht bergauf. In der nächsten Kurve gehen wir geradeaus auf einem kleinen Pfad weiter, der uns hinauf zur Mutterer Straße führt. Dieser folgen wir nach links bergauf, verlassen Natters und erreichen bald darauf den Ortsanfang von Mutters. Beim ersten Zebrastreifen überqueren wir die Straße und gleich darauf die Gleise und wandern – erst auf ruhigem Weg, dann wieder kurz auf der Landesstraße – auf den spitzen Kirchturm von Mutters zu. Über Treppen und den Friedhof geht es zur alten Nikolauskirche.

Die Pfarrkirche in Natters mit ihrer großen barocken Sonnenuhr am Turm

» *Auch hier können wir wieder eine schöne Sonnenuhr entdecken, innen allerdings herrscht ein ganz anderes Flair als in Natters. Obwohl die Kirche bereits 1327 erwähnt wurde, 1440 der heutige spätgotische Bau errichtet und 70 Jahre später erweitert wurde, behielt man die barocke Ausstattung aus dem 18. Jahrhundert. Die vornehm wirkenden Stuckaturen und die Deckenfresken von A. und J. A. Zoller geben dem Raum ein festliches Aussehen.*

Wir verlassen den Friedhof durch das Westtor und gehen die Dorfstraße entlang, bis vor einem mit dem hl. Florian geschmückten Trogbrunnen ein Wegweiser zur Muttereralmbahn weist. Der ruhige Nockhofweg erreicht bald rechter Hand die erste Wiese, hinter der ein Sträßchen im rechten Winkel abbiegt. Wir folgen ihm und wandern wieder an seiner nächsten Kurve geradeaus weiter auf die bereits sichtbare Kapelle zu, die mitten in den Feldern steht.

» *Die Taxer- oder Wieshaber-Kapelle wurde 1911 errichtet und Maria Königin geweiht. Zwischen zwei Bischofsfiguren steht dann auch eine hübsche Marienstatue in der farbig abgesetzten Apsis. Neugotische Fenster zeigen die heiligen Nothelferinnen Barbara und Katharina.*

Mitten in den Feldern steht die Taxer- oder Wieshaber-Kapelle.

Neben der Kapelle führt ein Pfad durch Maisfelder bergauf und nähert sich nach einer Rechtskurve den Gleisen, die wir vorsichtig überqueren. Leicht schräg links geht unser Wiesenpfad weiter zur Straße Birchfeld nahe den Schwimm- und Sportanlagen von Mutters. Wir wandern die Straße nach rechts bergab, biegen aber an der nächsten Abzweigung nach links und können nun den Wegweisern zur Waldkapelle und in Richtung Götzens folgen. Sie führen uns durch ein Neubaugebiet zum Waldfriedhof mit seiner modernen Kapelle.

» *Erst von 1980 bis 1982 entstand hier der Waldfriedhof und damit auch die Friedhofskapelle, die H. Prachensky mit ihren schmalen Lichtschlitzen und dem schwungvollen Dach entwarf. Im Inneren können wir durch die Glasfront ein Mosaik von R. K. Fischer bewundern, außen einen Brunnen mit Reliefs und einer Schutzengelgruppe.*

Neben dem Friedhof steht die kleine Marienkapelle, die ebenfalls einen Blick lohnt.

» *Die Waldkapelle, auch Ochsenkapelle genannt, wurde 1895 errichtet, nachdem bereits zwölf Jahre lang das heute links vorne angebrachte Marienbild an einem Baum daneben hing, wie es Maria der Legende nach von zwei Frauen unabhängig voneinander gefordert hatte. Die Lourdesgrotte kam hinzu, nachdem ein Heilungswunder geschehen war.*

Nun kommt die einzige größere Steigung dieser Wanderung, da der schöne Panoramaweg, auf dem wir einfach immer bleiben, erst einmal an Höhe gewinnt, dann eine Zeitlang auf diesem Niveau bleibt und erst am Marchbach wieder in Richtung des Hochplateaus bergab führt. In Sichtweite der Häuser von Neu-Götzens angekommen, gehen wir aber bei der Abzweigung links, also weiter auf dem Pano-

Die Waldkapelle mit dem legendären Marienbild links

Blick auf das Zentrum von Götzens mit der Pfarrkirche, im Hintergrund die Martinswand

ramaweg nach Götzens, das wir nach etwa 1,5 km am Parkplatz der Nockspitzbahn erreichen. Bei der Zufahrtsstraße suchen wir die kleine Brücke über den Geroldsbach und spazieren nach dieser entspannt auf der Straße „Steinangerl" ins Zentrum von Götzens, das von der Pfarrkirche dominiert wird, die besonders seit der Seligsprechung von Otto Neururer auch als Wallfahrtsziel regionale Geltung bekommen hat.

» *Der prächtige Bau, der zwischen 1772 und 1775 errichtet wurde, gilt als eine der schönsten Rokoko-Dorfkirchen im süddeutschen Raum. An dieser Stelle war sie damals wirklich ein Neubau, die frühere Pfarrkirche besuchen wir unmittelbar danach. Ähnlich der Wiltener Basilika ist die Fassade gestaltet, die von Statuen der Patrone Petrus und Paulus und mit einem Giebelfresko von M. Günther geschmückt ist. Auch innen beherrscht die bühnenartige barocke Gestaltung das Bild – der Blick fällt schon bei Eintreten auf alle fünf Altäre. Die Deckenfresken stammen ebenfalls von M. Günther. Da hier ab 1932 der von den Nationalsozialisten ermordete Pfarrer Otto Neururer seine Wirkungsstätte hatte, befindet sich seit seiner Seligsprechung eine Reliquie im Volksaltar – schon länger gibt es die Gedenkstätte unter der Empore.*

Reliquie des sel. Otto Neururer im Volksaltar an seiner Wirkungsstätte in Götzens

UNTERLAND ZWISCHEN INNSBRUCK UND GERLOS

Wegkreuz mitten auf den Feldern

Die Theresienkirche, ehemals Pfarrkirche, erinnert noch an das Mittelalter.

Wir treten wieder auf den Kirchplatz und wenden uns nach Westen. Die Kirchstraße führt uns nach 250 m zum nächsten Gotteshaus des kleinen Ortes, der bereits erwähnten ehemaligen Pfarrkirche.

» Die Theresienkirche, die bereits 1350 erstmals – damals allerdings mit dem Patrozinium der Apostel Petrus und Paulus – erwähnt wurde, beherbergt in ihrem Inneren ein schönes Netzrippengewölbe und Fresken aus der Spätgotik (ca. 1525). Sie diente später als Friedhofskapelle, bis der heutige Friedhof entstand. Nach einer Zeit des Vergessens wurde die Kapelle Anfang des 20. Jahrhunderts durch die Franziskaner-Tertiarschwestern aus Hall wieder als Gotteshaus hergerichtet und der hl. Theresia geweiht. Seine letzte Messe in Götzens feierte Pfarrer Neururer an dieser Stelle.

Nun überqueren wir die Kirchstraße und wandern wenige Schritte zum Otto-Neururer-Weg, in den wir nach rechts einbiegen. Er bringt uns zur Burgstraße, der wir nach links folgen, bis vor einem Supermarkt der „Untere Feldweg" nach rechts abzweigt. Nach den letzten Häusern befinden wir uns auch tatsächlich mitten in den Feldern von Götzens. Am Spielplatz halten wir uns links und spazieren alle Abzweigungen missachtend zum schon lange sichtbaren Ensemble von Kapelle, Kreuz und Baum vor uns.

» *Die mitten auf den Feldern an einer größeren Wegkreuzung liegende Höllkapelle wurde 1675 erbaut. Mit ihren schönen Malereien innen und außen (Verkündigung, hl. Georg) ausnehmend ansprechend gestaltet, bietet sie zusammen mit dem qualitätsvollen Kruzifix aus der Barockzeit einen wunderbaren Platz zur Rast.*

Wir wählen nun den Weg, der direkt nach Süden führt, und gelangen eine kleine Straße, der wir nach links folgen. Bald sehen wir an einer Kreuzung eine weitere, allerdings kleinere Kapelle.

» *Der offene Bildstock beherbergt in seiner Nische einen Rokokoaltar aus dem 18. Jahrhundert und steht unter Denkmalschutz. Die sogenannte Berger-Kapelle wurde erst im Jahr 1977 zur Erinnerung an ein verstorbenes Kind errichtet.*

Direkt hinter dem Andachtsort geht nun unser Weg auf einem Pfad weiter. Allerdings stoßen wir nach kurzem wieder auf ein Sträßchen. Es geht durch den Wald hinter dem Campingplatz am Natterer See vorbei. Wir spazieren auf der Straße weiter, bis wir nach links auf den Wanderweg nach Natters abbiegen können – obwohl auf der Straße vor uns bereits ein stattlicher Bildstock, die Seifenskapelle aus dem 18. Jahrhundert, zu sehen ist. Doch unser bequemer Weg führt ohne Straßenverkehr ruhig am Waldrand entlang, bis wir Natters erreichen. Wir münden in den Magdalenenweg ein und folgen diesem ins Zentrum des Ortes.

Die an einer größeren Wegkreuzung liegende Höllkapelle

19 Gschnitz und sein St. Magdalena auf dem Bergl
Zum Heiligtum in luftiger Höhe

| 4½ Std. | 7,5 km | ↑↓ 450 Hm |

Anfahrt mit dem Pkw: Inntal- und Brennerautobahn bis Ausfahrt Matrei/Steinach, B 182 nach Steinach, dann auf der L 10 bis zum Ortsanfang von Gschnitz, dort links hinab zum Parkplatz

Anfahrt ÖPNV: Bahnverbindung von Innsbruck oder Salzburg nach Steinach am Brenner, von dort mit Bus 4146 bis Gschnitz/Erhartlerhof, von dort hinunter zum Bach und zu den Parkplätzen

Ausgangspunkt: Parkplatz Klettersteig St. Magdalena

Wegverlauf: Parkplatz Klettersteig St. Magdalena – Kreuzweg – (Klettersteig) – St. Magdalena – Gschnitz – Parkplatz Klettersteig St. Magdalena

Anforderung: schmale, gelegentlich steile Bergwege, im Tal Straßen und Wiesenpfade, bei Benutzung des Klettersteiges entsprechende Ausrüstung erforderlich!

Einkehrmöglichkeit: Jausenstation St. Magdalena (ganztägig geöffnet)

Beste Jahreszeit: Mai bis Oktober

Nicht viele Wallfahrtskirchen stehen so exklusiv nur einigermaßen sportlichen Pilgern offen wie das hoch über dem

Am Kreuzweg warten 14 liebevoll mit Fensterläden versehene barocke Bildtafeln.

Gschnitztal thronende St. Magdalena, das einladend auf seiner kleinen Wiesenterrasse vor den Felsen der Rötenspitze liegt! Das Pilgern auf diese Kanzel mag zwar durchaus anstrengend sein, führt aber durch das Landschaftsschutzgebiet Nösslachjoch – Obernberger See und bietet daher auch neben der spirituellen und kulturellen Einzigartigkeit einen botanischen und landschaftlichen Hochgenuss! Wir beginnen unsere Wanderung am Parkplatz Klettersteig St. Magdalena am Ortseingang von Gschnitz. Hinter den Häusern führt der schmale Pfad in den Wald und bald auch recht steil bergan. Wir gewinnen rasch an Höhe und erreichen recht schnell den querenden Kreuzweg, der aus der Richtung von Trins herkommt und dem wir nun ab der 5. Station ebenfalls folgen. Die 14 im Jahr 2007 liebevoll mit Fensterläden versehenen barocken Bildtafeln stehen sogar unter Denkmalschutz und begleiten unseren schweißtreibenden Anstieg spirituell. An einem Gat-

Im Wald geht es gleich recht steil bergan.

terl besteht linker Hand die erste sportliche Abkürzungsmöglichkeit, über einen Klettersteig via Habichtsblick zum Kirchlein zu gelangen. Nur wenige Meter später kommen mehrere noch anspruchsvollere Varianten im Rahmen der Alpine Safety Area dazu. Die Benutzung ist nur mit entsprechender Ausrüstung sinnvoll, kann aber für Kletterfans eine willkommene Abwechslung darstellen. Der „normale" Pilger bleibt aber auf dem auch so recht steilen Weg, der bald zwei Gabelungen bereithält. Bei beiden halten wir uns links und legen die nächsten Höhenmeter in mehreren Serpentinen zurück. Noch eine letzte Gabelung wird – wieder links haltend – passiert, dann öffnet sich nach der letzten Serpentine endlich ein freier Blick auf das malerische Kirchlein über uns, das wir nach der Querung der letzten steilen Wiese bald erreichen.

UNTERLAND ZWISCHEN INNSBRUCK UND GERLOS

» Schon von außen erfreut uns ein altes Fresko mit der Abbildung der hl. Magdalena, doch was wir innen – rechts nach den Eingangsstufen – im Raum der kleinen Kirche entdecken, lässt das Herz höherschlagen. Wir stehen vor den ältesten Wandmalereien Nordtirols! Die Darstellung der Flucht nach Ägypten und die rot gemalten Figuren von Adam und Eva an der Südwand wie auch die farbgleiche Frau (vielleicht die Kirchenpatronin) an der Westwand stammen aus dem 13. Jahrhundert, und sogar unter den erkennbar späteren Fresken

Erwähnung der Kirche 1307 gibt sicher nicht ihr wahres Alter an, Forscher vermuten, dass schon sehr bald nach der Christianisierung an diesem uralten Kultplatz und Kraftort ein Kirchlein stand. Am 22. Juli findet traditionell die große Magdalenenprozession hierher statt.

Die unter dem gleichen Dach befindliche Jausenstation (die frühere Einsiedelei) lädt zur Rast ein, und ein neuer Klettergarten weiter oberhalb fordert Sportliche heraus. Der Abstieg erfolgt bis zu der Abzweigung nach „Gschnitz Ortsmitte" auf gleichem Weg. Nun folgen wir aber dieser Wegweisung nach links und steigen zum Martairbach hinab, den es zu überqueren gilt. Bei starker Strömung und viel Wasser empfiehlt sich die Variante über die Holzbrücke ein kleines Stück talaufwärts. Gemächlich und auf angenehmem Boden geht es bald im Wald bergab. Wir lassen den steilen Abstieg, der uns direkt zum Parkplatz zurückbrächte, rechts liegen und nähern uns langsam dem Hauptort des Tales, dessen Häuser allmählich sichtbar werden. Auch alle weiteren Abzweigungen nach rechts ignorierend, gelangen wir zum Gschnitzbach, überqueren diesen und wandern auf die gut sichtbare nahe Pfarrkirche von Gschnitz zu.

Die frühere Einsiedelei und heutige Jausenstation lädt zur Rast ein.

der Nordwand von 1460 mit Szenen aus dem Leben Magdalenas, die Leonhard von Brixen zugeschrieben werden, lassen sich Spuren der alten Gemäldeschichten entdecken. Die erste

» *Das Patrozinium Maria Schnee nimmt auf die Legende von Santa Maria Maggiore in Rom auch im Altarbild erkenntlich Bezug. Der schöne einheitliche Barockbau wurde 1730 errichtet und ein Vierteljahrhundert später nach Plänen von Franz de Paula Penz umgestaltet, indem Fresken der Künstlerfamilie Zoller (Vater und Sohn) sowie der wunderschöne Wessobrunner Stuck und die Altarfassungen und Bildhauerarbeiten mit den angeblich 60 liebevoll gestalteten Putti hinzugefügt wurden.*

Innen reichen die ältesten Wandmalereien Nordtirols ins 13. Jahrhundert zurück.

Wir verlassen das Gotteshaus und gehen wieder einige Meter die Hauptstraße zurück, biegen dann aber noch vor unserer Brücke nach links ab. Ein Wegkreuz zeigt an, dass wir richtig sind. Nach dem letzten Bauernhof bleiben wir einfach geradeaus, auch wenn kein Wegweiser anzeigt, dass der schmale Pfad durch die Wiese richtig ist. Ein weiteres Wegkreuz gibt die Richtung vor, bald aber treffen wir wieder auf Häuser und eine Straße. An einem Hof mit alter Lüftlmalerei vorbei wandern wir auf einem Feldweg auf eine kleine Kapelle zu, die allerdings nur durch kleine Sichtfenster innen ein Kruzifix erkennen lässt. Bei der nächsten Häusergruppe führt uns der Weg fast schon auf die Landesstraße zurück, doch wir halten uns links und dann gleich wieder rechts und kommen an modernen Häusern vorbei, bis wir auf einer Straße dann doch zur Landesstraße hinuntergeleitet werden. Hier wartet die Bushaltestelle (vgl. Anfahrt ÖPNV) auf uns. Wer zum Parkplatz muss, überquert die Straße leicht schräg und kann dann wieder auf einem guten Fahrweg bergab zum Gschnitzbach und über die Brücke zum Parkplatz gehen.

Den Martairbach überqueren wir bei viel Wasser über die Holzbrücke.

Die Pfarrkirche von Gschnitz erfreut als schöner einheitlicher Barockbau.

20 Obernberg und sein See
Zur Seekapelle

| 2½ Std. | 8,9 km | ↑↓ 350 Hm |

Anfahrt mit dem Pkw: Inntal- und Brennerautobahn bis Ausfahrt Nösslach, Landstraße über Vinaders nach Obernberg, Parkplätze beim Gemeindeamt (gebührenfrei)
Anfahrt ÖPNV: Bahnverbindung von Innsbruck oder Salzburg nach Steinach am Brenner, von dort mit Bus 4145 bis Obernberg, Berghotel
Ausgangspunkt: Obernberg, Gemeindeamt
Wegverlauf: Obernberg – St. Nikolaus – Wiesenweg – Obernberger See – Seekapelle – Rodelbahn – Parkplatz Waldesruh – Kapelle Eben – Obernberg
Anforderung: Pfade und breitere Wege, unschwer
Einkehrmöglichkeit: unterwegs Gasthaus Waldesruh, im Sommer täglich 11–18 Uhr geöffnet
Beste Jahreszeit: ganzjährig möglich

Die Bezeichnung Naturjuwel findet man in touristischen Prospekten häufig – selten jedoch passt sie besser als zum smaragdgrün bis türkis schimmernden glasklaren Obernberger See, zu dem uns unsere Wanderung führt. Genauer: zur Seekapelle, die auf einer Insel (bzw. bei geringem Wasserstand auf einer Halbinsel) das malerische Ensemble vervollkommnet. Dass am Ausgangspunkt Obernberg auch eine Kirche steht, wie sie perfekter nicht in die Landschaft hätte gestellt werden können, macht diese Tour zu einem Augenschmaus erster Güte!

Zwischen den Parkplätzen am Gemeindeamt und der Bushaltestelle Berghotel führt eine kleine Straße leicht bergab zu dem schon sichtbaren Hanser-Kreuz (17. Jahrhundert) auf der linken Straßenseite, auf das wir zunächst zugehen. Genau an dieser malerischen Stelle zweigt rechts ein Wiesenpfad vom Sträßchen ab und bringt uns zuerst zu den beiden alten, denkmalgeschützten Mühlen (Frader- und Michelsmühle). Am hübschen Seebach entlang geht es auf die Pfarrkirche St. Nikolaus zu, die markant auf einem eiszeitlichen Hügel steht. Diesen müssen wir halb umrunden, um zum Gotteshaus aufsteigen zu können.

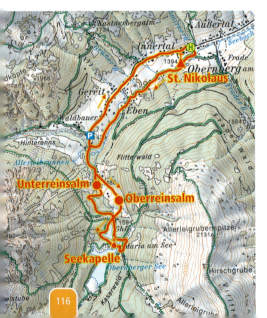

» *Eine erste urkundliche Erwähnung gab es bereits 1339, doch der heutige Bau stammt deutlich sichtbar aus der Barockzeit. Allerdings gab es erst 1753 einen eigenen Pfarrer hier hinten im Obernberger Tal, so dass nun aber die alte gotische Kirche den Ansprüchen der durch*

Die markante Lage der Nikolauskirche auf einem eiszeitlichen Hügel ist einzigartig!

Bergbau reich gewordenen Streusiedlung nicht mehr gerecht wurde. Im Jahr 1760 wurde das Gotteshaus von J. M. Umhauser errichtet, für die Ausmalung mit den perspektivischen Fresken und den täuschend echt wirkenden Stuckaturen engagierte man den Rokokokünstler C. A. Mayr. Nur die anmutige Kanzel besitzt tatsächlich Stuck.

Wir wandern wieder vom Kirchberg hinunter und zum Seebach zurück, wo wir uns nach rechts wenden. Eine Brücke verführt zum Überqueren des Baches, wir öffnen allerdings das Gatter und spazieren auf einem schönen Pfad weiter auf der rechten Uferseite. Ein paar Zuflüsse werden auf kleinen Brücken gequert, wir passieren ein Marterl und erreichen dann bald den Weiler Eben, wo wir auf eine Straße treffen. Auf ihr überqueren wir den Seebach und gehen nun am anderen Ufer in unserer Gehrichtung weiter. Auch bei der folgenden Verzweigung geht es geradeaus weiter. Nach den Häusern wird der Weg wieder zum schmalen Pfad und führt bald wieder über unseren Bach. Achtsame Wanderer entdecken nach 50 m linker Hand ein Labyrinth, aber auch sonst ist Aufmerksamkeit geboten, um die Wegspuren, die hier stellenweise undeutlich sind, zu verfolgen. Wichtig ist, dass wir den Seebach zur Linken behalten und uns dann, wenn die Bewaldung zunimmt, leicht rechts halten. Dabei kommen wir an einem großen etwas provisorisch wirkenden Holzkreuz vorbei, vor dem wohl einmal ein Altar stand, der inzwischen verfallen ist. Der Hinterennsbach, ein Zufluss zum Seebach, zeigt an, dass wir schon nahe an der Rodelbahn bzw. Forststraße sind, die wir bei einer Brücke über den Hinterennsbach erreichen. Hier geht es nach links und weiter durch den zauberhaften Wald, bis zum Almboden der Unterreinsalm, wo sich der Weg gabelt. Für den Aufstieg wählen wir den steileren Wiesenweg und halten uns demnach links.

Es geht über die Wiesen hinauf zur Oberreinsalm, die malerisch zu unserer Linken bleibt. Nach kurzem trifft unser Weg wieder auf die Forststraße, und das traumhafte Panorama des vorderen Obernberger Sees taucht vor uns auf. Es ist eigentlich egal, ob wir rechts oder links um den ersten See zur Seekapelle wandern, die – je nach Wasserstand – auf einer (Halb-)Insel zwischen den beiden Seeteilen liegt. Wir empfehlen den schmaleren Pfad rechts herum, der noch eine Bucht ausläuft, bevor wir zur Brücke kommen, die uns zur Insel hinüberbringt. Die kleine Kirche schimmert über uns schon durch die Bäume, wir müssen aber zunächst den Hügel umkreisen, bevor wir auf bequemem Weg zur Seekapelle aufsteigen können.

» *Die außerordentliche Lage auf dem durch einen Felssturz entstandenen (Halb-)Inselchen und die hübsche Gestalt des Zentralbaues mit seiner kleinen Kuppel und dem Türmchen machen die Kapelle Maria am See vor allem von außen zu einem beliebten Foto-Objekt. Sie entstand in den Jahren 1934/35 und wurde vier Jahre danach mit Fresken von C. Rieder geschmückt, die in der Kuppel die Marienkrönung und sonst einige Heilige abbilden. Der kleine barocke Altar enthält ein neueres Altarblatt mit der Madonna vor dem Tribulaunmassiv.*

Über die schöne Holzbogenbrücke, die wir gleich am Fuß des Kapellenhügels erreichen, wandern wir wieder zurück auf das „Festland", wo rechts eine herrliche Jausenwiese und im Sommer Badegelegenheiten im türkisblauen, aber kalten Seewasser auf uns warten. Natürlich kann der See auch ganz umrundet werden, was beim Wanderweg auf der Tribulaunseite ein wenig Vorsicht und Trittsicherheit und insgesamt etwa eine Stunde Zeit voraussetzt. Wir gehen aber – immer wieder mit schönen Rückblicken zu Kapelle und See – zurück zum ehemaligen Gasthaus und folgen nun der Rodelbahn bis zur Un-

Steiler Wiesenweg auf dem Almboden der Unterreinsalm

Die Kapelle liegt auf einem durch einen Felssturz entstandenen (Halb-)Inselchen.

terreinsalm und weiter auf vertrautem Weg durch den Wald. Ohne wieder hinter der Brücke auf unseren Pfad abzubiegen, gelangen wir zum Waldparkplatz, wo eine einfache Einkehrmöglichkeit existiert. Wir wandern neben der schwach befahrenen Straße zurück in den Ort. Dabei kommen wir an einigen etwas unschön restaurierten Kruzifixen vorbei, aber auch an der leider meist geschlossenen Tanler-Kapelle im Weiler Eben (17. Jahrhundert). Bequem auf dem Gehsteig spazieren wir mit wunderschöner Aussicht auf die Nikolauskirche vor den meist schneebedeckten Tuxer Bergen nach Obernberg hinein.

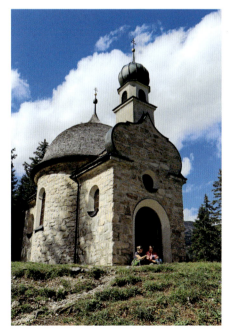

Maria am See mit ihrer kleinen Kuppel und dem Türmchen

UNTERLAND ZWISCHEN INNSBRUCK UND GERLOS

21 Über das Waldraster Jöchl nach Maria Waldrast

Von Mieders mit Seilbahnunterstützung zum Gnadenort

| 5 Std. | 13,3 km | ↑ 410 Hm ↓ 1070 Hm |

Anfahrt mit dem Pkw: Inntal- und Brennerautobahn bis Ausfahrt Schönberg, B 183 nach Mieders, Parkplätze an der Serlesbahn (gebührenfrei)
Anfahrt ÖPNV: Bus 590 von Innsbruck nach Mieders, Serlesbahnen
Ausgangspunkt: Talstation Serlesbahnen
Wegverlauf: Talstation Serlesbahnen – Koppeneck – Serleskirchlein – Ochsenhütte – Evangeldaxe – Waldraster Jöchl – Auffindungskapelle – Maria Waldrast – Kapellenweg – Mieders – Kalvarienberg – Pfarrkirche – Talstation Serlesbahnen
Anforderung: am Waldraster Jöchl wurzelige schmale Pfade, Orientierung manchmal schwierig, sonst breite Wege, im Ort Straßen
Einkehrmöglichkeit: in Mieders Restaurant Guschto (Do bis So ganztags geöffnet), unterwegs Bergrestaurant Hochserles (täglich durchgehend geöffnet), Ochsenhütte (täglich durchgehend geöffnet) und Maria Waldrast (Mo Ruhetag, sonst durchgehend geöffnet)
Beste Jahreszeit: Frühjahr bis Herbst (Betriebszeit der Bergbahn, sonst etwa 2 Stunden im Aufstieg länger)
Variante: Ab Kapelle 10 kann man auch wieder zur Bergbahn aufsteigen und mit ihr oder der Sommerrodelbahn ins Tal gelangen.

Der deutsche Dichterfürst J. W. von Goethe nannte die Serles einst den „Hochaltar der Alpen", so dass uns bei unserer Wanderung schon aus diesem Grund ein stetiges Gefühl frommer Erhabenheit begleiten kann – sind wir doch den ganzen Tag im Banne dieses schönen Berges unterwegs zu einer der beliebtesten Wallfahrtskirchen in Tirol, nach Maria Waldrast, die dem schönen Berg seinen zweiten Namen „Waldrastspitze" gegeben hat.

Die Tour beginnen wir gemütlich mit der Bergbahn am Ortsrand von Mieders und können vielleicht schon bei der Auffahrt ein paar der Rosenkranzkapellen im Wald ausmachen, die uns später talwärts begleiten werden. Oben wird uns in einigen Jahren vermutlich gleich ein Gotteshaus begrüßen: Künstler H. Strobls Initiative Serleskirchl präsentiert sich schon jetzt

Vom Koppeneck haben wir einen schönen Blick auf die Nordkette und Innsbruck.

mit dem Stein der 1000 Botschaften, die von den Sponsoren des Baus hier in Stiften eingebracht werden können. Das moderne Kirchlein wird etwa 40 m^2 messen und in einer Parkanlage mit Brunnen und Sitzbänken seinen besonderen Platz erhalten. Wir orientieren uns nun an den Wegweisern mit dem Ziel Ochsenhütte und ignorieren die kürzeren Hinweise auf Maria Waldrast, so dass wir zunächst auf den Bergrücken des Koppenecks wandern und danach dem schön als Lehrpfad gestalteten Weg bergab in einen Taleinschnitt folgen. Hier halten wir uns links, bald darauf aber wieder rechts und erreichen nach leichter Steigung die Ochsenhütte. Kurz vor der gemütlichen Wirtschaft zweigt ein kleiner Pfad bergauf nach rechts ab, der in Serpentinen rasch an Höhe gewinnt und nach 500 m auf eine Forststraße trifft, die wir geradeaus überqueren – sofern wir nicht zum nahen Aussichtspunkt einen Abstecher nach rechts unternehmen. Unser Weg führt auf der Skipiste nach oben und ist daher manchmal schwer zu sehen; wenn wir uns in Richtung des Schleppliftes orientieren, landen wir aber dort auch wieder bei Wegweisern, folgen diesen zum Waldraster Jöchl und treffen bald wieder auf eine Forststraße, wo ein schwer interpretierbarer Wegweiser auf uns wartet.

Wir halten uns an die Richtung der Evangeldaxe, einem besonderen Flurkreuz an einem Tannenbaum, das einmal jährlich in einer Bittprozession für gutes Gedeihen von Wald und Flur und zum Schutz vor Wetter- und Naturkatastrophen aufgesucht wird. Hier nun müssen wir der Wegspur geradeaus bergauf am Waldrand folgen, die bald wieder eine Forststraße erreicht. Wegweiser führen uns jedoch gleich wieder von ihr weg und durch Wiesen – teilweise schwer sichtbar – nach schräg rechts bergauf. Wenn wir wieder den Wald erreichen, ist die Orientierung

Unterwegs zu einem der höchstgelegenen Klöster Europas, Maria Waldrast

wieder einfach: ein schöner Hohlweg verläuft durch Heidelbeersträucher und Bergwald hinauf zum Waldraster Jöchl, wobei wir noch eine Wegkreuzung fast ganz oben geradeaus durch ein Gatter queren. Am Gipfelkreuz laden Bänke zur Rast ein, bevor wir uns an den Abstieg machen. Dieser führt teilweise steil und über Wurzeln ziemlich direkt hinunter durch den Wald zur Auffindungskapelle.

» *Wir stehen an der Wurzel der Waldraster Wallfahrt, da hier die beiden Hirtenkinder im Jahr 1407 das Muttergottesbild im Lärchenstamm fanden, das später von Bauern aus dem Baum geschnitten und heute in der Wallfahrtskirche als Gnadenbild verehrt wird. Die heutige und recht ungewöhnliche Kapelle – mit Rinden ummantelt und ohne Fenster – wurde 1984 dem ursprünglichen Bau entsprechend errichtet.*

Von hier wandern wir nun den Kreuzweg (verkehrt herum) rechts hinunter nach Maria Waldrast, das wir durch die Schneise von der Auffindungskapelle schon unter uns liegen sehen konnten. Wir müssen allerdings beachten, dass wir nach Station 8 links abbiegen, um rascher unten auf die Straße zu gelangen. Dort halten wir uns links und pilgern auf das wunderschön vor den Gipfeln des Alpenhauptkammes liegende Wallfahrtszentrum, einem der höchstgelegenen Klöster Europas, zu. Außen laden der Brunnen der beliebten Heilquelle und eine Kneippanlage zur Erfrischung ein, wir wenden uns der schlichten Kirche zu.

>> *Nach seiner Auffindung wurde das Gnadenbild zunächst in Matrei verehrt, doch die Bestrebungen, nahe dem Fundort eine Kapelle zu errichten, führten 1414 zur Genehmigung und 1429 zur Weihe dieses Ortes, der bald zu einem der populärsten Wallfahrtsziele wurde, so dass bereits 1465 eine größere Kirche geweiht wurde. Noch im 15. Jahrhundert entstand die erste Pilgerherberge. Im 16. Jahrhundert wurde dann das Gotteshaus vergrößert und neu errichtet, wieder ein Jahrhundert später legte der Tiroler Landesfürst persönlich den Grundstein für das heute noch bestehende Servitenkloster. Die Wallfahrt blühte weiter auf, bis Kaiser Joseph II. im Jahr 1785 das Kloster aufhob und das Inventar versteigern ließ. Das Gnadenbild wurde – wie auch der Fußboden der Kirche – nach Mieders gebracht. Der Servitenorden kaufte das komplett zerstörte Gelände 1844 wieder auf und erbaute alles neu, so dass bereits zwei Jahre später das Gnadenbild wieder hier verehrt werden konnte.*
Bei einer weiteren Aufhebung durch die Nationalsozialisten 1942 entging es nur durch den mutigen Einsatz zweier Matreier der Beschlagnahmung durch die Gestapo. Ihrer wird bei der Christophorus-Statue an der rechten Seite gedacht. Aus der frühen Zeit dieser alten Wallfahrt können wir also das Gnadenbild und den gotischen Chor sehen, alles andere wurde im Stil des Klassizismus im 19. Jahrhundert neu erbaut. Die frühbarocke Ausstattung der schwarz-goldenen Altäre vermittelt einen strengen Eindruck, die gotischen Tafelbilder an

Der Kapellenweg mit seinen 15 Rosenkranzkapellen begleitet uns.

den Wänden stammen vom früheren Flügelaltar aus dem 15. Jahrhundert.

Wir wandern auf der Straße wieder zurück, aber über die Einmündung des Pfades von der Auffindungskapelle hinaus weiter geradeaus über den Sattel. Der Kapellenweg mit seinen 15 Rosenkranzkapellen begleitet uns nun den ganzen Abstieg ins Tal.

>> *In der zweiten Hälfte des 17. Jahrhunderts wurden am traditionellen Fußweg zwischen Mieders und Maria Waldrast die Kapellen errichtet und zwei Jahrhunderte später neu verputzt und farbig bemalt. Die Stationsbilder in Freskotechnik stammen von C. Jele nach Kupferstichvorlagen von J. Führich.*

Wir halten uns also immer an diesen Weg, den die Kapellen (und auch die Wegweiser nach Mieders) uns zeigen, und wandern daher entspannt und immer leicht bergab dahin. Bei Kapelle 10, neben der eine Skulptur an den früheren Innsbrucker Bischof Reinhold Stecher erinnert, fällen wir die Entscheidung, ob wir ins Tal gehen oder mit Sommerrodelbahn oder Lift dorthin gelangen wollen, und biegen in letzterem Fall nach rechts ab. Ansons-

Beeindruckend und immer im Blick: die Serles

ten geleiten uns die Kapellen weiter bergab, wir kreuzen dabei verschiedene Forstwege. Vor der 6. Station sehen wir auf einem recht flachen Wegabschnitt eine Rastbank an einem größeren Stein, wo

Oben auf dem Tafelbühel von Mieders erwartet uns die schmucke Kalvarienbergkapelle.

der Legende nach der Fußabdruck Mariens zu sehen sein soll. Wir queren zunächst die Lifttrasse und zwischen den Kapellen 5 und 4 die Sommerrodelbahn. Das letzte Stück ins Tal ist ein etwas steilerer Hohlweg, der uns daher recht schnell zur Skipiste bringt und dann nach einem Waldstück auf eine Straße stößt. Hier halten wir uns rechts, wandern auf der Brücke über den Zirkenbach und folgen der Bachleite. An einer Einmündung finden wir eine Kapelle, die nicht mehr zum Kapellenweg gehört.

» *Die Bachleitenkapelle mit ihrer hübschen Rundbogennische stammt aus dem 18. Jahrhundert und beherbergt ein Barockkreuz vor einem im 19. Jahrhundert gemalten Hintergrund. Außen ist über der Scheinarchitektur die Flucht aus Ägypten zu sehen.*

Wir kommen noch an einer denkmalgeschützten Mühle vorbei, bevor wir auf die Schmelzgasse stoßen. Dort geht es kurz nach links, aber bald folgt die Abzweigung zum Kalvarienberg, auf den wir nun – begleitet von sieben Bildstöcken aus dem 17. Jahrhundert – hinaufwandern. Oben auf dem besonderen Hügel erwartet uns die schmucke Kalvarienbergkapelle.

» *Hier auf dem Tafelbühel, der wie ein Altartisch vor dem Hochaltar der Serles steht, kann man in längst vergangene vorchristliche Zeiten zurückspüren. Ein urzeitlicher Kultplatz, vielleicht in ein keltisches Mess-System eingebunden, wird angenommen; die trapezförmige eingeebnete Fläche am Gipfel wird heute zu einem Drittel von der 1843 eingeweihten Kapelle eingenommen. Dieses Ereignis kann man in der Vorhalle als Fresko bewundern, innen sehen wir klassizistische Architekturmalerei neben Fresken aus dem Jahr 1840 und einen plasti-*

schen Ölberg mit Figuren aus dem frühen 16. Jahrhundert. Von den Vorgängerkirchen, die es seit dem 14. Jahrhundert gab, fehlt jede Spur.

Ein schmaler Pfad führt uns über die Wiese auf der anderen Seite des Hügels hinunter zur Silbergasse, von der aus wir die Dorfstraße erreichen. Hier geht es kurz nach rechts, bis wir gleich die erste Abzweigung nach links zum Friedhof wählen. In ihm befindet sich mit der heutigen Friedhofskapelle vielleicht die ursprüngliche Pfarrkirche von Mieders.

» *Der massive würfelförmige Bau aus dem 14. Jahrhundert gilt oft als das Gotteshaus, das urkundlich 1348 genannt wird. Ein früheres qualitätsvolles Triumphbogenkreuz von 1505 im Inneren ist leider meist nicht zu sehen, da die Kapelle oft verschlossen ist.*

In wenigen Schritten stehen wir vor oder in der Pfarrkirche Mieders.

» *Kleinere Vorgängerkirchen, die bis ins 8. Jahrhundert datiert wurden, wurden bei Grabungen auf dem Gelände gefunden. Im Turm*

Die Pfarrkirche von Mieders steht auf traditionsreichem Boden.

sind noch Mauerreste einer romanischen Kirche erhalten, ansonsten sehen wir einen spätgotischen Bau, der in den Jahren 1737–1739 barockisiert wurde. Der schöne Marmorfußboden lag bis 1785 in Maria Waldrast, zierliche Frührokoko-Stuckaturen des Wessobrunner Künstlers A. Gigl umrahmen die Gewölbefresken aus dem 18. Jahrhundert mit Darstellungen aus dem Marienleben, passend zum für Tirol recht ungewöhnlichen Patrozinium Mariä Geburt. Der Hochaltar wurde in dieser Zeit für das Waldraster Gnadenbild umgebaut, weshalb das Altarblatt erkennbar späteren Datums ist, da es erst nach der Rückgabe der Madonnenstatue gemalt wurde.

Wir wandern durch den Friedhof wieder zur Dorfstraße zurück und biegen rechts ab. Zur Bushaltestelle oder zum Parkplatz der Serlesbahnen sind es nur noch wenige Minuten.

Zierlicher Wessobrunner Frührokoko-Stuck in der Pfarrkirche von Mieders

22 Nach Heiligwasser am Patscherkofel

Auf frommen Wegen zwischen Igls und Patsch

| 3 Std. | 9,9 km | ↑↓ 400 Hm |

Anfahrt mit dem Pkw: Inntalautobahn bis Ausfahrt Innsbruck Mitte, L 9 nach Igls, Parkplätze an der Abzweigung Habichtstraße
Anfahrt ÖPNV: Bus 4141 von Innsbruck nach Igls, Ausstieg Altes Rathaus
Ausgangspunkt: Igls, Altes Rathaus
Wegverlauf: Igls – Heiligwasser – Patsch – Igls
Anforderung: einfache Wanderung auf Asphalt- und Forststraßen
Einkehrmöglichkeit: in Igls Landgasthof Ägidihof (durchgehend und ganztags geöffnet), unterwegs Das Hausberg (Mo/Di Ruhetage – außer an Feiertagen, dann Di –, sonst ab 11 Uhr durchgehend warme Küche), Gasthaus Heiligwasser (Mo Ruhetag – außer an Feiertagen, dann Di, ab 10 Uhr durchgehend warme Küche), in Patsch Restaurant/Café Altwirt (Di Ruhetag, ab 11 Uhr durchgehend warme Küche)
Beste Jahreszeit: Frühjahr bis Herbst

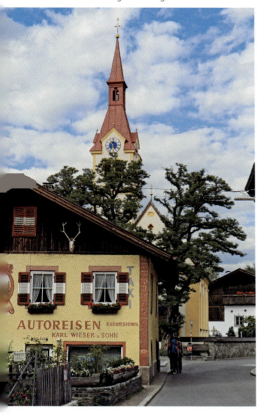

Die Pfarrkirche St. Ägidius von Igls

Mittendrin im dunkelgrünen Wald des wuchtigen Patscherkofels erblickt man schon von der Ferne helle Gebäude. Es ist das Ensemble von Heiligwasser, Quelle, Gottes- und Wirtshaus, das hier in völliger Einöde entstand und sich bis heute großer Beliebtheit erfreut.

Von Parkplatz oder Bushaltestelle wandern wir leicht bergan, halten uns an der folgenden Kreuzung links in die Hilberstraße und sehen schon die Kirche von Igls vor uns. Bereits am Haus davor, einem eher kleinen Gebäude mit einem Gärtchen, kann uns ein altes Fresko schon auf unser heutiges Ziel einstimmen – hier wohnten die beiden Jungen, denen Maria dort erschien, wo später die Wallfahrtskirche Heiligwasser errichtet wurde. Zunächst wenden wir uns nun aber der Pfarrkirche St. Ägidius zu.

» *An diesem Ort stand bereits im Mittelalter ein romanisches Kirchlein, das im 15. Jahrhundert spätgotisch umgebaut wurde, was man am äußeren Erscheinungsbild heute noch erkennen kann. Innen dagegen herrscht einheit-*

Igler Prozessionsfahne mit dem Bild der Marienerscheinung von Heiligwasser

lich Spätbarock, und besonders die qualitätsvollen Deckenfresken von J. Schmutzer mit den 14 Nothelfern (Langhaus), Mariä Lichtmess (Chorraum) und Szenen aus dem Leben des hl. Ägidius (Orgelempore) stechen heraus. Unter der auch mit Fresken Schmutzers verzierten Orgelbrüstung finden wir wieder einen Hinweis auf unser heutiges Wallfahrtsziel Heiligwasser, da hier eine frühere Prozessionsfahne als Bild gerahmt zu sehen ist, auf der Maria den beiden Bauernburschen erscheint.

Wir folgen nun der Straße weiter, die eine ausgedehnte Kurve beschreibt, behalten unsere Gehrichtung bei, wenn die Hauptstraße nach links abbiegt, und wandern auf der Bilgeristraße bergauf zur alten Seilbahnstation der Patscherkofelbahn. Hier nehmen wir die Straße, die links neben dem Gebäudekomplex bergan führt und schon Heiligwasserweg heißt. An den Parkplätzen der früheren Seilbahn vorbei geht es weiter bergauf, wir verlassen den Ort und halten uns an einer Verzweigung links. Auch alle weiteren Abzweigungen werden ignoriert, und schnell erreichen wir den Waldrand. Dort wartet die erste der inzwischen nur noch fünf Kapellen des Wallfahrtsweges nach Heiligwasser, die seit 1802 die Pilger begleiten. 1954 wurden sie mit Szenen aus der Kindheit Jesu von F. Krautgasser farbprächtig gestaltet. Wir widerstreben der Verlockung, nach links in den Wald einzubiegen, und bleiben auf der Asphaltstraße, die jedoch nach etwa 500 m zu einem naturbelassenen Forstweg wird.

Schattig geht es ziemlich geradlinig bergauf, bis wir in der Nähe der neuen Patscherkofelbahn-Talstation auf eine Straße stoßen, die wir vorsichtig überqueren. Auf der anderen Straßenseite wartet ein größerer Bildstock, die Schwellerkapelle mit einer Kreuzigungsgruppe aus dem 19. Jahrhundert. Außerdem sehen wir unser Ziel schon deutlich vor uns. Unser Weg wird etwas sonniger und zieht sich zu-

UNTERLAND ZWISCHEN INNSBRUCK UND GERLOS

Fünf Kapellen säumen den Wallfahrtsweg nach Heiligwasser.

nächst am Rand der Skipiste aufwärts. Wir stoßen auf eine Asphaltstraße, in die wir nach links einbiegen. Nun geht es quer über die Pisten, aber auch am erfrischenden Eisbergbründl vorbei, an dem man schon das gute Heilig-Wasser kosten kann. Eine Serpentine im Wald gibt es noch, dann wandern wir schon auf unser Ziel zu, das mit seinem markanten Zwiebelturm hinter dem Gasthaus auf uns wartet.

Am erfrischenden Eisbergbründl kann man schon das gute Heilig-Wasser kosten.

» Über dem Eingang erkennen wir auf einem Barockfresko (1743) den Bildaufbau des Heiligwasserbildes aus Igls sofort wieder: die beiden jungen Hirten, die im Jahr 1606 ihre verlorenen Rinder suchen mussten, und Maria, die ihnen den Weg zu den Tieren zeigt. Den Auftrag, ihr eine Kirche zu erbauen, befolgte einer der beiden dann später, als er einmal bei seinem jährlichen Besuch ein taubstummes Nachbarskind mitgenommen hatte, das hier geheilt wurde. Der Wiltener Abt, dem er dies erzählte, erkannte die Besonderheit des Ortes, an dem auch seit jeher eine Heilquelle entsprang. Belegt ist, dass seit 1651 ein Marienbild an einem Baum hing und eine hölzerne Kapelle über der Quelle gebaut wurde, die allerdings bald abbrannte. Zehn Jahre später ist ein gemauerter Bau und ein Mesnerhaus belegt,

1665 wurde er geweiht und immer wieder erweitert und ausgeschmückt. Die gotische Marienfigur (Kopie, Original wurde gestohlen) stammt aus dem Stift Wilten (s. Tour 23). Bei Grabungen im Rahmen der jüngsten Restaurierung stellte sich heraus, dass tatsächlich unter dem Hochaltar ein Felsen mit eingefressener Wasserrinne existiert. Durch die attestierte Heilkraft des Wassers, das außerhalb der Kirche in einem Brunnen gefasst ist, erfreut sich der heilige Ort bis heute großer Beliebtheit – wie auch der Gastbetrieb, der ebenfalls seit der Zeit des ältesten Mesnerhauses belegt ist.

Die Wallfahrtskirche von Heiligwasser

Wir orientieren uns an den Wegweisern nach Patsch in den Wald hinein. Gut markiert führt unser Forstweg bergab, wieder begleitet von diesmal hölzernen Bildtafeln eines Kreuzweges, dem wir nun aber „verkehrt herum" folgen. Kleinere Abzweigungen missachten wir, und an der Straße, auf die wir in einer Serpentine stoßen, halten wir uns nach rechts, also talwärts. Ein wenig steiler bringt uns der Weg zu den ersten Häusern von Patsch. Wir bleiben auf unserem inzwischen wieder asphaltierten Sträßchen und überqueren die Landesstraße. Etwas nach links gerichtet führt uns die Dorfstraße ins Zentrum des Ortes. Wir wandern zunächst allerdings an der Kirche vorbei und leicht bergab zum Zollerweg, der uns an den Ortsrand bringt. Hier sehen wir schon die besondere moderne Gestalt der Edith-Stein-Kapelle vor uns, zu der wir gelangen, indem wir dem kleinen Weg geradeaus folgen, nach 250 m rechts auf einen Feldweg abbiegen und an einer Kapelle, die 1996 zum 200-jährigen Jubiläum des Herz-Jesu-Gelöbnisses errichtet wurde, wieder rechts gehen. Durch das Tor des Friedhofs erreichen wir die zeltartige Kapelle.

» *Die Nähe zur berühmten Europa-Brücke spielte wohl bei der Wahl des Patroziniums der Europa-Heiligen Edith Stein eine Rolle. Darüber hinaus fühlten sich aber die Initiatoren des modernen, 2005/06 realisierten Baus dem Gedanken verpflichtet, die Friedensmission der Heiligen weiterzutragen. Das beeindruckende*

Die zeltartige offene Edith-Stein-Kapelle im Friedhof von Patsch

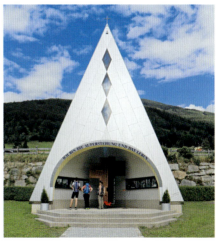

drehbare Kreuz, auch mit hebräischen Schriftzeichen gestaltet, die der jüdischen Herkunft Edith Steins gewidmet sind, reiste 2008 durch Deutschland und Polen auf den Spuren der Heiligen. Dies und der Lebensweg der Patronin sind in etlichen Fotografien in der offenen Kapelle dokumentiert.

Am Friedhofstor wenden wir uns nach rechts und wandern wieder nach Patsch hinein. An der Kreuzung nehmen wir die rechts wieder leicht bergauf führende Dorfstraße, biegen dann links in die Kirchstraße ab und spazieren die Treppen hoch zur Pfarrkirche St. Donatus.

Sonnenrad auf den Treppen des Kirchenportals in Patsch

In Patsch wandern wir zunächst an der Pfarrkirche vorbei.

» *Gleich auf den Treppen des Portals begegnet uns eine Besonderheit: Auf der rechten Seite der Stufe befindet sich ein vorchristliches Zeichen, ein Sonnenrad, überdies auf einem Gestein, das in der Umgebung nicht vorkommt. Dieser Hinweis auf eine uralte Kultkontinuität seit heidnischen Vorzeiten deutet vielleicht auf einen alten Brandopferplatz hin, der am Goldbichl seit 1900 v. Chr. bestand. So war hier wohl schon immer ein besonderer Ort, auch wegen der Bedeutung der Verkehrswege über den Brenner. Bronze- und eisenzeitliche Funde, römische Münzen und der mittelalterliche Handel spielten eine Rolle. Eine Kirche ist erst 1284 urkundlich erwähnt, doch es ist kaum vorstellbar, dass davor keine Gemeinde existierte, so dass Patsch zu den ältesten Pfarreien in Tirol zählt. Etliche Feuersbrünste sind dagegen für das Mittelalter dokumentiert. Vom romanischen Bau kann man Reste an den Turmfenstern, vom gotischen ebensolche an der Apsisgestaltung sehen. Innen wurde im 18. Jahrhundert im Zeichen des Spätbarocks umgestaltet, die perspektivisch interessanten Deckenfresken mit Darstellungen aus dem Leben des für Tirol ungewöhnlichen Patrons Donatus entstanden. Ein besonderer Veranstaltungshinweis bietet sich hier noch an: Nur alle 50 Jahre – das nächste Mal im Jahr 2053 – wird dieser in seinem Sarkophag durch die Ort-*

Auf dem Jakobsweg geht es wieder nach Igls zurück.

schaft getragen, aber auch sonst wird das Patrozinium dieses Wetterheiligen am 7. August prächtig gefeiert.

Wir gehen wieder die Treppen hinunter auf die Kirchstraße, biegen nach rechts und gehen auf ein Haus mit einem Fresko zu, wo sich die Straße teilt. Hier halten wir uns nach links und wandern leicht abwärts auf die Dorfstraße, in die wir rechts einbiegen. Am Ortsende und der Kreuzung mit einer Landstraße steht linker Hand das „Singerkreuz", das größte aller Dorfkreuze von Patsch. Wir überqueren die Straße und befinden uns nun auf dem Jakobsweg in Richtung Igls. Dabei stechen interessante Hügelformationen ins Auge, die auf keltische Wallburgen hindeuten. An den wenigen Abzweigungen des immer angenehm leicht bergab führenden Weges orientieren wir uns an dem bekannten Jakobswegzeichen mit der stilisierten Muschel und gehen so recht bequem zunächst zum Sportplatz, dann an einem schönen Wegkreuz und schließlich an Feldern und Obstgärten vorbei in Richtung unseres Ausgangspunktes. Kurz vor Igls laden schattige Bänke am Fernkreuz, das 2018 neu renoviert wurde, noch einmal zur Rast ein. Auf dem Fernkreuzweg erreichen wir schließlich den Ort und stoßen auf die Landesstraße, in die wir rechts einbiegen. Nur ca. 50 m weiter kommen wir zur Bushaltestelle oder unserem Parkplatz und beschließen unsere Wanderung.

23 Von Innsbruck zum Höttinger Bild und nach Wilten

Religiöse Kultur in der Landeshauptstadt Tirols

| 3½ Std. | 12,9 km | ↑↓ 300 Hm |

Anfahrt mit dem Pkw: Inntalautobahn bis Ausfahrt Innsbruck Mitte, Parkgaragen am Bahnhof (gebührenpflichtig)
Anfahrt ÖPNV: Bahnverbindung nach Innsbruck
Ausgangspunkt: Innsbruck, Bahnhof
Wegverlauf: Bahnhof – Jesuitenkirche – Hofkirche – Dom – Neue und Alte Höttinger Pfarrkirche – Höttinger Bild – Mariahilf – Spitalskirche – Servitenkirche – Basilika Wilten – Stiftskirche Wilten – Bahnhof
Anforderung: einfache Wanderung auf Teer- und Forststraßen
Einkehrmöglichkeit: in Innsbruck viele Möglichkeiten, unterwegs Planötzenhof (Do–Sa 11:30–20 Uhr, So 11:30–19 Uhr, durchgehend warme Küche, Ruhetage Mo–Mi)
Beste Jahreszeit: ganzjährig möglich

Die größte Stadt Tirols und auch die fünftgrößte ganz Österreichs hat auf Menschen unterschiedlichster Prägung eine ganz besondere Ausstrahlung: Wintersportfans wie Kulturtouristen, Kletterer wie Genießer, dazu sehr viele Studenten und Tagesausflügler machen gerade die Altstadt praktisch zu jeder Jahreszeit zu einem belebten Terrain.

Wir wollen uns heute mit einem Stadt- und Waldspaziergang ein Bild der sakralen Höhepunkte machen und beginnen am Bahnhof mit unserer Rundtour. Vom vielbefahrenen Südtiroler Platz gehen wir im Bereich der Bus- und Straßenbahnhaltestellen über die Ampel. Ein paar Schritte nach rechts, und schon biegen wir links, noch bevor die Fahrradständer beginnen, in die ruhige

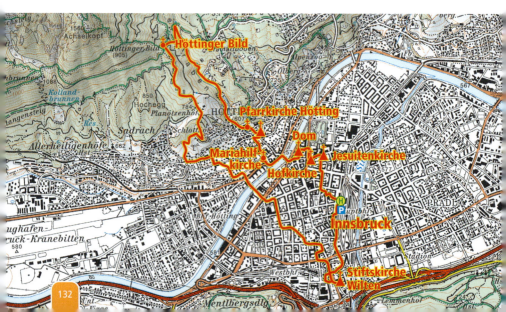

Die Kuppel im streng gegliederten Inneren der Innsbrucker Jesuitenkirche

Raiffeisen-Passage. Wir durchstreifen moderne Gebäude und treffen schließlich auf die Adamgasse. Hier halten wir uns rechts und sind nach wenigen Schritten am Rudolfsbrunnen auf dem Bozner Platz. Wir können ihn diagonal überqueren, da wir an seinem Nordwestende in die Wilhelm-Greil-Straße abbiegen, die uns geradewegs auf das Tiroler Landesmuseum hinführt. Wir überqueren dann auch die Museumstraße und wenden uns nach links, um am Gebäude des Museums entlang in die ruhige Prof.-Franz-Mair-Gasse zu gelangen. Wir folgen ihrem Verlauf und stehen nach einer Biegung recht unvermittelt vor einem mächtigen zweitürmigen Kirchengebäude. Wir müssen allerdings erst weiter und schließlich durch ein Tor gehen, um zu seiner Fassade und damit zum Eingang der Jesuitenkirche zu gelangen.

» *Das Frühwerk des Barock, das anstelle von Vorgängerbauten zwischen 1627 und 1646 erbaut wurde, ist ein typisches Beispiel für die Bauweise der Jesuiten und erinnert an Il Gesù in Rom, aber auch – besonders von außen – an den Salzburger Dom. In ihrem streng gegliederten Inneren befindet sich das verehrte Grab des Stadtpatrons Pirminus. Neben diesem Heiligen ruhen hier einige Mitglieder des Fürstenhauses und der Theologe K. Rahner (in der Krypta links). Eine Gedenktafel in der linken Seitenkapelle ganz hinten erinnert an die hier tätigen Widerstandskämpfer in der Zeit des Nationalsozialismus, u. a. die Jesuitenpatres Alois Grimm und Johann Steinmayr, die beide 1944 in Berlin-Brandenburg hingerichtet wurden. Freitags um 15 Uhr sowie an Festtagen kann man die viertgrößte Glocke Österreichs, die berühmte Schützenglocke, hören.*

UNTERLAND ZWISCHEN INNSBRUCK UND GERLOS

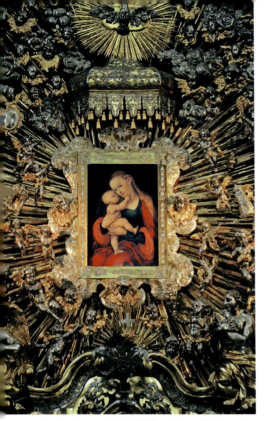

Das berühmte Gnadenbild Maria Hilf von L. Cranach im Innsbrucker Dom

Wir wandern nun die Universitätsstraße nach links weiter und damit direkt auf die Hofburg zu. Die Hofkirche ist allerdings nur zu bestimmten Öffnungszeiten (Mo–Sa, 9–17 Uhr, So erst ab 12.30 Uhr) und mit Eintrittskarte zu besichtigen.

» Gleich beim Eintritt wird klar, warum die Einheimischen „Schwarzmanderkirche" sagen, wenn sie dieses Gotteshaus meinen: 28 überlebensgroße Bronzestatuen umringen das Hochgrab Kaiser Maximilians, das zu den eindrucksvollsten Kaisergräbern Europas zählt – und als Tirols bedeutendstes Kunstdenkmal! Dass es hier und nicht wie von Maximilian eigentlich geplant in der Wiener Neustädter Burg steht, wo er 1519 verstorben und auch begraben worden war, verdankt Innsbruck Kaiser Ferdinand I., der das Grabmal hierher bringen und in der auch einzig dafür von 1553 bis 1563 erbauten Hofkirche als Kenotaph aufstellen ließ. Wer hier allerdings seit 1823 im linken Seitenschiff wirklich ruht, ist der Freiheitskämpfer A. Hofer mit einigen seiner Mitstreiter. Von der Kirche aus erreicht man die darüber liegende „Silberne Kapelle", in der Erzherzog Ferdinand II., und seine Gattin Philippine Welser begraben sind. Benannt ist sie nach dem wertvollen Silberaltar mit seiner Muttergottes.

Wir gehen nun an der Hofburg entlang, sehen auf der anderen Seite unserer Straße, des Rennweges, den hübschen barocken Leopoldsbrunnen und können in der spiegelnden Fassade des „Hauses der Musik" die Hofburg auch aus einer anderen Perspektive wahrnehmen. Vor dem Congress halten wir uns links und gehen durch einen Torbogen in die Herrengasse, von der aus wir schon den Dom sehen können, der unser nächstes Ziel darstellt. Wir spazieren also gleich wieder nach links und stehen bald vor dem großen Gebäude, dessen Eingang aber erst am Domplatz auf uns wartet.

» Die Bischofskirche Innsbrucks ist eine Jakobskirche am Pilgerweg nach Santiago de Compostela – und auch die erste urkundliche Erwähnung von 1270 benennt den Dom so, da er damals „nur" eine Filialkirche von Wilten war. Als 1650 das berühmte und in der Folgezeit oft kopierte Gnadenbild Mariahilf von L. Cranach hier aufgestellt wurde, entwickelte sich eine Marienwallfahrt. Der heutige Bau entstand dann zwischen 1717 und 1724 nach Plänen von J. J. Herkomer und J. G. Fischer, erst seit 1964 besitzt die Kirche den Rang eines Domes. Im einheitlichen Kircheninneren können wir herrlich perspektivische Deckenfresken von C. D. Asam und die schönen Stuckaturen seines Bruders E. Q. Asam bewundern. An den Seitenaltären wird der beiden seliggesprochenen Märtyrer der Zeit des Nationalsozialismus, Carl Lampert und Otto Neururer, die beide hier wirkten, gedacht. *Das Geläute des Innsbrucker Friedensglockenspieles im Nordturm umfasst 48 Glocken und ist das größte Glockenspiel Österreichs.*

Wir wandern nun die Pfarrgasse entlang und gelangen an der übernächsten Ecke rechts zum Postkartenmotiv Nummer 1 in Innsbruck, dem Goldenen Dachl. Nach einem obligatorischen Fototermin mit Blick auf den schmucken Erker spazieren wir in Gehrichtung weiter, bis wir am Ende der Fußgängerzone vor der Innbrücke stehen, deren erster Vorgängerbau der Stadt den Namen gab. Wir genießen den nun ganz freien Blick auf die Nordkette, überqueren den Inn und spazieren nach links der Promenade entlang. Nach einem kleinen parkartigen Abschnitt mit dem Armenien-Mahnmal biegen wir vor der Bäckerei nach rechts, überqueren die Straße am Zebrastreifen und sehen – etwas zurückgesetzt – die Mariahilf-Kirche vor uns.

» *Die ungewöhnliche Zentralkuppelkirche wurde anlässlich eines Gelübdes während des Dreißigjährigen Krieges errichtet und 1660 geweiht. Italienischer Frühbarock prägt das helle, aber streng gegliederte Innere mit seinen fünf Altarnischen. Am Hauptaltar ist ein Gemälde mit der Historie des Kirchenbaus, der Stiftung durch die Tiroler Stände, zu sehen. Heute dient das Gotteshaus als Pfarrkirche, durch das in Kopie sichtbare Cranach-Bild, dem wir im Dom schon begegnet sind, finden aber auch Wallfahrten statt. Im Innenhof wird des hier aktiven NS-Widerstandskämpfers Ludwig Steiner sen. gedacht, der 1941 an den Folgen von Zwangsarbeit und Misshandlungen starb.*

Rechts neben der Kirche führt uns ein Weg am ehemaligen Widum vorbei kurvig bergauf, wobei wir uns zunächst rechts und dann links halten. Wir wandern nun auf der Kirschentalgasse weiter bergwärts, bis wir zur Schneeburggasse gelangen. Hier gehen wir rechts und stehen bald an einer platzartigen Erweiterung mit der Neuen Höttinger Pfarrkirche.

» *Der in einem originellen Stilmix aus Neuromanik und Neugotik errichtete massige Bau, der den Heiligen Ingenuin und Albuin geweiht ist, stammt aus den Jahren 1909–1911, große Teile der Innenausstattung sind erst aus den letzten Jahrzehnten des 20. Jahrhunderts.*

Am Pfarrheim vorbei geht es nun die Schulgasse weiter bergauf, bis wir über uns den ungewöhnlichen Turm der Alten Höttinger Pfarrkirche sehen. Ein kleiner Weg führt hinauf zum Gotteshaus.

» *Urkundlich 1286 erstmals erwähnt, hat der interessante Bau eine wechselvolle Geschichte hinter sich. Der helle Raum mit seinem am Gewölbe noch erkennbar gotischen Chor und dem barockisierten Langhaus mit dem zarten Stuck und den schönen Deckenfresken von J. M. Strickner wurde nach Errichtung der Neuen Pfarrkirche profaniert, diente im Zweiten Weltkrieg als Lager und verfiel fast vollständig, bis ein rühriger Verein den Wiederaufbau in die Hand nahm. 1957 konnte das Gotteshaus wieder geweiht werden und dient seither als beliebte Hochzeitskirche.*

Auf der Schulgasse gehen wir weiter, nehmen ihre Namensänderung zur Bildgasse zur Kenntnis und kommen schließlich auf die Dorfgasse, die uns weiter bergan führt. Die recht schmale Straße erreicht einen Bildstock mit einem großen Kruzifix, überquert den Höttinger Bach und lässt dann die letzten Häuser hinter sich. Wir folgen dem Straßenverlauf, bis wieder links ein Weg zum Höttinger Bild abzweigt. Auf ihm queren wir bald wieder den Bach und wandern geraume Zeit weiter, auch an der nächsten Abzweigung vorbei. Unser schattiger Pfad stößt auf einen Höhenweg, wir biegen im spitzen Winkel links ab und erreichen nach ein wenig Auf und Ab einen der populärsten Wallfahrtsorte der Innsbrucker, das Höttinger Bild.

» *Der vor allem bei Studenten sehr beliebte lauschige Wallfahrtsort hat seinen Ursprung auch in den Prüfungsängsten eines Innsbrucker Studenten, der 1675 einen Kupferstich des Gnadenbildes von Maria Waldrast hier an einen Baum hängte und um Hilfe bat. Daraus entwickelte sich rasch eine Pilgerstätte, eine Kapelle wurde erbaut und öfter erweitert. Das zweijochige Kirchlein gefällt mit seiner hübschen Ausstattung (Rokokostuck, Barockaltar und Fresko der Gründungslegende im Chor) und der stillen Lage mitten im Wald.*

Bergab wandern wir auf dem Bischof-Stecher-Weg, der mit Kreuzwegstationen (für uns verkehrt herum) auch weiter zur Besinnung einlädt. In recht gleichmäßigem Gefälle führt er durch den Wald und mündet erst am Parkplatz des Gasthofs Planötzenhof auf die Straße. Diese verlassen wir allerdings, gehen am Gasthof vorbei geradeaus hinunter, genießen die Aussicht und halten uns an der Gabelung rechts. An der Schafweide entlang, die uns schon seit der Straße begleitet, bringt

Das Wallfahrtskirchlein Höttinger Bild mitten im Wald oberhalb von Innsbruck

Beim Planötzenhof genießen wir die Aussicht auf Patscherkofel und Sprungschanze.

uns der Weg kurz in den Wald, wo wir immer dem Hauptweg bergab folgen, bis wir uns auf einem nur locker mit Bäumen bestandenen breiten Gratrücken befinden, aber danach wieder in den Wald eintauchen, wo wir bald in spitzem Winkel nach rechts abzweigen. Wir wandern vorbei an einer Abbiegung, wo eine Asphaltstraße zum Gasthaus Schießstand führt, bleiben in unserer Gehrichtung und spazieren nun mehr oder weniger am Waldrand entlang, wobei man über die Wiese zurückblickend auch das Gasthaus sehen kann. Wir ignorieren alle Abzweigungen rechts wie links, halten unsere Höhe und biegen erst bei einer weitläufigen, durch eine Bank rechter Hand nicht zu verfehlenden Kreuzung nach links ab, wo uns der Weg sehr direkt bergab auf eine schöne Wiese bringt, die wir auf einem Pfad

durchqueren. Erst an den Häusern erwartet uns wieder Asphalt und wir stoßen bald auf die Schneeburggasse. Diese Stelle bietet durch die besondere Kapelle, die den Namen „Großer Gott zu Hötting" trägt, eine gute Gelegenheit zur Rast.

» *Die Kapelle, die einst den zum Tode Verurteilten als Gebetsstätte auf ihrem Weg zur Hinrichtung am Galgenbichl diente, beherbergt ein mächtiges spätbarockes Wegkreuz, dem interessante Figuren aus Keramik an die Seite gestellt wurden. Diese (ursprünglich aus Holz) stammen vom Kriegsberichterstatter M. Spielmann, der damit 1947 für seine glückliche Heimkehr aus dem Zweiten Weltkrieg dankte und an den von ihm erlebten „Totentanz" in Russland erinnerte. Neben seinem Selbstporträt mit dem Sensenmann stehen die Heiligen Ingenuin und Albuin unter dem Kreuz.*

Wir bleiben auf der Schneeburggasse bis zur Klausener Straße, die wiederum auf die Sternwartestraße mündet. Kurz halten wir uns links, biegen dann aber bei Hausnummer 15 in die schöne Parkanlage des Botanischen Gartens ab, wo wir in einem sanften Bogen an mehr oder weniger seltenen Pflanzen vorbei hinunter auf die Botanikerstraße gehen können. Diese queren wir allerdings nur schräg und wandern auf der Oppolzerstraße weiter bergab. An der nächsten Kreuzung halten wir uns links und gehen ein Stück die Sonnenstraße entlang, bis rechts ein Fußweg abzweigt, der uns rasch auf den Rösslsteig und unten am Inn auf die verkehrsreiche Straße Höttinger Au bringt. Schnell überqueren wir diese und über die Universitätsbrücke ans andere Innufer. Auch die dann kommende Kreuzung überqueren wir geradeaus und spazieren auf der Anichstraße an der Uniklinik entlang. Gleich dahinter biegen wir rechts in die Kaiser-Josef-Straße und befinden uns dann wieder in ruhigeren Gefilden mit schönen Vorgärten.

Wir überqueren zwei Kreuzungen und biegen erst in die Schöpfstraße links ab. Diese biegt nach der nächsten Kreuzung leicht schräg gen Süden und vereinigt sich dann mit der Templstraße, die aber die Gehrichtung beibehält. Die etwas versetzte Kreuzung mit der Franz-Fischer-Straße wird erreicht, und auf dieser spazieren wir nun linker Hand vor zur Leopoldstraße, wo wir uns rechts orientieren. An der großen Kreuzung mit der Egger-Lienz-Straße kommt die Berg-Isel-Schanze in den Blick und zeigt uns an, dass wir es bis zu unserem Ziel Wilten nicht mehr weit haben. Wir überqueren die Kreuzung diagonal und stehen vor der berühmten und tradi-

Die Universitätsbrücke mit ihren Liebesschlössern bringt uns über den Inn.

tionsreichen Glockengießerei Grassmayr mit ihrem interessanten Museum. An diesem entlang wandern wir weiter, überqueren die Bahngleise und können die Apsis der Wiltener Basilika auf der anderen Straßenseite schon einmal bewundern. Hinter einer Tankstelle und vor dem traditionsreichen Haus der Wiltener Sängerknaben, die es schon länger gibt als die bekannteren Wiener Sängerknaben, biegen wir in einen kleinen ruhigen Park nach links ab und nähern uns der leuchtend bunten Stiftskirche von Wilten.

» *Hier, auf den Ruinen der römischen Siedlung Veldidena (lateinischer Name Wiltens), wurde der Legende nach vom Riesen Haymon 880 das Kloster gegründet. Der zum Christentum bekehrte Hüne, der gegen den Teufel in Gestalt eines Drachen gekämpft haben soll, begegnet uns als über 5 m hohe Statue gleich im Ein-*

Die in leuchtenden Farben bemalte Stiftskirche von Wilten

Die über fünf Meter hohe Statue des Riesen Haymon im Eingangsbereich der Stiftskirche

gangsbereich, wo er die Zunge des Untieres noch in der Hand hält. Belegt ist die Gründung für das Jahr 1138, als Prämonstratenser aus Oberschwaben vom Brixener Bischof Reginbert eingesetzt wurden. Damals stand hier ein dreischiffiger Bau mit einer Krypta, die in der Gotik umgebaut wurde. Als der Turm einstürzte und das Gebäude zerstörte, wurde die Kirche 1665 sogar im Beisein des Kaisers wieder geweiht. Durch ein beeindruckendes Gitter geht der Blick in einen frühbarocken und im Vergleich zum hellen, verspielten Rokoko der Basilika eher streng konzipierten einheitlichen Kirchenraum. Stuck und Fresken bilden den Rahmen für den Hochaltar, neben dem wir aber auch den berühmten Kreuzaltar mit seinem Kruzifix mit echtem Haar beachten sollten. Neben der Haymonstatue ist es eines der wenigen Reste aus der früheren Kirche.

UNTERLAND ZWISCHEN INNSBRUCK UND GERLOS

Das wirkungsvolle Innere der Wiltener Basilika

Wir müssen nun nur die Leopoldstraße überqueren und die Pastorstraße ein Stück entlanggehen, um auf dem Vorplatz der nächsten bedeutenden Kirche, der Basilika von Wilten, zu stehen, die jedoch so ganz anders ist als die nahe Stiftskirche.

»Schon der erste Anblick der schönen Barockfassade der Basilika lädt ein in ein grandios gestaltetes Innere: Der Rokokostuck von F. X. Feuchtmayer und A. Gigl, Deckengemälde von M. Günther und das harmonische, helle Baukonzept des begabten Geistlichen F. de Paula Penz machen das Gotteshaus zu einem der schönsten in ganz Tirol. Noch dazu befinden wir uns auf höchst historischem Boden, da Wilten die älteste Pfarrei in weitem Umkreis ist – unter der Kirche wurden Reste eines Vorgängerbaus entdeckt, die bis ins 5. Jahrhundert zurückdatiert werden konnten und die These, dass schon römische Legionäre von Veldidena ein Marienbild verehrt hätten, stützen können.

Das Gnadenbild im Hochaltar, eine Sandsteinstatue der Madonna mit dem Jesuskind in ihrem wirkungsvollen Strahlenkranz, stammt allerdings erst aus dem 14. Jahrhundert. Doch bereits davor, auf einem Dokument von 1259, ist eine Wallfahrt zu „Unserer Hohen Frau" hierher belegt. Die Prämonstratenser, deren Klosterkirche wir bereits besucht hatten, waren bereits damals für die Betreuung der Pilger verantwortlich.

Wir wenden uns gleich nach Norden und spazieren auf einem Fußweg bequem über die Bahngleise und unmittelbar dahinter nach rechts in den ruhigen Oerleyweg. Die Leopoldstraße müssen wir vorsichtig überqueren. Der Oerleyweg führt weiter am Gleiskörper entlang und geht in die Graßmayrstraße über. Wir unterqueren die große Egger-Lienz-Straße und sind nun in der Karmelitergasse, die bald auf die Südbahnstraße stößt. Auf dieser wandern wir zum nahen Bahnhof zurück.

Von Hall in Tirol zum Romediuskirchlein nach Thaur | 24

Ganzjahreswanderung zu Kulturschätzen im schönen Inntal

| 3 Std. | 12,5 km | ↑↓ 200 Hm |

Anfahrt mit dem Pkw: Inntalautobahn bis Ausfahrt Hall in Tirol/Mitte, Parkplätze im Zentrum (gebührenpflichtig)
Anfahrt ÖPNV: Bahnverbindung nach Hall in Tirol
Ausgangspunkt: Hall in Tirol, Hauptplatz im Zentrum
Wegverlauf: Hall in Tirol – Heiligkreuz – Thaur – Absam – Hall
Anforderung: einfache Wanderung auf Teer- und Naturstraßen
Einkehrmöglichkeit: in Hall in Tirol viele Möglichkeiten, unterwegs: Thaur: Gasthof Purner (ganztags durchgehend geöffnet), Romediwirt (ganztags durchgehend geöffnet, Mo und Di Ruhetage), Absam: Kirchenwirt (täglich 10–14 Uhr geöffnet, warme Küche ab 11:30 Uhr, außer Mi auch 17–20 Uhr)
Beste Jahreszeit: ganzjährig möglich

Bereits unser Ausgangspunkt könnte von seiner kulturellen Bedeutung her Bücher füllen – schließlich wurde hier schon seit dem Mittelalter Geld gemacht, und zwar im wahrsten Sinne des Wortes: Die landesfürstliche Münzstätte, die es seit 1477 hier gab, prägte nicht einmal ein Jahrzehnt nach ihrer Errichtung den ersten Taler! So gilt der Ort als „Mutterstadt des Dollars" – ein Besuch im Münzmuseum der Burg Hasegg lohnt!

Wir wenden uns allerdings zunächst den geistlichen Highlights der bedeutenden Stadt zu. Dazu wandern wir gegenüber der Musikschule in das Zentrum nördlich der B 171 und kommen durch den Langen und den Kurzen Graben auf die Eugenstraße, die sich bald zu einem kleinen

Der markante Turm des Haller Damenstiftes, dem Zentrum der Herz-Jesu-Verehrung

» *Auch wenn es – selbst hier in Hall – kunsthistorisch bedeutendere Gotteshäuser gibt, darf dieses Zentrum der Tiroler Herz-Jesu-Verehrung nicht fehlen. Die große Statue über dem Hochaltar und das dauernde Anbetungsgebet durch die Schwestern des Konvents zeigen die Besonderheit dieser Kirche an, die aber auch eine wechselvolle Geschichte aufweist: Im 16. Jahrhundert wurde das Gotteshaus eines Damenstiftes von Hofbaumeister G. Lucchese erbaut, genau 100 Jahre später aber durch ein Erdbeben so stark beschädigt, dass der Spitzhelm durch den heutigen Turm ersetzt und das Innere barockisiert wurde. Zwischen 1786 und 1914 diente der in der Aufklärung profanierte Bau allen möglichen Zwecken, erst dann wurde – nicht zuletzt durch die Erhebung zur Basilika – der Ort wieder zu einem spirituellen Zentrum.*

Platz weitet, an dem gleich zwei Kirchenfassaden zu erkennen sind. Rechter Hand sehen wir die der Herz-Jesu-Basilika.

Wenige Schritte quer über den Platz sind es zur nächsten Kirchenfassade. Hinter ihr verbirgt sich die Jesuitenkirche mit dem Patrozinium Allerheiligen.

Ein Platz, zwei Kirchen – rechts die Herz-Jesu-Basilika, vor uns die Jesuitenkirche

» *Mit der Damenstiftskirche hängt dieses Gotteshaus insoweit eng zusammen, als es erbaut wurde, weil Jesuiten als geistliche Betreuer für das Damenstift hierher berufen wurden. 1571 gab es die erste Kapelle, die 1610 als Kirche des Jesuitenkollegs vergrößert und geweiht wurde. Auch sie ist eines der seltenen Beispiele der Spätrenaissance in Tirol, und auch sie wurde später nach dem Erdbeben barockisiert; gleichzeitig wurde der Turm neu errichtet. Innen sehen wir eine einheitliche barocke Ausstattung und hübsche Rokokoaltäre. Beachtenswert ist zudem eine der ältesten Krippen Tirols mit Figuren aus dem 17. Jahrhundert.*

Ein kleines Stück gehen wir noch weiter an den Gebäuden des früheren Jesuitenkollegs entlang, die der Schulstraße einen besonderen Charakter verleihen. Durch die links abbiegende Rosengasse wandern wir dann aber in Richtung des Oberen Stadtplatzes, denn mitten in der größten erhaltenen mittelalterlichen Altstadt Tirols finden wir die beeindruckende Pfarrkirche St. Nikolaus. Bevor wir das mächtige Gotteshaus betreten, sollten wir die kleinen Kapellen ringsum besuchen. An der Seite des Stadtplatzes fällt zunächst die rosa angestrichene Josefskapelle auf.

Durch die Rosengasse sehen wir schon den Turm der Pfarrkirche St. Nikolaus.

» *Hier bewahrte man früher den Haller Heiltumsschatz auf, das Kirchlein aber wurde durch den Einsturz des Turmes beim Erdbeben von 1670 vollkommen zerstört. Bereits 1698 war die heutige Kapelle fertig – schöne Deckengemälde mit Szenen aus dem Leben Josefs sind zu sehen.*

Wenige Schritte weiter südlich stehen wir vor der alten Magdalenenkapelle (Bild S. 144).

» *Den kostbarsten Schatz religiöser Kunst in Hall bewahrt in ihrem Inneren die Magdalenenkapelle östlich der Kirche, die bereits 1320 erbaut wurde. Hier sehen wir beeindruckende Fresken aus dem 15. und frühen 16. Jahrhundert und einen spätgotischen Flügelaltar.*

Beim Herumgehen um die Pfarrkirche können wir etliche Grab- und Gedenktafeln an der Außenwand entdecken – u. a. die des Tiroler Freiheitskämpfers J. Speckbacher. Beim Haupteingang hinten können wir die zweistöckige Fiegerkapelle bewundern, die 1490 an die Front angebaut wurde und noch alte Wandmalereien enthält. Dann aber betreten wir endlich die stattliche Nikolauskirche.

Die Magdalenenkapelle östlich der Pfarrkirche von Hall mit Fresken aus dem 15./16. Jahrhundert

» *Seit 1281 gab es an diesem Ort eine Kirche, die allerdings bald zu klein wurde und daher bereits im Mittelalter immer wieder erweitert wurde. Was wir heute sehen, stammt aus dem 15. Jahrhundert. Innen kann man die Geschichte der Baumaßnahmen recht gut sehen, da der alte Chorraum „abgeknickt" zum heutigen Langhaus wirkt. Turm und Kircheninneres wurden nach dem Erdbeben neu errichtet bzw. ausgestattet. So enthält der barocke Hochaltar, dessen Motiv zu den jeweiligen Festzeiten umgebaut wird, ein Marienbild mit verschiedenen Heiligen des flämischen Malers J. E. Quellinus, und auch der hohe gotische Raum ist mit barocken Wand- und Deckengemälden J. A. Mölks verziert. Die Waldaufkapelle vorne links im Langhaus beherbergt eine beachtliche Reliquiensammlung, den „Haller Heiltumsschatz".*

Jetzt wandern wir die Waldaufstraße entlang und kommen am Ende des historischen Zentrums an einen Kreisverkehr. Wir nehmen die ruhige Speckbacherstraße und gehen sie entlang, bis sie auf eine größere versetzte Kreuzung stößt. In Gehrichtung, aber leicht links weiter heißt unsere Straße nun Sewerstraße. Nach etwa 100 m zweigt links die Reimmichlstraße ab und führt direkt auf unser nächstes Ziel zu, die alte Heiligkreuzkirche.

» *Seit 1440 steht dieses spätgotische Gotteshaus. Die Entstehungslegende erzählt, dass ein angeschwemmtes Kruzifix geborgen, hier aufgestellt und bald zum Wallfahrtsort wurde – vielleicht auch wegen der bereits ein Jahrhundert eher entdeckten Heilquelle. Die Innenausstattung ist allerdings größtenteils neugotisch.*

Wir wählen die Purnerstraße, die an der Freiwilligen Feuerwehr vorbei in Richtung Norden führt und bald den Samerweg kreuzt. In diesen biegen wir links ein und wandern an Wiesen und Feldern, mit einigen Blicken auf die mächtige Nordkette, entlang. Wir halten uns an der Straße, auf die wir stoßen, rechts und gleich darauf links und kommen nun schon wieder an Häusern vorbei. Unser Weg steigt langsam an, und wir erreichen die größere Kreuzung mit der Dörferstraße, der wir für 200 m folgen. Dann biegen wir nach rechts in die Solegasse ein, die uns ins Zentrum von Thaur bringt. An der ersten Kreuzung mit der Schulgasse entdecken wir rechts einen Brunnen und dahinter die Kirche St. Vigil.

» *Es waren wohl besonders die Salinenarbeiter, die hier seit dem Mittelalter das Gotteshaus unterhielten und auch für die Umbauten, die 1643 vollendet waren, aufkamen. Die frühbarocken Deckengemälde im saalartigen Langhaus sind keine Fresken, sondern Ölgemälde auf Leinwand – eine Besonderheit! Die Seitenwände wurden von keinem Geringeren als dem*

Hinter Heiligkreuz wandern wir an Feldern entlang und sehen Absam rechts von uns.

bekannten Barockmaler C. Mayr im Jahr 1750 freskiert. Im Hochaltar sehen wir eines der drei Werke des D. v. Beselaer, eine Muttergottes mit Kind, umringt von den 14 Nothelfern.

Auf der Solegasse zurück und dann immer unserer Gehrichtung folgend passieren wir den Dorfplatz, der eigentlich eher eine breite Straße ist, und wandern in der Klostergasse auf die Pfarrkirche Mariä Himmelfahrt mit ihrem hoch aufragenden Zwiebelturm zu. Um hineinzukommen, müssen wir sie allerdings erst umrunden.

» *Vom Friedhof umschlossen steht hier die Urpfarre der Umgebung – bei archäologischen Grabungen wurden sogar Reste einer bereits um das Jahr 450 errichteten christlichen Kultstätte entdeckt. Eine im 7. Jahrhundert erbaute romanische Kirche wurde im 12. Jahrhundert erneuert; die erste Erwähnung einer Pfarrei stammt von 1244. Etwa 300 Jahre später wurde der Bau auf die heutige Größe erweitert. Der untere Teil des 63 m hohen Turmes und die Madonna im Hochaltar stammen aus dieser Zeit, spätere Renovierungen, zunächst im Barock und dann noch einmal im 19. Jahrhundert, hinterließen im Innenraum ihre Spuren.*

An der Friedhofsmauer entlang führen uns nun die Kirchgasse und kurze Zeit später die Schlossgasse weiter bergauf. Am Ortsende haben wir dann keinen Asphalt mehr unter den Wanderschuhen und steigen merklich durch Wiesen und Waldstücke hinauf auf den früheren Schlossberg, der wegen seines Romediuskirchleins heute unser Bergziel darstellt. Ein traditionsreicher Kreuzweg begleitet unseren Aufstieg zum idyllischen Flecken mit seiner schönen Aussicht, die auch außerhalb der Öffnungszeiten (derzeit nur Sonntagnachmittag) die Wanderung lohnt. Unserem Weg folgt übrigens die einzige noch praktizierte Palmeselprozession in Tirol – und der Thaurer Partisanerbund, der dabei das Allerheiligste begleitet, wurde sogar 2013 von der UNESCO als Immaterielles Kulturerbe anerkannt.

Durch Wiesen und Wald geht es auf den früheren Schlossberg mit dem Romediuskirchlein.

» Die ehemalige Schlosskirche wurde 1432 geweiht. Als das Schloss im 16. Jahrhundert zusehends verfiel, errichtete man 100 Jahre später das Kirchlein neu. Der heutige Bau stammt aus dem späten 18. Jahrhundert. Stuckaturen und Altäre aus dem Rokoko geben dem Inneren eine ausnehmend heitere und einheitliche Gestalt. Das effektvolle Kuppelfresko von 1779 ist durch seine perspektivische Wirkung herausragend. Das Patrozinium der Apostelfürsten Petrus und Paulus verwundert ein wenig angesichts der Tatsache, dass man meist Romedikirchlein hört oder liest. Dieses zusätzliche Patronat kommt daher, dass der heilige Romedius hier im 11. Jahrhundert geboren und aufgewachsen war. Der adelige Schlosserbe verschenkte dann seinen Besitz, um nach Rom zu pilgern und Einsiedler zu werden. Ein Romedius-Pilgerweg über die Alpen folgt heute seinen Spuren.

Ein Abstecher zur Burgruine wäre freilich eine gute Ergänzung zu unserem Ausflug in die Vergangenheit, doch unser Weg führt uns an der Verzweigung nach rechts bergab in das Tal des Thaurer Langenbaches. Diesen überqueren wir und gehen dann an ihm entlang wieder in Richtung Inntal. Am Ortsanfang mit seinem Parkplatz bleiben wir am Waldrand und spazieren so lange hinter den Häusern dahin, bis wir die Siedlung umrundet haben und nach rechts hinunter auf den Adolf-Pichler-Weg wechseln können. Dieser trifft auf eine Asphaltstraße, wir überqueren diese schräg und wandern parallel zu ihr leicht am Waldrand bergan, bis wir kurz vor einer Abbiegung nach rechts wieder auf Asphalt stoßen. Wir nehmen das geteerte Sträßchen und sehen vor uns bald die Häuser und die Basilika von Absam. Unser Weg erreicht die Dörferstraße und dort auch gleich links die Basilika.

» Die bedeutendste Marienwallfahrt Tirols zu einem der vielleicht originellsten Marienbilder überhaupt behauptet dennoch ihr altes Patrozinium St. Michael, das auf eine augsburgische Gründung vielleicht schon im 9. Jahrhundert hinweist. Die heutige Kirche wurde zeitgleich erbaut wie St. Nikolaus/Hall – mittelalterliches

Interieur wie der gemalte Altar (1470) oder das Fieger'sche Kreuz, ein gotisches Kruzifix von 1492, sind aber im nach dem Erdbeben barockisierten Inneren noch vorhanden. Die Wallfahrt entstand erst in den letzten Jahren des 18. Jahrhunderts: Auf einer Fensterscheibe eines Bauernhofes war ein nicht von Menschen gemalter Frauenkopf erschienen, der als Marienbild gedeutet und dann auch verschiedentlich überprüft wurde. Seit seiner Übertragung in die Pfarrkirche wird das Gnadenbild sehr verehrt – zahlreiche Votivtafeln zeugen von Gebetserhörungen.

Wir gehen nun nicht wieder zur Dörferstraße zurück, sondern gleich vor der Kirche in Richtung Süden zur Walburga-Schindl-Straße, der wir dann nach rechts bergab folgen. In einer weiten Kurve führt sie uns, begleitet von Bildstöcken mit dem Kreuzweg, durch Absam und trifft dann auf eine Straße, die wir allerdings nur schräg nach rechts überqueren, da wir gleich das kleine Sträßchen mit Namen Amtsschmidhöhe in unserer Gehrichtung weiterwandern. Bald ist das Sträßchen ein Feldweg, der in eine Wiesensenke führt. Dort biegt ein Pfad nach rechts ab, dem wir weiter bergab folgen und über eine Wiese auf die Häuser von Hall zugehen. Eine Asphaltstraße bringt uns „im Tal" geradeaus zur Rudolfstraße, in die wir nach links einbiegen. Auf ihr kommen wir zur Magdalenastraße, in die wir rechts einbiegen. Bei der Franziskanerkirche erreichen wir den Stadtgraben. Ein Blick in die traditionsreiche Klosterkirche lohnt sich.

» Im Jahr 1644 wurde das Kloster der Franziskaner, die bereits seit 1474 in Hall wirkten, hier außerhalb der Stadtmauern erbaut und Maria von den Engeln und Mariä Himmelfahrt geweiht. Nach Brand und Wiederaufbau im 18. Jahrhundert (aus jener Zeit ist in der Kreuzkapelle eine wertvolle Kreuzigungsgruppe erhalten geblieben), wurde das Kloster zuletzt neuromanisch umgestaltet. Einige Gemälde aus den 1920er-Jahren zeigen – wie auch die berühmten Gemälde des Kreuzganges von C. A. Mayr – Szenen aus dem Leben des Ordensgründers. Im benachbarten Gymnasium erinnert eine Tafel an etliche frühere Schüler, die wegen ihrer christlichen Überzeugung in der Zeit des Nationalsozialismus verfolgt wurden, u. a. P. Jakob Gapp SM (hingerichtet 1943 in Berlin Plötzensee), Franz Josef Messner (1945 vergast im KZ Mauthausen), P. Kapistran Pieller OFM (1945 von der SS erschossen) und P. Franz Reinisch SAC (1942 in Brandenburg enthauptet).

Wir wandern nun den Stadtgraben entlang oder auch durch den Altstadtkern von Hall zu unserem jeweiligen Ausgangspunkt.

Die Basilika von Absam gilt als Ziel der bedeutendsten Marienwallfahrt Tirols.

UNTERLAND ZWISCHEN INNSBRUCK UND GERLOS

25 Auf dem Besinnungsweg nach Gnadenwald und weiter nach Maria Larch
Waldeinsamkeit unterm Karwendel

| 4 Std. | 13,6 km | ↑↓ 400 Hm |

Anfahrt mit dem Pkw: Inntalautobahn bis Ausfahrt Hall in Tirol/Mitte, Salzbergstraße nach Absam und weiter zum Parkplatz Halltal, Rückfahrt zum Parkplatz nur über Innsbruck
Anfahrt ÖPNV: Bus 503 von Innsbruck nach Eichat, Bettelwurfsiedlung, von dort zum Parkplatz Halltal, Rückfahrt ab Bahnhof Terfens/Weer (S1)
Ausgangspunkt: Parkplatz Halltal
Wegverlauf: Parkplatz Halltal – Walderkapelle – Besinnungsweg – St. Martin/Gnadenwald – St. Michael/Gnadenwald – Maria Larch – Terfens – mit Bahn und Bus zurück
Anforderung: einfache Wanderung auf Waldwegen sowie Forststraßen
Einkehrmöglichkeit: Alpengasthof Walderbrücke (durchgehend ganztags geöffnet, Mi und Do Ruhetage), Gnadenwald: Martinsstuben (durchgehend ganztags geöffnet, Mo und Di Ruhetage), Terfens: Café-Restaurant Am Dorfplatz (durchgehend ganztags geöffnet, Di und Mi Ruhetage)
Beste Jahreszeit: ganzjährig möglich, im Winter Schuhwerk anpassen, da es eisig sein kann

Die Hochebene, die sich zwischen Hall und Schwaz auf einer Inntalterrasse vor den Felsmauern des Karwendels erstreckt, gilt zu Recht als malerisches Rückzugsgebiet und Geheimtipp. Kein Wunder, dass vor einigen Jahren hier ein Teil des alten Jakobsweges, den wir heute übrigens den gesamten Tag in Gegenrichtung nutzen, als Besinnungsweg eingerichtet wurde.

» *Die neun Seligpreisungen sind das Thema dieses wunderschönen Weges, der mit seinen modernen und eindrucksvollen Stationen*

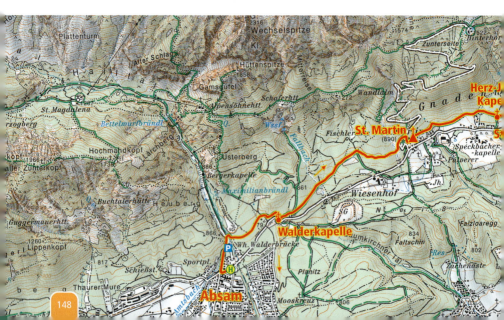

durch Text und symbolreiche Kunst den Blick auf das richten möchte, was wirklich zählt, was wir aber im Alltag oft übersehen.

Noch hinter dem großen Parkplatz Halltal geht es kurz weiter in selbiges, doch an der ersten Brücke über den Weißenbach nehmen wir diese. Geradeaus würde ein Abstecher zum Alpengasthof Walderbrücke führen, wir bleiben aber links, überqueren die folgende Kreuzung und befinden uns bald, genauer hinter dem Parkplatz Walderkapelle, auf dem Besinnungsweg Absam–Gnadenwald. Nahe der ersten Station, gleich nach dem ersten kurvigen Anstieg, können wir einen kurzen Abstecher auf einem Pfad bergab zur Walderkapelle machen.

Das barocke Innere von St. Martin in Gnadenwald

» Bergwerksarbeiter aus dem Halltal bauten in der ersten Hälfte des 16. Jahrhunderts die schlichte kleine Kapelle, die heute spektakulär oberhalb der Landesstraße liegt.

Wir halten uns nun bei allen Wegkreuzungen an die Markierungen des Besinnungsweges und steigen gleichmäßig meist durch schönen Wald bergan. Ein paar Bachquerungen lassen uns immer wieder auf die beeindruckende Kulisse der Felswände über uns schauen. Schließlich queren wir eine Asphaltstraße und sehen das hübsche Zwiebeltürmchen von St. Martin in Gnadenwald vor uns. Ein Pfad führt uns um die ehemalige Einsiedelei herum und zum Eingang des Gotteshauses.

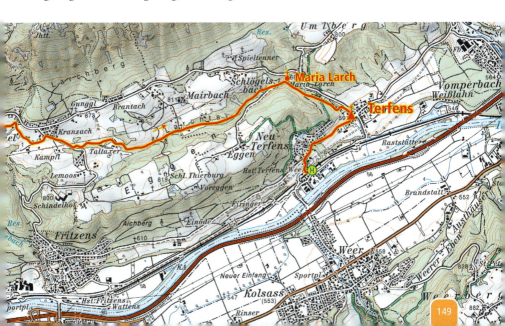

Zum Abschied lohnt der Rückblick auf den hübschen Zwiebelturm von St. Martin.

» Die Kapelle eines Jagdhauses aus dem 11. Jahrhundert ist Grundlage des schmucken Baus, der 1337 erstmalig erwähnt wurde. Ab 1445 gab es eine Einsiedelei, doch bereits 1520 zerstörte ein Brand das Heiligtum. 1638 stand der Neubau, den allerdings das Erdbeben von 1670 stark beschädigte – der Turm wurde daraufhin vollkommen neu erbaut, die Kirche im frühen 18. Jahrhundert barockisiert. So sind die Gewölbe mit Stuckaturen und Malereien aus dieser Zeit geschmückt, nur im Chor finden sich Reste gotischer Wandbilder.

Wir halten uns nun links und kommen an einer unscheinbaren Kapelle aus der zweiten Hälfte des 17. Jahrhunderts vorbei, an der noch ein Giebelfresko mit den hll. Martin und Antonius zu erkennen ist. Nach ein paar Schritten auf schmalem Pfad befinden wir uns bald wieder auf dem breiteren Weg, der hier zwar nicht mehr als Besinnungsweg geführt wird, aber als traditioneller Jakobsweg auch eine große Bedeutung für Pilger hat. Außerdem ist er als Baumpfad mit Lehrtafeln versehen und daher sehr gepflegt. In leichtem Auf und Ab, oft am Waldrand, läuft er dahin. An einer Bachquerung teilt er sich (über eine Brücke oder durch das Bachbett), kommt aber danach gleich wieder zusammen und erreicht nach 1,5 km eine moderne Kapelle.

» Die an einem schönen Panoramaplatz errichtete Herz-Jesu-Kapelle wurde erst 2016 eingeweiht und ist ein schönes Beispiel zeitgenössischer sakraler Architektur, die in vielen Details (Türgriff mit Jakobsmuschel, Glasmosaik-Fenster mit Herz Jesu) und mit einem außergewöhnlichen Keramikbild über die Heilkraft der Liebe zur Meditation einlädt.

Unser Weg fällt nun hinab zum Ort St. Michael, wo die Pfarrkirche der Gemeinde Gnadenwald steht. Vorsichtig überqueren wir die Landesstraße und halten uns an einer Verzweigung links. Ein auffallend großes Widum aus dem Jahr 1741 steht noch vor der innerhalb eines Friedhofes aufragenden Kirche.

Der Jakobsweg erreicht noch vor St. Michael eine moderne Herz-Jesu-Kapelle.

In St. Michael steht die Pfarrkirche von Gnadenwald – und ein auffallend großes Widum.

» Bereits im 11. Jahrhundert dürfte hier eine Holzkirche gestanden sein, von 1337 datiert die erste Erwähnung. Turm und Fenster spiegeln noch die gotische Erbauungszeit, doch der Gesamteindruck innen ist dann doch wieder Barock, da sie 1741 Stuck und Deckenfresken in diesem Stil erhielt. Auf Letzteren ist die Umgebung und auch die Tracht der damaligen Zeit sehr naturgetreu wiedergegeben. Durch einen weiteren Umbau mit Verlängerung nach Westen im Jahr 1825 erscheint sie nun gemessen an ihrer Breite fast zu lang.

Wir wandern weiter nach Osten, über eine Wiese auf die kleine Ansiedlung Innerwald zu. In einer Kurve überqueren wir einen Bach und kommen zu einem originellen kleinen Kreisverkehr mit einem Grasdreieck in seiner Mitte. Hier spazieren wir den Bäumen entlang weiter nach Süden, wo uns eine schmale Straße an ein paar Häusern vorbeiführt und zu einer Einmündung bringt. Wir halten uns links und erreichen nach knapp 200 m eine größere Asphaltstraße, der wir nach rechts folgen. Wir verlassen Innerwald und nehmen dann vor dem Wald wieder

Das Innere der Kirche St. Michael in Gnadenwald

UNTERLAND ZWISCHEN INNSBRUCK UND GERLOS

ein kleineres Sträßchen nach links. Es führt uns schön am Waldrand bis zu einer Pumpstation, an der wir wieder nach links abbiegen. Wir wandern in wunderbar gemütlichem Gefälle durch den sanften Canyon des Gungglbaches, der sich zunächst zu unserer Linken, später zur Rechten dahinschlängelt. Wieder laufen wir angenehm am Waldrand entlang. Erst auf einer Wiese teilt sich der Weg, wir gehen rechts weiter ins Larchtal. Wieder begleitet uns ein Bach – mal näher, mal etwas weiter weg – und wenn wir nach einem guten Kilometer vor uns eine größere Wasserschutzbaumaßnahme erblicken, können wir gar nicht glauben, dass das harmlose Plätschern solche Ausmaße erlangen kann. Hinter dieser kleinen Staumauer sehen wir am Waldrand schon die Erscheinungskapelle, eine der drei Kapellen von Maria Larch.

» *Die Erscheinungskapelle, ein schlichter Bau aus dem 19. Jahrhundert mit einem schmiedeeisernen Tor, erinnert an die Heilung eines stumm gewordenen Mädchens im Jahr 1718.*

Die kurz vor der Kapelle asphaltierte Straße führt uns nun geradewegs zu den beiden anderen Kapellen dieser traditionellen Kultstätte.

» *Der ungewöhnliche Name und der recht versteckte Ort kommen daher, dass sich genau hier eine fromme Bäuerin immer auf ihrem Weg nach Terfens vor einer Lärche zum Gebet gedrängt fühlte. 1665 erzählte sie dies einem Priester und bekam von ihm eine handgefertigte Marienstatue aus Lehm, die sie dann an dem Baum befestigte. Da bald auch andere Leute diesen Ort zum Gebet aufsuchten, wurde 1674 eine hölzerne Kapelle erbaut und etwa 20 Jahre danach durch eine aus Stein ersetzt. 1718, als unweit von diesem Ort die Heilung*

Am Waldrand kommen wir zur Erscheinungskapelle, einer der Kapellen von Maria Larch.

Blick auf Terfens, das Kellerjoch (Tour 27, links) und den Gilfert (rechts)

eines Mädchens geschah, wurde der Zulauf so groß, dass die Kirche vergrößert wurde. Die Innenausstattung mit dem hübschen Rokokoaltar und seinem Gnadenbild stammt aus dieser Zeit. Später bestand einige Jahre lang eine Einsiedelei. Bis heute sind sowohl die Gnadenkapelle als auch die etwas weiter unten gelegene Brunnenkapelle mit wirklich herausragend gutem Wasser beliebte Anziehungspunkte für Pilger aus nah und fern.

Von der Brunnenkapelle wandern wir den Pfad am Bach entlang weiter. Hier fallen uns immer wieder Stationen eines weiteren Besinnungsweges auf, der mit Skulpturen einheimischer Künstler geschmückt ist.

» *Eigentlich ist der Weg von Terfens nach Maria Larch herauf geplant; Hoffnung und Zuversicht geben können auch in unserer Richtung die Stationen „Vollendet werden", „Aufgenommen werden", „Geist empfangen", „Platz haben" und „Auferstehen".*

An seinem Ende befinden wir uns bereits in Terfens und folgen dem Schmiedweg bis zum Dorfplatz. Hier sollten wir gleich die Treppe hinauf zur Kirche nehmen.

» *Wie so oft stehen wir vor einem im Kern gotischen Bau, der später barockisiert wurde. Hier haben sich aber auch noch Fresken aus dem Jahr 1470 erhalten – außen ein Fresko des hl. Christophorus, innen an der ungewöhnlich asymmetrischen Nordseite des Chorbogens wunderbare Darstellungen aus der Geburtsgeschichte Jesu. Die anderen Fresken und gemalten Stuckaturen wurden im Rahmen der barocken Umgestaltung 1767 von C. A. Mayr geschaffen und zeigen Szenen aus dem Leben der Kirchenpatronin Juliana.*

Zum Bahnhof gehen wir die Kirchstraße weiter, die in Neu-Terfens dann Riedstraße heißt, und verlassen sie erst am Ortsende, wo sie eine starke Rechtskurve macht. Hier führt ein kleiner Fußweg hinunter zum Bahnhof, wo wir über Innsbruck wieder zum Ausgangspunkt oder auch gleich nach Hause fahren können.

UNTERLAND ZWISCHEN INNSBRUCK UND GERLOS

26 Von Fiecht nach St. Georgenberg

Zum ältesten Tiroler Wallfahrtsort im Karwendel

| 4½ Std. | 10 km | ↑↓ 500 Hm |

Anfahrt mit dem Pkw: Inntalautobahn bis Ausfahrt Schwaz, dann nach Fiecht orientieren, kostenloser Parkplatz am Friedhof neben der Stiftskirche
Anfahrt ÖPNV: Bahnverbindung von Innsbruck oder Salzburg bzw. München über Wörgl bis Schwaz, dann zu Fuß zum Stift Fiecht
Ausgangspunkt: Stiftskirche Fiecht
Wegverlauf: Fiecht – Stans – Wolfsklamm – Georgenberg – Freiungssäule – Weng – Fiecht
Anforderung: im Talbereich einfache Wanderung auf Teer- und Forststraßen, Weg besonders in der Wolfsklamm steil und gelegentlich rutschig, daher ist gutes Schuhwerk unabdingbar
Einkehrmöglichkeit: Wallfahrtsgaststätte Georgenberg (täglich und ganztags 9–17 Uhr geöffnet), Klostergasthaus Fiecht (ganztags ab 10 Uhr geöffnet, Di und Mi Ruhetage)
Beste Jahreszeit: Frühjahr bis Herbst (die Wolfsklamm ist von Mai bis Oktober zwischen 9 und 16 Uhr geöffnet).

Fast zwangsläufig erblickt jeder, der auf der Inntalautobahn in den Süden fährt und bei Schwaz vorbeikommt, eine imposante Klosteranlage, das Stift Fiecht. Dass dies seine geistlichen Wurzeln etwa 350 Höhenmeter weiter oben am Hang des Stanser Joches hat, wissen dagegen wenige. Dabei lohnt es sich sehr, einmal durch die wilde Wolfsklamm dorthin zu steigen, wo vor über 1000 Jahren auf einem beeindruckenden Felssporn ein bayerischer Einsiedler durch seine Lebensweise so viele Gefährten fand, dass der Grundstein zum ältesten Wallfahrtsort Tirols gelegt wurde, der immer noch sehr lebendig ist. Heute steht gleich zu Beginn unserer Wanderung eine Besichtigung am Programm, die man zwar auch als Abschluss

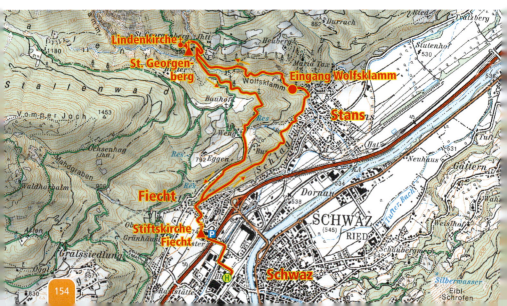

Die mächtige Kirche von Fiecht, von außen ein äußerst schlichter Bau

einplanen könnte, da das große Stift im Inntal ja erst viel später entstand als die Kirchen am Berg. Weil wir aber die spätnachmittägliche Stille oben in der Bergkirche genießen möchten, schauen wir gleich hinein.

» *Nachdem im Herbst 1705 das Kloster von St. Georgenberg zum vierten Mal von einem Waldbrand zerstört worden war, wurde die schon länger gehegte Idee umgesetzt, die Abtei ins Inntal zu verlegen. Schnell wurde eine schlichte Anlage erbaut, und das Kloster konnte bereits drei Jahre später bezogen werden. Als Kirche diente in dieser Zeit noch eine kleine Kapelle in der Nähe. Dann baute man die Wallfahrtskirche am Berg wieder auf, und erst 1741 wurde die barocke Abteikirche im Tal errichtet. Der außen schlichte Bau überrascht innen mit schönstem Wessobrunner Stuck der Künstler J. M. und F. X. Feuchtmayer sowie J. G. Üblhör. Das Kloster durchlebte abwechslungsreiche Zeiten: 1797 wurde es als Lazarett zweckentfremdet, 1807 aufgelöst, 1868 durch Brand weitgehend zerstört, schließlich 1938 vom Militär belegt, 1941 aber wieder von der Gestapo geschlossen. Die Mönche konnten im Laufe der Geschichte immer nach Georgenberg ausweichen – und bisher gelang es stets, in relativ kurzer Zeit zurückzukehren und die Abtei zu beleben. Nach dem Krieg diente diese bis 2017 als Bildungsstätte, und die Frage bleibt, ob auch diesmal eine Rückkehr vom Georgenberg gelingt, wohin sich der Konvent aus Nachwuchsmangel zurückgezogen hat.*

Wir wenden uns nun dem Friedhof mit seiner Kapelle zu, die bis auf ein schönes barockes Kruzifix aber eher schlicht gehalten ist, und nehmen die bergwärts ge-

Die hohe Sperrmauer am Ende der Wolfsklamm

legene Ausgangstür aus dem Friedhof. Sie führt zu einem Wiesenweg, dem wir folgen und so auf eine Straße gelangen. Wir gehen geradewegs auf eine Gabelung zu, bei der es links für Autos zum Wallfahrtsparkplatz Weng geht. Wir halten uns aber rechts auf dem „Waldweg" nach Stans. Bald zweigt links ein schmaler Steig bergwärts ab – hier werden wir später unsere Rundtour schließen. Schattig und dennoch aussichtsreich schlendern wir erst gemütlich auf einem Feldweg über dem Inntal entlang, später jedoch wird dieser ein schmaler Steig und steigt doch auch ein Stück an. Zum Ort Stans geht es aber wieder abwärts, und wir erreichen über eine Brücke eine Straße, der wir kurze Zeit abwärts folgen, bis ein schmaler Pfad die Trasse des Schleppliftes quert und wir wieder auf eine Straße stoßen. Hier wandern wir abwärts, bis links ein leicht zu übersehender Pfad abbiegt, der nur mit „Wintersperre" auf sich aufmerksam macht. Er führt uns schattig in Richtung des Stanserbaches, den wir auf einem Steg überqueren und damit dann wieder auf markiertes Terrain kommen. Es geht nun bis zur Wolfsklamm auf Teer weiter.

Nach dem Entrichten der Eintrittsgebühr wird der rechts abzweigende Weg aber gleich wieder schmal, Wurzeln und Waldboden bilden seinen Untergrund, bis schließlich nur noch spektakuläre Treppenstufen und Brücken helfen, die steil aufragenden Felswände zu überwinden. Das tosende Wasser, das in zahllosen Kaskaden, Gumpen und Wasserfällen neben und unter uns sprudelt, bildet die Geräuschkulisse für die nächste halbe Stunde, während der höchstens an heißen Sommertagen auf eine Jacke verzichtet werden sollte. Den Abschluss bildet ein kurzer Tunnel, nach dem wir die hohe Sperrmauer sehen, die das Wasser in der Klamm „zähmen" soll. Wir wandern an dem nun deutlich friedlicheren Bach weiter entlang, bis plötzlich steil vor uns ein Felsen aufragt, den das Kloster Georgen-

Vom Kloster geht der Blick über die Hohe Brücke.

Plötzlich ragt steil ein Felsen mit dem Kloster Georgenberg vor uns auf.

berg krönt. Die Frage, wie man ohne zu klettern hinaufkommen soll, wird nach einer Wegkreuzung schnell beantwortet: Das architektonische Meisterwerk der holzbedeckten „Hohen Brücke" kommt in den Blick, und ein paar Serpentinen später führt unser Wanderweg direkt auf ihren schlossartigen Torturm zu, der ca. 4 m breit und mit Zinnen, Resten von Wappenbildern, Ecktürmchen sowie einem spätgotischen Spitzbogengewölbe ausgestattet ist. Eine hölzerne Brücke diente schon immer als Zugang zum Kloster, die heute begehbare entstammt einer Renovierung von 1708. Die 50 m lange Balkenkonstruktion verläuft in leichter Krümmung mit 5 % Steigung über die Schlucht, ist bei einer Durchfahrtshöhe von 2,80 m 4,80 m breit und überspannt in etwa 40 m

Höhe den Georgenbach. Danach sind es nur noch wenige Schritte bis zu einem kleinen Sattel. Hier befindet sich ein Freialtar für Gottesdienste, Tafeln erinnern an Blutzeugen aus der Region, die wegen der NS-Diktatur ums Leben gekommen sind. Wir wenden uns zunächst der Wallfahrtskirche zu, halten uns also links.

» *Rathold von Aibling hieß der Einsiedler und Jakobspilger, der vor mehr als 1000 Jahren hier eine Eremitengemeinschaft begründete. Rund um seine Zelle und das Marienbild, das er aus Santiago de Compostela mitgebracht hatte, entwickelte sich nach seinem Tod ein Kloster, das durch Schenkungen bald wuchs und seit 1138 als Benediktinerabtei urkundlich erwähnt ist. Die Wallfahrtskirche, in der zunächst nur eine Georgsreliquie, bald aber die*

Die Lindenkirche beim Kloster strahlt eine ganz besondere Atmosphäre aus.

wenigen Höhenmeter vom Freialtar hinauf zur Lindenkirche. Hier genießen wir die ganz besondere Atmosphäre des ruhigen, besinnlichen Ortes.

» *Der ungewöhnliche Name kommt vom alten, nicht mehr erhaltenen Marienbild, das Rathold von Aibling hier an oder unter einer Linde anbrachte – der offizielle Name heißt denn auch Kirche Unserer Lieben Frau unter der Linde. Das Gotteshaus ist sogar älter als die Wallfahrtskirche und besitzt ein romanisches Portal. 1475 wurde sie im gotischen Stil umgebaut und erweitert, später kam der Turm hinzu. Bis 1705 war die jetzige Wallfahrtskirche ausschließlich Abteikirche, weswegen bis dahin das Gnadenbild hier untergebracht war. Bis 1820 diente die Lindenkirche als Pfarrkirche des Klosters und der umliegenden Berghöfe. Im schlichten Innenraum ist ein Sternrippengewölbe zu sehen.*

Gottesmutter und eine Heilig-Blut-Reliquie verehrt wurden, galt als geistliches Zentrum des Unterinntals, weswegen ein Ausbau nötig wurde und das Gotteshaus seine heutige Gestalt im Wesentlichen zwischen 1654 und 1660 erhielt. Dabei wurde die dreischiffige Kirche zu einer einschiffigen umgebaut und im Stil des Spätbarocks umgestaltet. Die berühmte gotische Pietà (1415) bildet heute das Zentrum des künstlerisch bedeutenden Hauptaltars, der – wie auch die außerordentlich schöne Kanzel – aus dem 18. Jahrhundert stammt.

Vielleicht nach einer Stärkung in der Gaststätte, die auch als Pilgerherberge am Tiroler Jakobsweg dient, wandern wir die

Nun nehmen wir Abschied von dieser ehrwürdigen abgeschiedenen Klosteranlage und wandern über die Hohe Brücke wieder die Serpentinen hinunter bis zur Wegkreuzung. Hier biegen wir nicht zurück in die Wolfsklamm ab, sondern nehmen den direkten Verbindungsweg zum Stift Fiecht. Er ist mit einem Kreuzweg ausgestattet, den wir allerdings „verkehrt herum" gehen. Zuerst noch mit fast unmerklichen Gegenanstiegen, führt uns der Weg gemütlich talwärts, an der hübschen Freiungssäule des Klosterbezirks vorbei mit schönen Tiefblicken ins Inntal. Der Kreuzweg endet an einer Lichtung kurz vor dem Parkplatz Weng, dessen Zufahrtsstraße wir für wenige Meter auch benutzen. Dann aber zweigt bald linker Hand ein Steig ab, der uns zügig wieder hinunter nach Fiecht bringt.

Zur Gipfelkapelle am Kellerjoch

Aussichtsreiches Pilgerziel nur für Schwindelfreie

| 3 Std. | 7,4 km | ↑↓ 520 Hm |

Anfahrt mit dem Pkw: Inntalautobahn bis Ausfahrt Schwaz, B 171 nach Schwaz bis zum Kreisverkehr mit Ausfahrt Pillberg, Parkplätze am Ende der Straße (gebührenfrei)
Anfahrt ÖPNV: Bus 8380 von Innsbruck nach Pill Dorf, dann Regionalbus 8 bis Hochpillberg/Grafenast (außer Sonntag!)
Ausgangspunkt: Talstation Kellerjochbahn Sektion 3 Hochpillberg/Grafenast (Mo Ruhetag)
Wegverlauf: Sessellift bis Alpengasthof Hecher – Arbeserkogel – Kellerjochhütte – Kellerjoch – Kellerjochhütte – Hecher – Sessellift nach Grafenast
Anforderung: nur schmale Bergwege, Aufstieg zum Kellerjoch ab der Hütte stellenweise drahtseilversichert, daher dort Trittsicherheit und Schwindelfreiheit sowie passendes Schuhwerk unerlässlich
Einkehrmöglichkeit: Alpengasthof Hecher (ganztags geöffnet, Do nur vormittags), Kellerjochhütte (Anfang Juni bis Mitte Oktober täglich ganztags geöffnet)
Beste Jahreszeit: Juni bis Oktober

Dass eine Kirche genau oben auf einem Gipfel steht, ist sehr selten und fällt daher sofort ins Auge, wenn man den Horizont etwa als Reisender auf der Inntalautobahn betrachtet. Besonders für Bergfreunde stellt daher die Kapelle auf dem Kellerjoch ein ganz besonderes Wallfahrtsziel dar. Und einmal im Jahr ist sie das auch immer noch für die Schwazer Schützenkompanie, die dort immer Ende Juni ihre traditionsreiche Bergmesse feiert. Allerdings hat der Steig zur exponierten Kapelle einige Tücken aufzuweisen. Schon eine Anreise mit öffentlichen Fahrzeugen ist schwierig, da an Sonntagen unmöglich. Montags fährt dagegen die Bergbahn Grafenast – Hecher nicht, so dass man hier die etwa 500 Höhenmeter, die einem sonst abgenommen werden, zusätzlich gehen muss. Und schließlich ist der Weg ab der Kellerjochhütte ein leichter Klettersteig, der Trittsicherheit und Schwindelfreiheit voraussetzt.

Wer nun all diese Probleme „abhaken" kann, auf den wartet eine wahre Genusstour, die an der Sesselbahn-Talstation beginnt und die ersten Höhenmeter bequem mit dem Lift erledigt. Doch dann geht es sogleich steil bergauf. Wir nehmen die Direttissima der ehemaligen Schlepplifttrasse und steigen zum Warmwerden gerade nach oben. Auf dem Arbeserkogel empfangen uns ein Gipfelkreuz und bereits der Blick auf unser Ziel, die Kapelle

Der Blick auf unser Ziel, die Kapelle oben am Gipfel

oben am Gipfel. Ein schmaler Pfad führt uns wieder leicht bergab und verläuft nun aussichtsreich mit kleinen Auf und Abs in Richtung unseres Zieles. Wir nähern uns dabei dem eigentlichen Kellerjochweg an, der uns später einen erneuten Aufstieg auf den Arbeserkogel ersparen wird, und er-

Aussichtsreich geht es über dem Inntal dahin.

reichen ihn schließlich, bevor es wieder steiler bergauf geht. In unzähligen Serpentinen und mit etlichen Parallelwegen, die aber immer wieder zusammenlaufen, nähern wir uns der schon lange sichtbaren Kellerjochhütte, bis wir schließlich vor ihrer mit tibetischen Gebetsfahnen geschmückten Terrasse stehen. Hier lockt eine Einkehr, die man aber für den Rückweg aufsparen sollte, denn nun kommen die anspruchsvollen Passagen.

Auf teilweise schon recht speckigen Felsen, aber an den kritischen Stellen meist ausreichend mit Drahtseil und ein paar Metalltritten versehen führt uns der manchmal ausgesetzte Bergpfad am felsigen Kamm entlang leicht bergauf. Erst nach den felsigen Klettereien steigt der Weg allerdings noch einmal steil an und erreicht das auf dem kegelförmigen Gipfel wunderbar aussichtsreich gelegene Kirchlein.

» *Bereits seit 1536 steht hier eine Kapelle – damals errichtet von den Knappen des Schwazer Bergwerkes. Nachdem es verfallen und durch ein Kreuz ersetzt worden war, dauerte es bis ins 19. Jahrhundert, bis diesmal Senner und Wallfahrer eine kleine Kirche aus Lärchenholz errichteten. Bei der Ausgesetztheit wundert es nicht, dass es mehrere wetterbedingte Probleme gab: Einmal wurde die Kapelle durch einen Sturm weggetragen, dann wieder durch ein Unwetter beschädigt. Ein 1914 errichteter Bau wurde bereits im Jahr darauf vom Blitz getroffen und zerstört. 1931 schließlich stand das heute noch vorhandene Kirchlein, das seit 1976 von der 1. Schwazer Schützenkompanie betreut und instand gehalten wird.*

Bereits seit 1536 steht hier eine Wallfahrtskapelle der Knappen des Schwazer Bergwerkes.

Nach ausgiebiger Bewunderung des fast unübertrefflichen 360-Grad-Panoramas müssen wir wieder an den Abstieg denken und uns die schwierigen Stellen vorsichtig hinuntertasten. Unten bei der Hütte und nach einer jetzt hochverdienten Stärkung wandern wir zunächst auch wieder den gewohnten Pfad bergab. Bei der Abzweigung, an der wir vorher auf den Weg gestoßen waren, gehen wir nun allerdings vorbei und können so in sehr gleichmäßigem, angenehmem Gefälle ohne weitere Schwierigkeiten zum Alpengasthof Hecher gelangen. Dort wartet der Sessellift auf uns – sofern wir nicht noch eine weitere Stunde Abstieg bis Grafenast in Kauf nehmen.

Mit Drahtseil versichert führt der ausgesetzte Bergpfad am felsigen Kamm weiter.

UNTERLAND ZWISCHEN INNSBRUCK UND GERLOS

161

28 Eben am Achensee und Astenau-Alpe

Zur heiligen Notburga – auch eine „Etage" über der bekannten Kirche

| 4½ Std. | 8,4 km | ↑↓ 600 Hm |

Anfahrt mit dem Pkw: Inntalautobahn bis Ausfahrt Wiesing/Achensee, B 181 nach Eben, Parkplätze nahe der Straße (gebührenpflichtig)

Anfahrt ÖPNV: Bahnverbindung nach Jenbach, dann Bus 4080 in Richtung Maurach, Haltestelle Eben/Haus Notburga

Ausgangspunkt: Kirche in Eben

Wegverlauf: Eben – Astenau-Alpe – Panoramaweg – Buchauer Alm – Eben

Anforderung: schmale und oft wurzelreiche Bergwege, teilweise durch Geröll, dazwischen auch Forstweg, gutes Schuhwerk und Trittsicherheit nötig

Einkehrmöglichkeit: Astenau-Alpe (April bis November ganztags und durchgehend geöffnet), Abstecher zur Buchauer Alm (Mi Ruhetag, sonst ganztags und durchgehend geöffnet), Eben: Kirchenwirt (ganztags und durchgehend geöffnet)

Beste Jahreszeit: Frühjahr bis Herbst

Tipp: Notburga-Museum (Mai bis Ende Oktober Mi, Fr und So 16–18 Uhr, sonst nach telefonischer Anmeldung +43/(0)664 3914186 oder über Pfarramt +43/(0)5243 5227)

In den meisten Kirchen Tirols hat sie einen Platz gefunden, meist mit der Sichel in der Hand und in traditionellem Ge-

Die Notburgakirche von Eben mit ihrem markanten spitzen Turm.

wand – die heilige Notburga. Heute besuchen wir nicht nur ihre Grabeskirche in Eben, sondern können auf der Astenau-Alpe auch mehrere Höhenmeter darüber bei unserem zweiten Gotteshaus vielleicht noch intensiver dem kargen bäuerlichen Leben der frommen Magd nachspüren.

Von den Parkplätzen oder der Bushaltestelle fällt der Blick sofort auf die bekannte Notburgakirche mit ihrem markanten spitzen Turm.

» *Von der frühen Rupertus-Kirche an dieser Stelle, wo der Legende nach im Herbst 1313 der Karren mit Notburgas Leichnam stehen blieb und sie dann ihrem Wunsch zufolge beigesetzt wurde, ist kein baulicher Rest mehr erhalten. Belegt ist aber, dass – wohl durch eine einsetzende Wallfahrt zu Notburga – die Kapelle 1434 erweitert wurde. Im 16. Jahrhundert wurden Turm und Presbyterium im Stil der Gotik errichtet. 1718 wurden die sterblichen Überreste Notburgas exhumiert, ihr Skelett steht seit-*

Nach etwa eineinhalb Stunden Wanderung ist das Almgebiet der Astenau-Alm erreicht.

dem als Ganzkörperreliquie am Hochaltar; Langhaus und Ausstattung wurden von Wessobrunner Stuckateuren neu gestaltet. Die Deckenmalereien des Schwazer Künstlers C. A. Mayr waren noch nicht vollständig fertig, als 1739 das für eine kleine Dorfkirche ungewöhnlich prächtige Gesamtkunstwerk des frühen Rokoko geweiht wurde. Interessant ist, dass erst mehr als ein weiteres Jahrhundert später die Heiligsprechung Notburgas erfolgte – ein seltener Vorgang, bei dem sich zeigt, dass es in der katholischen Kirche möglich ist, einen alten, traditionsreichen Volkskult erst „im Nachhinein abzusegnen". Im Widum daneben befindet sich seit 2004 ein Notburga-Museum. An jedem 13. September (oder dem Sonntag danach) findet die feierliche Notburgaprozession statt, und dieser Sonntag wird als „Dirndlgwandsonntag" bis ins ferne Niederösterreich zu Ehren Notburgas, der Patronin der Dienstmägde und – für uns sicher naheliegender – der Arbeitsruhe und des Feierabends, gefeiert.

UNTERLAND ZWISCHEN INNSBRUCK UND GERLOS

Wenn wir auf dem Vorplatz unseren Blick auf den bewaldeten Berghang rechts von uns richten, können wir schon unser Wanderziel entdecken, die kleine Almkapelle zur hl. Notburga auf der Astenau-Alpe. Dorthin gelangen wir nun, indem wir zunächst zur Bundesstraße hinaufgehen, diese vorsichtig überqueren und dann auf

Die Kapelle und die freundliche Alm daneben ermöglichen Einkehr in jeglichem Sinne.

dem gut beschilderten Weg in den Wald hineingehen. Bald erreicht unser Zubringer den alten Notburgasteig, dem wir ein kleines Stück in Richtung Maurach, also nach links, folgen. Doch bereits nach ungefähr 150 m zweigt ein schmaler Bergpfad nach rechts ab und führt uns in stetiger Steigung durch den wunderschönen Nadelwald bergan. Ein paar geröllreiche Rinnen machen den Aufstieg nur gelegentlich steinig, sonst prägt der Waldboden mit seinen Wurzeln den Pfad. Immer wieder lockern aufmunternde Holzschilder („Halbzeit!") oder Holzfiguren die Wanderung auf. Nach etwa eineinhalb Stunden aber ist das Almgebiet erreicht, wir erblicken die Kapelle und die freundliche Alm daneben und können uns auf Einkehr in jeglichem Sinne freuen.

» *Seit dem Jahr 2003 ersetzt hier die schöne moderne Kapelle den früheren Notburga-Bildstock, der heute im Turm eingebaut ist. Im lichten Innenraum finden wir erneut die Heilige in Form einer Statue.*

Natürlich könnten wir für den Abstieg den gleichen Weg wählen, ungleich schöner und weniger steil ist jedoch der Panoramaweg, der seinem Namen alle Ehre macht, und der anschließende etwas sanftere Abstieg auf der Forststraße bis fast nach Maurach. Wir gehen dazu hinter der Almhütte noch ein Stück in Richtung Ebner Joch, biegen dann nach links und befinden uns in aussichtsreichem Latschengebiet, das malerische Blicke sowohl zurück auf die Kapelle als auch hinunter zum wunderschönen Achensee und auf die Karwendel- und Inntalberge ermöglicht. An wenigen Stellen ist der Pfad sehr schmal und Trittsicherheit angenehm. Etwa 1 km lang geht es so in leichtem Bergauf und Bergab dahin, bis wir dann endgültig und stetig an Höhe verlieren und nach kurzem auf einer bequemen Forststraße landen. Weiterhin mit schönen Tiefblicken wandern wir gemütlich bergab, nur ein kleiner Zwischenanstieg bis zur Einmündung unseres Weges auf einen anderen Forstweg unterbricht das entspannte Abwärtsgehen. An besagter Einmündung halten wir uns natürlich weiter bergab und treffen bald auf die Straße, die zur oberhalb bereits sichtbaren Buchauer Alm führt. Wenn wir keinen Abstecher zu ihr machen wollen, gehen wir erneut links und in Serpentinen leicht bergab. Die Häuser von Maurach sind schon recht nahe, wenn wir einen Wegweiser mit der Aufschrift „St. Notburgakirche" entdecken und ihm nach links folgen. Es ist nun wieder ein etwas unwegsamerer Pfad, der uns über Wurzeln weiter sanft bergab führt. Wir orientieren uns dabei an den vertrauten rot-weiß-roten Markierungen und geraten erst wieder kurz vor der uns schon vertrauten Abzweigung hinauf zur Astenau-Alpe wieder auf den Notburgasteig. Gemächlich können wir den bekannten Weg hinunter nach Eben fortsetzen und die Wanderung dort gemütlich beenden.

Der lichte Innenraum der Kapelle auf der Astenau-Alm

Malerische Blicke hinunter zum wunderschönen Achensee vor dem Karwendel

UNTERLAND ZWISCHEN INNSBRUCK UND GERLOS

29 Maria Brettfall und Erinnerungen an Notburga rund um die Rottenburg

Spirituell unterwegs zwischen Inn- und Zillertal

| 3 Std. | 8 km | ↑↓ 250 Hm |

Anfahrt mit dem Pkw: Inntalautobahn bis Ausfahrt Wiesing/Zillertal, B 181 und 171 nach Strass, Parkplätze im Zentrum oder dem Weiler Astholz
Anfahrt ÖPNV: Bahnverbindung von Innsbruck oder Salzburg über Jenbach nach Strass im Zillertal
Ausgangspunkt: Strass im Zillertal, Ortsteil Astholz
Wegverlauf: Strass/Astholz – Maria Brettfall – Öxltal – Raffl – Ruine Rottenburg – Notburgafichte – Rotholz – Strass/Astholz
Anforderung: einfache Wanderung, meist auf Forststraßen, schmalere Bergwege im Bereich der Rottenburg
Einkehrmöglichkeit: in Strass Gasthof Post (Mo Ruhetag, sonst ab 11 durchgehend ganztags geöffnet) und Gasthof Knapp (täglich 11–14 Uhr und 17–20:30 Uhr geöffnet), bei Maria Brettfall Jausenstation Einsiedelei (im Winter nur Fr bis Sonntag ab 10 Uhr geöffnet), in Rotholz Gasthof Esterhammer
Beste Jahreszeit: ganzjährig möglich

Das markante Kirchlein auf dem Felssporn am Eingang des Zillertals kennen vom Sehen vermutlich die meisten Autofahrer auf der Inntalautobahn, die Heiligtümer rund um Notburgas Arbeitsstätte Rottenburg auf der anderen Seite des Hügels aber verstecken sich im Dunkel des Waldes. Eine abwechslungsreiche kurze Wanderung verbindet zu allen Jahreszeiten die traditionsreichen Orte.

Wir beginnen in Strass im Zillertal, besser gesagt in dessen Ortsteil Astholz, wo wir einem breiten Fahrweg folgen, der uns zuerst über eine Wiese, dann aber meist schattig und gesäumt von hölzernen, im Jahr 2008 errichteten Kreuzwegstationen recht gleichmäßig bergauf führt. Bei den letzten engen Serpentinen können wir das Kirchlein bereits durch die Baumstämme entdecken und stehen bald vor der hübschen Fassade des Gotteshauses.

» *Auf einem Felsen aus Schwazer Dolomit befand sich vielleicht bereits vor dem Bau des Kirchleins eine Wallburg. Erstmals 1536 erwähnt wird eine Einsiedelei mit Kirche, zu der im Laufe der Zeit immer mehr Kranke und Blinde pilgerten, so dass 1729 die heutige festliche Barockkirche geweiht wurde. Trotz zweier Schließungen durch Kaiser Joseph II. und die Säkularisation kamen immer wieder Erweiterungen und Ausschmückungen hinzu, u. a. die sehenswerte ganzjährige Krippe aus dem 19. Jahrhundert. Spektakulär ist der Blick über die senkrechten Felsen hinter dem Kirchlein hinunter ins Inn- und Zillertal. Außerdem sollte ein Gedanke dem früheren Mesnerehepaar*

166

Spektakulärer Blick hinter dem Kirchlein hinunter ins schöne Inntal

Das Innere der festlichen Barockkirche Maria Brettfall

Schmiderer gelten, die im Jahr 1942 hier einen Deserteur versteckten und deswegen 1943 verhaftet wurden. Josef Schmiderer verstarb knapp zwei Jahre später in einem Gefangenenlager in Deutschland.

Hinter der früheren Einsiedelei, die heute zur leiblichen Einkehr einlädt, folgen wir weiter unserer Forststraße. In Serpentinen gewinnen wir schnell an Höhe und erreichen auf dem Bergrücken Ellerbogen bald eine Verzweigung. Ein kleiner Abstecher rechts geht zu einem Aussichtspunkt, von dem aus nun auch das Inntal in Richtung Westen und die Berge des Karwendels in den Blick genommen werden können. Unser Weg führt an der Kreuzung allerdings nach links und verläuft gemächlich auf unserem erreichten Höhenrücken entlang. Wir stoßen auf ein Sträßchen, dem wir nach rechts schon wieder leicht bergab in Richtung Inntal folgen. Nach etwa 1 km verlassen wir un-

In den Ruinen der Rottenburg erinnert auch eine Gedächtniskapelle an die hl. Notburga.

sere Öxltalstraße und biegen nach links auf einen Fußweg ab, der uns in wechselndem Bergauf-Bergab im schattigen Wald zu einem weiteren Pfad bringt, wo wir uns rechts halten. Wieder geht es bergab, und erst wenn wir uns bei der nächsten Abzweigung wieder rechts halten, steigt unser Weg erst sanft, später merklich an. Nach einer Bachquerung und einem letzten Anstieg stehen wir in den Ruinen der Rottenburg und können das alte Gemäuer, in dem einst Notburga arbeitete und wirkte, bewundern. Einige Stellen erinnern hier und auch in der Folge an die heilige Magd.

» Die im Mittelalter blühende Burg verfiel Ende des 16. Jahrhunderts. Die heute sichtbaren Teile der Hauptburg, in die wir durch das innere Burgtor linker Hand als Abstecher gelangen können, stammen größtenteils aus einer Bauphase unter Sigismund dem Münzreichen. Die als Versöhnungsstiege bezeichnete Treppe zwischen den Mauerresten der Hauptburg erinnert an die von Notburga bewirkte Versöhnung ihres Dienstherrn mit dessen Bruder. Die äußeren Ringmauern, die auch die 1956/57 aus Steinen eines mittelalterlichen Turmes erbaute Gedächtniskapelle umgeben, werden in das 13./14. Jahrhundert datiert, also in die Zeit Notburgas, die hier im Jahr 1313 starb. Der ruhige stimmungsvolle Ort lädt zum Verweilen ein.

Durch das mittelalterliche äußere Burgtor verlassen wir auf einem schönen Waldweg die Ruine und befinden uns nun auf dem immer wieder mit Skulpturen ausgestatteten Bibelweg. Dieser bringt uns, links vorbei an einer Notburgatafel und hinter einer Bachquerung geradeaus, wieder ein kleines Stück bergauf zum Naturdenkmal der Notburgafichte.

» Auch wenn der Baum keine konkreten Verbindungen zur Tiroler Nationalheiligen hat, so dürfte seine Bezeichnung damit zu erklären sein, dass wir vor der höchsten Fichte Tirols stehen. In ihrer Erhabenheit und Schönheit lädt sie zu einer Meditation über die Wunder der Schöpfung ein.

Auf dem immer wieder mit Skulpturen ausgestatteten Bibelweg geht es zurück ins Tal.

Wenn wir uns wieder von der Fichte in Richtung Tal abwenden, können wir links von der Forststraße einen schmalen Pfad entdecken, den wir nun wählen. Er bringt uns bald, zum Schluss auf etlichen bei Nässe rutschigen Treppenstufen, zu unserem Forstweg zurück, dem wir talwärts folgen. Im weiteren Verlauf können wir immer wieder Tafeln oder Skulpturen(gruppen) entdecken, die an Perikopen aus der Bibel oder das Leben von Notburga erinnern. Wir sehen bereits die ersten Häuser von Rotholz und befinden uns schon auf asphaltiertem Untergrund, wenn eine kleine Kapelle den Abschluss unseres meditativen Abstieges bildet. In Rotholz wandern wir bis zur ersten Abzweigung nach rechts, wo uns die Öxltalstraße noch einmal ein paar Höhenmeter bergauf bringt, bis links ein schöner Waldrandweg abbiegt. Gemütlich kommen wir auf diesem der unter uns verlaufenden Rotholzer Landesstraße, aber auch der vielbefahrenen Zillertalstraße näher, die hier als Brücke über uns hinwegführt und darauf gleich im Brettfalltunnel verschwindet. Dies verrät, dass wir uns bald wieder an unserem Ausgangspunkt, in Strass, befinden, auf den wir nun auf der Landstraße zuwandern. Ein Blick in die schöne Pfarrkirche im Ortszentrum lohnt sich auf jeden Fall.

» Wir befinden uns wieder einmal vor einer Kirche, die dem hl. Jakobus geweiht ist und die daher als Pilgerkirche auf dem Jakobsweg durch das Inntal eine lange Tradition hat. Ihre erste Erwähnung in dem seit der Römerzeit besiedelten Ort, der auch im Mittelalter eine bedeutende Zollstation war, ist auf 1337 datiert. Der spätgotische Bau wurde 1737 mit barockem Stuck und Fresken ausgeschmückt.

Schräg gegenüber der Post finden wir einen Fußweg nach Süden, der uns bald über die Gleise der Zillertalbahn zum Ausgangspunkt Astholz bringt.

Die schöne Pfarrkirche im Ortszentrum von Strass ist dem hl. Jakobus geweiht.

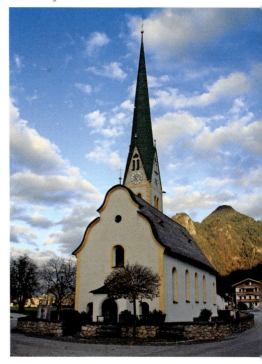

UNTERLAND ZWISCHEN INNSBRUCK UND GERLOS

UNTERLAND
ÖSTLICH DES ZILLERTALS

30 Reither Kogel mit Schwablkapelle
Wallfahrt mit Seilbahnunterstützung

| 2 Std. | 7,1 km | ↑↓ 650 Hm |

Anfahrt mit dem Pkw: Inntalautobahn bis Ausfahrt Kramsach (von Kufstein kommend) oder Ausfahrt Zillertal (von Innsbruck kommend), B 171 nach Brixlegg, Alpbacher Landesstraße bis Reith im Alpbachtal, Parkplätze an der Seilbahn Reither Kogel
Anfahrt ÖPNV: Bahnverbindung von Innsbruck nach Brixlegg, dann mit Bus 4074 zur Reitherkogelbahn
Ausgangspunkt: Reith im Alpbachtal, Reitherkogelbahn
Wegverlauf: Reith im Alpbachtal/Reitherkogelbahn – Schwablkapelle – Reither Kogel Gipfel – Hinterkogel(kapelle) – Kreuzweg – Pfarrkirche Reith – Reitherkogelbahn
Anforderung: im Talbereich und auf dem Plateau des Reither Kogels einfache Wanderung auf Teer- und Forststraßen, schmale Bergwege zum Gipfel und beim Kreuzweg
Einkehrmöglichkeit: in Reith viele Möglichkeiten, unterwegs nur Imbiss an der Bergstation der Reitherkogelbahn
Beste Jahreszeit: Frühjahr bis Herbst (Betriebszeiten der Reitherkogelbahn)

Er trennt das Ziller- vom Alpbachtal, kann demnach von beiden Seiten begangen werden – und ist ein interessanter Wanderberg für die ganze Familie: der Reither Kogel. Der An- oder auch Abstieg kann durch die gleichnamige Bahn auf ein Minimum reduziert werden, Juppis Zauberwald erregt (nicht nur?) beim jungen Publikum Begeisterung – und ein paar Kapellen sorgen für Besinnung. Es sind typische Hofkapellen, von den Bauersfamilien erbaut und gewartet, mit bodenstän-

Auf dem Weg zum Reither Kogel

Die hölzerne Schwablkapelle am Hang des Reither Kogels

Bäuerliche Sakralkunst in der unscheinbaren Schwablkapelle

diger Kunst ausgestattet und damit Zeugnisse für die Bedeutung der Religion in der fernab von den Pfarrkirchen gelegenen Bergwelt. Ihre bescheidene und doch selbstbewusste Frömmigkeit kann immer wieder berühren und zum Nachdenken anregen.

Von der Bergstation wandern wir den einzig möglichen Weg ein paar Meter bergauf, bevor wir uns an der bereits sichtbaren Abzweigung rechts halten. Auf breitem Sträßchen geht es leider zunächst einige Höhenmeter und eine kräftige Kehre wieder bergab, bevor der Weg zum Reither Kogel links bei einer Schranke abzweigt. Leicht steigend, aber weiterhin sehr gemütlich folgen wir dem Sträßchen, unterhalten von den Tafeln des Waldlehrpfades. Ein Aussichtspunkt ins Inntal wird passiert, und bei einem Spielplatz gelangen wir aus dem lichten Wald auf eine Wiese. Von hier sieht man bereits die relativ neu gedeckte Schwablkapelle am Hang des Reither Kogels, und folgerichtig halten wir uns bei der nächsten Abzweigung rechts. Weiter auf bequemem Weg ist es nun zur hölzernen Kapelle nicht mehr weit.

» *Von außen wirkt der hölzerne Satteldachbau auf den ersten Blick nicht sofort wie eine Kapelle, nur ein schönes Holzkreuz über der Tür unterscheidet ihn von einem Stadel. Doch das sehr schlichte Äußere birgt innen eine wahre Fülle an bäuerlicher Sakralkunst: Geschnitzte Holzfiguren und Blumenranken unten am hölzernen Kruzifix über dem Altar, gerahmte Andachts- und Sterbebilder, Kommunionurkunden und ein Kreuzweg rechts und links an den Seiten, eine originelle Heilig-Geist-Taube baumelnd von der eingewölbten Holzdecke – all das verrät viel von der Beliebtheit der so un-*

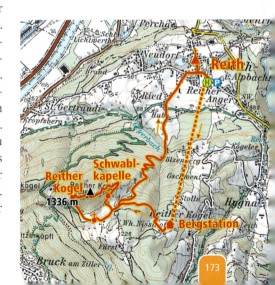

UNTERLAND ÖSTLICH DES ZILLERTALS

scheinbaren Kapelle, die mit ihren wenigen Kniebänken schon für viele Generationen Zufluchtsort war und noch ist.

Zum kurzen, aber steilen Aufstieg auf den Reither Kogel folgen wir dem Weg weiter; dieser biegt aber beim nahen Bauernhof steil nach links oben (Vorsicht: erodierte Stelle). Ab hier ist der Pfad schmal und mit viel Wurzelwerk, teilweise mit höheren Tritten versehen, feucht und rutschig. Ab und zu teilt er sich, aber beide Möglichkeiten laufen wieder zusammen. Meist am Kamm mit steilem Abbruch nach Süden, und immer im Wald kommen wir nach etwa 30 Minuten schließlich oben am exponierten Kreuz (direkt an der Abbruchkante) mit Gipfelbuch, Stempel und ein paar Rastbänken mit schöner Aussicht in den Süden an. Der wirklich höchste Punkt aber liegt nördlich vom Kreuz; ein paar Trittspuren führen zu dem Vermessungspunkt, der aber nicht lohnenswert ist, da man dort im Wald steht. Der Abstiegsweg in die andere Richtung geht oben direkt am Kamm im leichten Zickzack bergab. Hier sollte man nicht in den Wald, da diese Variante nicht der offizielle Weg und weniger angenehm ist.

Bei einem alten Wegweiser kann man einen kurzen Abstecher wieder nach oben zu einer Bank mit einem spektakulären Tiefblick auf die etliche hundert Höhenmeter tiefer liegende Burgruine Kropfsberg einlegen. Nun geht es weiter in mehr oder weniger steilen, engen Serpentinen im Wald bergab, bevor der Weg deutlich nach Süden zeigt. Erst durch dichten Wald und dann durch Wiese führt der enge Pfad zur Forststraße, gegenüber dem Bergbauernhof Hinterkogel.

Spektakulärer Tiefblick auf die Burgruine Kropfsberg unten am Inn

» *Der stattliche Hof kann mit einer Privatkapelle aufwarten, die von außen am Dachkreuz und besonderen Fenstern erkennbar ist. Die Eigentümer zeigen bei freundlicher Anfrage auch gern den ganz in Holz gehaltenen Andachtsraum.*

Nun geht es wieder in Richtung Nordosten. Dazu geht man zunächst wieder ein paar Höhenmeter auf der Straße bergauf und kommt zur bereits bekannten Abzweigung zur Schwablkapelle. Wir spazieren wenige Meter den vertrauten Weg wieder zurück, bis wir auf die Abzweigung zum Kreuzweg stoßen. Dieser bringt uns ins Tal – meist schattig und schmal, jedoch mit schönen Kreuzwegstationen und einigen Bänken zur Besinnung einladend. Wenn wir etliche Serpentinen hinter uns gelassen haben und aus dem Waldschatten treten, sehen wir vor uns bereits die Häuser von Reith, auf die wir geradewegs zuwandern. An der ersten Kreuzung halten wir uns schräg rechts und erreichen so den Ortsteil Kirchfeld, wo die Pfarrkirche mit ihrem hübschen Zwiebelturm schon auf uns wartet.

» *Dass hier vermutlich bereits ab dem 8. Jahrhundert, also der Zeit der Missionierung durch iroschottische Wandermönche, eine erste Kirche stand, sieht man dem stolzen klassizistischen Bau nicht an. Auch aus der Zeit der Gotik, in der das romanische dreischiffige Gotteshaus abgerissen und neu erbaut wurde, können nur das Turmuntergeschoß und der Taufstein erzählen, da sich mitten in den Wirren der Napoleonischen Kriege der damalige Pfarrer für diesen Neubau entschied. Von 1800 bis 1803 wurde das majestätische Gebäude errichtet und damit ein selten einheitlicher Bau dieser Epoche geschaffen. Die vier Deckenfresken von J. Schöpf zeigen Szenen aus dem Leben des Kirchenpatrons Petrus.*

Der Bergbauernhof Hinterkogel besitzt eine Privatkapelle.

Wir gehen nun wieder leicht bergauf zurück zur Talstation der Reitherkogelbahn und beenden damit unsere Wanderung.

An der Reither Pfarrkirche mit ihrem hübschen Zwiebelturm

UNTERLAND ÖSTLICH DES ZILLERTALS

31 Traditionsreiche Wallfahrtsziele im Inntal
Von Rattenberg übers Hilaribergl nach Mariathal

| 3½ Std. | 9,2 km | ↑↓ 180 Hm |

Anfahrt mit dem Pkw: Inntalautobahn bis Ausfahrt Kramsach, dann B 171 nach Rattenberg, Parkplatz (gebührenpflichtig) am Ortseingang
Anfahrt ÖPNV: Bahnverbindung von Innsbruck oder Salzburg nach Rattenberg
Ausgangspunkt: Rattenberg
Wegverlauf: Rattenberg – Kramsach – Hilariberg – Mariathal – Voldöpp – Rattenberg
Anforderung: meistens einfache Wanderung auf Teer- und Forststraßen, schmaler und stellenweise steilerer Weg nur im Abstieg vom Hilariberg
Einkehrmöglichkeit: in Rattenberg viele Möglichkeiten, unterwegs Liftstüberl (Mo Ruhetag, sonst ganztags geöffnet), Gasthaus Mariathal (Mo/Di Ruhetage, sonst ganztags geöffnet), Sportcafé Kramsach (täglich ganztags geöffnet)
Beste Jahreszeit: ganzjährig möglich

Versteckt am Eingang des Brandenberger Tales liegt die geschichtsträchtige Wallfahrtskirche Mariathal, die wir vom verkehrsgünstigen und gleichzeitig so malerischen Rattenberg aus erreichen. Aber auch ein zugegeben kleiner Berg krönt unsere Wanderung, da wir auf das Hilaribergl pilgern, das ebenfalls auf eine traditionsreiche Wallfahrtsgeschichte zurückblicken kann.

Ob wir nun vom Parkplatz und damit der Fußgängerzone kommen oder nach der Unterquerung der Bahngleise am Bahnhof sowieso direkt unter ihr stehen, unser erstes Ziel ist die sehenswerte Pfarrkirche von Rattenberg.

» *Bereits seit 1299 wird eine Kirche St. Virgil erwähnt, und unter den Fundamenten des heutigen spätgotischen Gotteshauses wurden denn auch Reste von zwei Vorgängerbauten entdeckt. An der südlichen Apsis findet man die Jahreszahl 1473 – dreißig Jahre nach einem verheerenden Brand wurde also das bis heute zweischiffige Gebäude errichtet, als der Bergbau hier in hoher Blüte stand. Das Knappen- und das Bürgerschiff wurden im 18. Jahrhundert barock umgestaltet, dabei wurden berühmte*

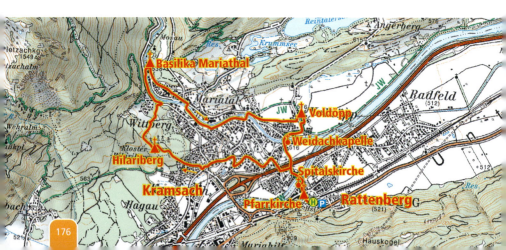

Blick in die malerische Altstadt von Rattenberg

Künstler wie S. B. Faistenberger (Ausmalung der Altarräume) oder M. Günther (Deckenfresken im Bürgerschiff) engagiert. Besonders schön ist der Knappenaltar mit dem Altarblatt von J. Zanusi und den wertvollen Statuen von M. Guggenbichler, wobei die Gruppe mit dem Propheten Daniel oben im Auszug noch einmal auf die Bergbautradition hinweist. Eines der ältesten Ausstattungsstücke ist die bereits in der Vorgängerkirche aufgestellte Pietà am Kreuzaltar aus dem Jahr 1420. Bevor wir die Kirche durch das Nordportal verlassen, lohnt ein Blick in die etwas erhöhte Notburgakapelle, die u. a. mit einer Büste von A. Faistenberger an die in Rattenberg geborene heilige Magd erinnert.

Beim überdachten Abstieg auf der Nordseite können wir am Eck in eine große Mariengrotte schauen. Nach den Treppenstufen kommen wir ins Freie und wandern geradeaus durch die schmale Gasse vor zur Fußgängerzone (Südtiroler Straße). Hier blicken wir unmittelbar auf

Die zweischiffige Pfarrkirche von Rattenberg besitzt Deckenfresken von M. Günther.

UNTERLAND ÖSTLICH DES ZILLERTALS

Kreuzweg und Marienkapelle am Hilaribergl

das Geburtshaus der Notburga, das durch eine Inschrift und gemalte Szenen aus ihrem Leben gut erkennbar ist. Es steht am Eingang zur Klostergasse, der wir nun auch folgen. Die ehemalige Augustinerkirche, die wir passieren, dient heute als Museum. Wir vollziehen den Knick der Klostergasse mit und stehen an ihrem Ende auf der Dorfstraße und gegenüber der früheren Spitalskirche Hl. Geist auf der anderen Straßenseite.

» *Bereits 1381 ist hier ein Bürgerspital erwähnt, dessen Kirche wurde bei einem Umbau von 1500 bis 1506 ebenfalls neu gestaltet. Das außen durch seinen roten Farbton auffallende Kirchlein präsentiert sich innen als grau stuckierte und daher bis auf die originellen Deckenfresken eher farblos anmutende schlichte Barockkirche.*

Wir folgen dem Straßenverlauf in Richtung Inn, den wir auf einer Brücke überqueren. Auf der anderen Uferseite macht die Straße bald eine Kurve – wir biegen hier aber auf einen bezeichneten Rad/Fußweg in die Gegenrichtung, also nach rechts, ab. Unser Weg verläuft auf die Autobahnunterführung zu, vor der wir aber nach links auf einen Fußweg abbiegen, der nach ca. 100 m auf eine Fahrstraße stößt, wo wir uns rechts halten und die Autobahn unterqueren. Wir passieren auf der Straße einen schönen Bildstock und biegen danach bei der ersten Gelegenheit links ab. Nun folgen wir immer diesem Straßenverlauf, der an Häusern und manchmal auch Wiesen entlangführt und ein paar Kurven beinhaltet, und gelangen zu einem Kreisverkehr.

Wir orientieren uns nach links, wandern an Polizeiinspektion und Sportplatz vorbei und kommen zu einer stark befahrenen Stelle mit zwei eng aufeinanderfolgenden Kreisverkehren, die wir beide weiter in unserer Gehrichtung überqueren. Gleich dahinter müssen wir allerdings scharf rechts in die Einbahnstraße abbiegen und gehen erstmals merklich bergauf. Die Straße führt am Ortsende als Forststraße in den Wald, bald stehen wir auf einer Lichtung, von der mehrere Wege weiterführen. Wir orientieren uns weder an der Fitnessmeile noch weiter an der Straße, sondern halten uns unmarkiert schräg links bergauf, wo uns bald die 1. Kreuzwegstation zeigt, dass wir richtig sind. Dem Kreuzweg folgen wir in seiner gemächlichen Steigung bis zur Marienkapelle, von der aus man schon Kirche und Klostergebäude sehen kann.

» *Der Name Hilariberg leitet sich von dem Begründer der seit 1689 existierenden Einsiedelei ab. Eine kleine Kapelle mit einem Marienbild wurde errichtet und bald auch Ziel etlicher Wallfahrer, die zur „Berglmutter" pilgerten. 1746 wurde die Kapelle erweitert, der originelle Wandaufbau des Chores stammt noch aus diesem Konzept. Das Gnadenbild unter dem schwungvollen Baldachin ist eine Kopie eines neapolitanischen Gemäldes, das vom Gründer hierher gebracht worden war, und erfreut sich*

Die Basilika Mariathal im Einschnitt der Brandenberger Ache

bis heute großer Verehrung. Das Kloster, einst von Kamillianern erworben und von ihnen wie auch Dominikanerinnen betrieben, dient nun unter der Leitung der Brüder Samariter als Exerzitienhaus.

Vom Vorplatz gehen wir geradeaus weiter; markiert ist er u. a. mit den Angaben „Kaltwasser" oder „Pletzachkogel". Wir passieren eine Schranke und halten uns bei einer Abzweigung der Fitnessmeile nach rechts. Wenige Schritte geht es bergauf, dann auf sehr gepflegtem, aber stellenweise steilem Weg bergab. Das urige Ambiente aus Wald und Felsen, immer wieder unterbrochen von Übungsgeräten der Fitnessmeile, begleitet uns bis ins Tal. Hinter einer Lichtung/Wiese müssen wir uns links halten, wo ein kleiner Pfad weiter bergab führt, dann einmal noch ein kleines Stück bergauf, aber immer geradeaus bis zu einem Parkplatz. Hier wenden wir uns nach links, passieren bald auch den Parkplatz der Rofanbergbahn und wandern weiter auf der Teerstraße geradeaus, bis wir auf einem gut sichtbaren Fußweg bergab zur Brücke nach Mariathal geleitet werden. Auf einer schönen Holzbrücke spazieren wir über die Brandenberger Ache und stehen bald vor dem Gelände der Basilika Mariathal.

» *Die abgeschiedene Lage weit im Taleinschnitt der Ache erklärt die Sage damit, dass der hier ansässige Ritter von Freundsberg seinen Bruder durch einen Pfeilschuss an sein Fenster morgens wecken wollte, ihn aber selber traf, da er just in diesem Moment das Fenster öffnete. Der* verzweifelt Herumirrende fand ein Bild der schmerzhaften Muttergottes an einem Baum und gelobte den Bau eines Klosters. Diesen Moment kann man innen gleich an der Wand der Gnadenkapelle bildlich dargestellt finden. Somit befinden wir uns schon im Herzstück der Wallfahrtskirche, dem Gnadenbild in seinem prächtigen Barockaltar. Die einst hier ebenfalls befindliche alte „Fieberkreuzgruppe" – ein spätromanisches Kruzifix nebst zwei Heiligenstatuen – befindet sich allerdings inzwischen auf dem Glassarkophag der hl. Privata vorne links im Chorraum des Hauptaltares. Durch das schöne schmiedeeiserne Gitter können wir es aber auch sehen. Die weitere Ausstattung des Kirchenraumes, die im 17. Jahrhundert nach einem Brand des ursprünglich gotischen Gotteshauses entstand, wirkt durch ihre einheitliche Gestaltung in den Farben Weiß, Schwarz und Gold recht streng. Dominikanerinnen betreuten lange diesen Wallfahrtsort, später auch Barmherzige Schwestern, die mit ansehen mussten, wie in der Zeit des Nationalsozialismus ihre geistig schwerbehinderten Pfleglinge im Rahmen der „Euthanasie"-Verbrechen (Aktion T4) abtransportiert wurden. Heute beherbergt das Kloster eine Landessonderschule.

Wir verlassen das geschichtsträchtige Ensemble und nehmen die Straße talauswärts. An der Weggabelung halten wir uns links, kommen an einem schönen Bildstock vorbei und wandern geradeaus weiter. Die stärker befahrene Brandenberger Straße trifft unseren Weg, aber schon bald können wir rechts auf einer Fußgängerbrücke über die Ache gehen und befinden uns in einem Park. Wir spazieren am Bach entlang, queren die Landesstraße und gehen weiter an den Sportstätten vorbei. Die Brandenberger Ache fließt malerisch zu unserer Linken, auch wenn wir bald auf einer Straße laufen. Am Gemeindeamt von Kramsach biegen wir links ab und befinden uns schnell auf einer Brücke, die uns wieder ans andere Ufer bringt. Dahinter halten wir uns rechts, biegen aber an der zweiten schräg links abzweigenden kleinen Straße, dem Kirchfeld, ab. Linker Hand an Wiesen, rechts an Häusern vorbei gehen wir geradewegs auf die Kirche von Voldöpp zu.

Die Nikolauskirche von Voldöpp

» *Die Historie dieses Fleckens mit dem seltsamen Namen ist lang, ebenso die Kultkontinuität – wohl schon im 9. Jahrhundert stand hier ein romanisches Gotteshaus, wie Grabungen* erwiesen. Ein zweites frühgotisches Gotteshaus mit dem Patrozinium St. Nikolaus ist in einer Urkunde von 1315 erwähnt. Der heutige Bau stammt aus dem 15. Jahrhundert und war vielleicht wie in Rattenberg als zweischiffige Bergbau-Kirche gedacht, worauf schließen lässt, dass der linke Seitenaltar schmäler ist als der rechte, neben dem noch die Kanzel bequem und ungewohnt zentral thront. Von 1715 bis 1720 wurde das Innere dann barockisiert.

Am lauschigen und mit Bänken einladenden Kirchplatz halten wir uns links und wandern, dem Straßenverlauf Fachental folgend, zur nahen Brücke über die Brandenberger Ache, die wir nun zum letzten Mal überqueren. Gleich rechts geht es leicht bergab zur kleinen Weidachkapelle.

» *Der ungewöhnliche rechteckige Bau wurde vermutlich Ende des 17. Jahrhunderts erbaut und der Heimsuchung Mariens geweiht. Heute dient er mit seiner unkonventionellen Ausstattung als Kriegergedächtniskapelle.*

Die ungewöhnliche Weidachkapelle in Voldöpp wurde Ende des 17. Jahrhunderts erbaut.

Nun leiten uns Jakobswegschilder zurück nach Rattenberg. Wir folgen diesen und gelangen über Felder zur Autobahnunterführung, hinter der wir auf bekanntem Weg auf das malerische Städtchen zuwandern.

Blick auf Rattenberg am Inn

32 In der Wildschönau auf besinnlichen Wegen

Auf dem Markbachjoch und dem Franziskusweg unterwegs

| 4½ Std. | 13,4 km | ↑150 Hm ↓750 Hm |

Anfahrt mit dem Pkw: Inntalautobahn bis Ausfahrt Wörgl, L 3 (Wildschönauer Straße) nach Niederau, Parkplätze an der Markbachjochbahn (gebührenfrei)

Anfahrt ÖPNV: Bahnverbindung von Innsbruck oder Salzburg bzw. München nach Wörgl, von dort mit Bus 4964 nach Niederau

Ausgangspunkt: Niederau, Talstation Markbachjochbahn

Wegverlauf: Niederau – Markbachjoch – Laneröpfl – Halsgatterl – Norderbergalm – Oberau – Franziskusweg – Niederau

Anforderung: auf dem Markbachjoch meist schmale, gelegentlich feuchte Pfade, im Tal einfache Wanderung auf Teer- und Forststraßen

Einkehrmöglichkeit: in Niederau und Oberau viele Möglichkeiten, unterwegs Markbachjochalm (durchgehend und ganztägig geöffnet), Norderbergalm (durchgehend und ganztägig geöffnet)

Beste Jahreszeit: Frühjahr bis Herbst (Fahrzeiten der Bergbahn beachten!)

Das schöne Hochtal der Wildschönau, dessen erste beiden Orte wir heute mit einer aussichtsreichen Wanderung verbinden, hat eine lange Tradition als Sommer- und Wintersportdestination, konnte aber seinen ursprünglichen Charme weitgehend bewahren.

Wir beginnen unsere Tour an der Talstation der Markbachjochbahn, von der aus wir per pedes oder – wie vermutlich die meisten – mit den bequemen Gondeln den breiten Rücken des Markbachjoches erklimmen. Oben können wir uns gleich der ersten Bergkapelle zuwenden, auch wenn sie einen Abstecher bedeutet, da es später in der Gegenrichtung weitergeht. Wir halten uns also links und wandern gemütlich über Wiesen zum kleinen Gotteshaus.

Die schindelgedeckte Kapelle am Markbachjoch ist Maria Hilf geweiht.

» *Ein Gelübde war die Ursache des 1965 errichteten schindelgedeckten Kirchleins, das Maria Hilf geweiht wurde. Im Inneren können wir ein großes Kreuz und zwei Tafeln mit Heiligen sehen. Gelegentlich finden hier Bergmessen statt.*

Wir wenden uns wieder der Bergstation der Seilbahn zu und wandern auf dem Schotterweg weiter in Richtung der Markbachjochalm, wo wir bei gutem Wetter etliche Gleitschirmflieger/innen bewundern können. Unser Weg verläuft weiter am Bergrücken dahin, erst nach etwa 500 m zweigt ein schmaler Pfad in den Wald ab. Wir steigen über Wurzeln und eine kleine Holzbrücke noch durch eine Senke, dann führt die Wegspur – gelegentlich sind es auch mehrere, die sich aber wieder treffen – steil den Abhang neben der Skipiste hinauf. Oben gelangen wir auf eine Wiese und können auf dem Plateau etwas verschnaufen. Wir halten uns links, kommen kurz auf einen breiteren Forstweg, biegen aber bald rechts von ihm wieder auf einen Pfad ab, der uns die letzten Meter hinauf zum Lanerköpfl bringt. Besonders die Aussicht auf den Alpenhauptkamm fesselt hier und lädt zu einer Rast auf den Bänken. Schließlich setzen wir unseren Weg fort und steigen recht steil bergab zum bereits sichtbaren Kirchlein am Halsgatterl.

Vom Lanerköpfl steigen wir steil bergab zum bereits sichtbaren Kirchlein am Halsgatterl.

UNTERLAND ÖSTLICH DES ZILLERTALS

» *Hier, auf der sagenumwobenen Grenze zwischen Brixental und Wildschönau, wurde 2016 die kleine, vornehmlich aus Holz bestehende Kapelle von einem Einheimischen aus Dankbarkeit für seine Genesung erbaut. Durch das gläserne Kreuz fällt das Licht in den heimeligen Innenraum. Von der Käsealm führt ein moderner Kreuzweg herauf.*

In jede Himmelsrichtung zeigen hier, am sagenumwobenen „Entstehungsort" der Wildschönau, Pfade von unterschiedlicher Qualität. Wir wählen den kleinen Steig nach Norden, sofern wir nicht dem nahen Rosskopf (hin und zurück etwa 1 Stunde) noch einen Besuch abstatten wollen. Nach der Wiese tauchen wir in den Wald ein und bemerken, dass der Weg etwas felsiger und auch feuchter wird. An einer Verzweigung halten wir uns rechts und erblicken bald unter uns die Norderbergalm, wo eine Einkehrmöglichkeit auf uns wartet. Hier geht es dann auf breitem Fahrweg weiter bergab, bis links ein Wegweiser nach Oberau zeigt. Wir befinden uns nun wieder auf einem schmalen Pfad, der uns später mittels kleiner Stege und Brücken über mehrere Bäche führt und schließlich auf einer Straße endet. Ihr folgen wir bergab zum Weiler Baumgarten und schließlich auf die Wildschönauer Landesstraße bei Endfelden. Auf dem Gehsteig können wir die 250 m bis zur bereits wunderbar vor uns aufragenden Oberauer Pfarrkirche St. Margaretha wandern – nicht umsonst wird sie auch „Dom der Wildschönau" genannt.

Die Oberauer Pfarrkirche St. Margaretha wird auch „Dom der Wildschönau" genannt.

Deckengemälde mit der Oberauer Kirchenpatronin

» *Der 52 m hohe Turm mit seiner charakteristischen Zwiebel ist denn auch eines der Wahrzeichen der Wildschönau. Hier stand bereits spätestens im 14. Jahrhundert eine Kirche, die allerdings 1719 einem Brand zum Opfer fiel. Der stattliche Bau, immerhin die drittgrößte Landkirche Tirols, wurde ab 1751 nach den Plänen des Zillertaler Architekten J. Holzmeister errichtet. Außen fällt das schöne Westportal mit der Kirchenpatronin darüber ins Auge, innen faszinieren die schönen Deckengemälde von J. A. Mölk und der anmutige Stuck im herrlich einheitlichen Kirchenraum.*

Nur wenige Schritte weiter westlich erreichen wir die Antoniuskapelle, die auch einen Blick lohnt.

» *Wohl beeinflusst von der kurz zuvor errichteten gleichnamigen Kapelle in St. Johann (vgl. Tour 38) wurde das achteckige Gotteshaus von 1706 bis 1708 erbaut. Im eleganten Hauptaltar tragen eigenwillige Engel das Gnadenbild. In den Fresken sehen wir bekannte Legenden aus dem Leben des hl. Antonius. Besonderheiten in diesem ungewöhnlichen Raum sind außerdem das trachtenkundlich interessante Antependium sowie die beiden bemalten Prospekttüren. Aus dem Jahr 1763 stammt eine seltene „Albertitafel", benannt nach dem hl. Albert dem Großen, der Werke der tätigen Nächstenliebe denen der reinen Frömmigkeit vorzog.*

Die achteckige Oberauer Antoniuskapelle wurde 1706 – 1708 erbaut.

Wir gehen die Straße entlang bis zu dem Punkt, an dem wir nach dem Abstieg auf sie gestoßen sind. Etwa 100 m weiter zweigt links ein Feldweg ab, von dem nach dem ersten Gefälle der Franziskusweg abbiegt. Auf ihm wandern wir nun geruhsam hinunter nach Niederau.

» *Es ist nicht schlimm, dass wir ihn eigentlich verkehrt herum gehen – die einzelnen Strophen des Sonnengesangs des hl. Franz von Assisi bauen ja nicht aufeinander auf, sondern laden jede für sich zur Betrachtung ein. Mit modernen Skulpturen von H. Flörl können wir unsere Beziehung zur Schöpfung reflektieren.*

Der Franziskusweg meditiert die einzelnen Strophen des Sonnengesangs.

UNTERLAND ÖSTLICH DES ZILLERTALS

Kapelle im Museum z'Bach

Unterwegs kommen wir am Museum z'Bach vorbei, das im Sommer montags, mittwochs und sonntags geöffnet ist und das harte Leben der Tiroler Bergbauern thematisiert. Kurz danach liegt das schöne Freibad am Weg – im Sommer sind also Badesachen durchaus sinnvolle Rucksackinhalte! Erst kurz vor Niederau stößt der Franziskusweg wieder auf die Straße. Schon den Ort im Blick, wandern wir nun gemütlich auf ihn zu und machen einen letzten Stopp in der Pfarrkirche mit ihrem spitzen Turm.

» *Erstmals erwähnt wurde eine Kirche hier bereits 1409, und bereits in ihren ersten Jahrzehnten kam es zu mehreren Umbauten. Reste der Baumaßnahmen sind vor allem in den Biforenfenstern des Turmes und der Sakristei zu erkennen, innen verrät die Jocheinteilung das mittelalterliche Erbe. Hauptsächlich erscheint uns das den hll. Sixtus und Oswald geweihte Gotteshaus als barockes Kleinod, das durch seine hübschen Stuckaturen und die Deckenfresken von J. G. Höttinger gefällt. Die jüngste Erweiterung wurde 1970 durch den steigenden Fremdenverkehr nötig, und C. Holzmeister bewirkte mit seinen Plänen eine harmonische Angliederung des westlichen Neubaus an die alte Bausubstanz.*

Nun sind es nur noch wenige Schritte zu Parkplatz oder Bushaltestelle an der Bergbahn.

Die Niederauer Pfarrkirche St. Sixtus und Oswald

Vom Salvenkirchlein bergab nach Söll

33

Die höchste Wallfahrtskirche Österreichs und ihre „kleinen Schwestern"
an ihren Hängen

| 3½ Std. | 14 km | ↑ 100 Hm ↓ 1200 Hm |

Anfahrt mit dem Pkw: Inntalautobahn bis Ausfahrt Wörgl, B 178 nach Söll, Parkplätze im Zentrum oder an der Talstation Seilbahn Hexenwasser

Anfahrt ÖPNV: Bahnverbindung von Innsbruck oder Salzburg bzw. München nach Wörgl, dann Bus 4060 nach Söll

Ausgangspunkt: Söll, Zentrum oder Talstation Bergbahn

Wegverlauf: Söll – Talstation Bergbahn – Auffahrt zur Hohen Salve – Salvenkirchlein – Rigi – Kraftalm mit Kapelle – Hochsöll – Stampfangerkapelle – Talstation Bergbahn – Söll

Anforderung: einfache Bergab-Wanderung auf guten Wegen, nur gelegentlich steilere Abschnitte

Einkehrmöglichkeit: in Söll viele Möglichkeiten, unterwegs Alpengasthof Rigi (Mi/Do Ruhetag, sonst 9–17 Uhr durchgehend geöffnet), Kraftalm oder Hochsöll/Hexenwasser (letztere beide täglich durchgehend geöffnet) möglich

Beste Jahreszeit: Frühjahr bis Herbst, je nach Öffnungszeiten der Bergbahn

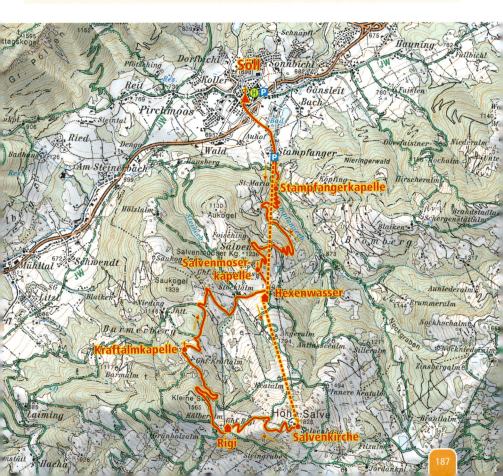

„Sölllandler Bauerndom" heißt das den hll. Petrus und Paulus geweihte Gotteshaus in Söll.

Ein exponierter Berg mit sanfter Wiesenkuppe wie die Hohe Salve lud vermutlich schon seit jeher zum Pilgern ein – so können wir annehmen, dass wir hier sehr alter Tradition nachspüren. Der Aufstieg wird uns heute erheblich leichter gemacht als den Altvorderen, die Spiritualität dafür am oft stark frequentierten Gipfel eher schwerer. Dennoch lohnt sich der Ausflug zur höchstgelegenen Wallfahrtskirche Österreichs.

Wer bereits im malerischen Dorf Söll das Auto parkt oder aus dem Bus steigt, wird vermutlich gleich die hoch aus dem Häusergewirr aufragende Kirche entdecken und besuchen.

» Die Urpfarre des „Sölllandls", auch „Sölllandler Bauerndom" genannt, zeigt sich heute als wunderschöne Barockkirche, die durch ihre ausnehmend einheitliche Ausstattung beeindruckt, in der die lokalen Künstler F. Pockh (Baumeister) und C. A. Mayr (Fresken) Meisterwerke schufen. Vorgängerkirchen standen an dieser Stelle bereits seit der Romanik – eine erste Erwähnung datiert von 1050. Das den Apostelfürsten Petrus und Paulus geweihte Gotteshaus mit seinem außerordentlichen Hochaltar wurde zwischen 1764 und 1771 erbaut.

Vom Ort wenden wir uns in Richtung der Hohen Salve und wandern oder fahren bis zur Talstation der Bergbahn, die wir gleich für die Überwindung der mehr als 1000 Höhenmeter bergauf nutzen. Den Rummel der familiengerecht ausgebauten Mittelstation „Hexenwasser" lassen wir ab der 2. Sektion hinter uns. Oben auf dem Salvengipfel, der wohl schon vor Urzeiten Menschen kultisch angezogen hat, können wir dann sogar noch mittels einer Rolltreppe die letzten Meter zum Gipfel hochfahren. So wird auch motorisch eingeschränkten Personen ermöglicht, die höchstgelegene Wallfahrtskirche Österreichs zu besuchen. Ohne einen Schweißtropfen vergossen zu haben, stehen wir also rasch vor der mit Schindeln eingedeckten Kirche St. Johannes der Täufer, deren Vorraum stets geöffnet ist. An großen Tafeln können wir die eindrucksvolle Legende und Baugeschichte dieses besonderen Ortes nachlesen.

» Schon die Kelten hielten hier vermutlich Sonnwendkulte ab – und dieses Fest dürfte wohl daher auch das Patrozinium geprägt haben, da Johannes der Täufer ja von alters her als Namensheiliger des Sonnwendtages gefeiert wird. Solche Kultkontinuität ist schon etwas Besonderes! Eine Kapelle wird allerdings erst im 16. Jahrhundert erwähnt, doch immer wieder zerstörten Blitze das Gotteshaus. Das rief den rührigen St. Johanner Dekan Wieshofer auf den Plan, der dann schließlich hier im Jahr

Die höchstgelegene Wallfahrtskirche Österreichs, St. Johannes d. T. auf der Hohen Salve

1784 den ersten Blitzableiter Tirols installierte. Im Inneren können wir einen frühbarocken Altar mit der Taufe Jesu und den Figuren der hll. Bartholomäus und Johannes aus dem Jahre 1666 bewundern.

Außen sollte aber auch ein ausgedehntes Staunen über das einzigartige Panorama, das die Blicke in alle Himmelsrichtungen schweifen lässt, erfolgen, bevor wir aufbrechen. Es geht in Richtung Rigi, und bald finden wir einen Wegweiser mit der Aufschrift „Kapellenwanderweg". Dieser leitet uns mit weiter traumhaften Ausblicken, aber eher unangenehm steinig und sonnig hinunter zum Rigi, wo eine traditionsreiche Einkehr möglich wäre. Wir folgen der Wegweisung zur Kraftalm und wandern auf einer Forststraße über einige Serpentinen im Wald nun eher gemächlich weiter abwärts. Bald kommt die frisch renovierte Alm in den Blick, und auch eine ungewöhnliche Kapelle in ihrer Nähe, die sich bei aller Modernität hinter ihrem urtümlichen Zaun und mit ihrem traditionellen Satteldach aus Schindeln gut in die Landschaft einfügt.

» Im Jahr 1983 stiftete die Vereinigung der Milchwirtschaft diesen harmonischen Raum mit seinem hellen Holz und den schönen Glasfenstern und richtet seitdem hierher ihre jährliche Wallfahrt aus. Die Schutzheiligen der

Die Kraftalmkapelle innen – ein harmonischer Raum mit Holz und schönen Glasfenstern

UNTERLAND ÖSTLICH DES ZILLERTALS

Ungewöhnliche Kapelle auf der Kraftalm

Milchwirtschaft (Lucio, Theodul und Fridolin) als Patrone der Kapelle sind daher in den modernen Fenstern abgebildet. Im rückwärtigen Teil der Kapelle erzählt eine Nische mit Gedenkbuch und Sterbebildern der verstorbenen Mitglieder der Vereinigung von einer lebendigen Tradition.

Nun steigen wir über die Almwiese hinunter auf die Teerstraße, der wir ein Stück in Richtung Itter entlanggehen, bis wir zur Abzweigung „Rinner" gelangen. Dort halten wir uns rechts und wandern wieder auf einem Feldweg weiter talwärts. Ab dem Rinnerhof treffen wir wieder auf die seit dem Rigi vermisste Beschilderung „Kapellenwanderweg" und folgen der Forststraße über Wiesen in den Kessel nach Hochsöll hinunter. Unser Weg wird schmaler, bis es kurz vor der Stöcklalm nur noch ein Brett ist, mit dem wir über zwei Furten kommen. Damit sind wir

recht zufällig auf dem „Barfußpfad" gelandet – einem der vielen Attraktionen der Anlage „Hexenwasser", die uns bis zur Mittelstation der Gondelbahn begleitet. Dass es ab der Stöcklalm ausnahmsweise einige Höhenmeter bergauf geht, bemerken wir bei all den Ablenkungen kaum. Wir widerstehen der Versuchung, mit der Gondel ins Tal zu fahren, damit wir auch die letzten beiden Kapellen dieser Wanderung aufsuchen können. Von der Mittelstation müssen wir wenige Meter auf einer geteerten Straße leicht bergauf wandern und finden an der Stelle, wo man zum Gasthaus Salvenmoser abzweigen könnte, und zugleich auf dem Scheitelpunkt, von dem an es nun nur noch bergab geht, eine kleine Bergkapelle.

» *Das kleine Salvenmoserkirchlein zeugt vor allem von der traditionellen Frömmigkeit der Bergbauern. Die Kapelle wurde erst 2003 von* einem bayerischen Lüftlmaler, S. Ingerl aus Reit im Winkl, mit lebhaften und stimmungsvollen Fresken ausgemalt. Außer der Gestaltung der kleinen Apsis mit einer schönen Madonna aus Holz wurden von ihm auch die beiden Heiligen Florian und Jakobus geschaffen.

Wir bleiben noch zwei Kehren lang auf der asphaltierten Straße, bis an der Stelle, wo auf der linken Seite der Straße ein Wegkreuz an einem Baum hängt, scharf rechts ein unmarkierter, aber unübersehbarer Weg abzweigt. Er führt uns ziemlich flach durch den Wald, bis wir bei der ersten Lichtung einen großen Bauernhof erreichen. Wir wandern durch dessen Wirtschaftsgebäude, überqueren die geteerte Zufahrtsstraße und stehen am Feldweg zur bereits sichtbaren Rodelbahn, der wir dann bis unten folgen. Sie ist an den auf langen Stöcken dekorativ herumschwebenden Hexen gut zu erkennen. Gleichmäßig steil und durch etliche Gatter bringt uns der Weg bergab, bis wir vor uns eine rote Zwiebelturmhaube entdecken – sie gehört schon zu unserem letzten Ziel, der Stampfangerkapelle. Vermutlich ist sie jedem bereits bei der Auffahrt mit der Bahn aufgefallen, da man fast unmittelbar an ihr vorbeischwebt. Nun gehen wir erst um den Felsen, auf dem sie sehr spektakulär steht, herum und spazieren, noch einmal rechts haltend, ein paar Höhenmeter bergauf.

» Der mit einem Fresko geschmückte, zierliche barocke Zwiebelturm mit dem achteckigen Zentralbau auf einem etliche Meter hohen erratischen Felsblock neben dem quirligen Stampfangerbach bildet schon eine besondere Szenerie. Man kann sich die Ursprungslegende gut vorstellen: Ein Unwetter lässt den Bach, an dem das eigene Kind spielt, urplötzlich an-

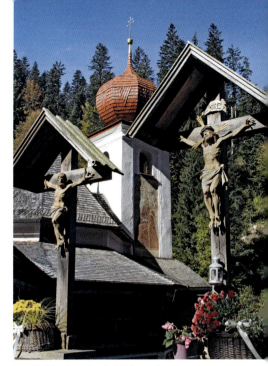

Der zierliche barocke Zwiebelturm der Stampfangerkapelle

schwellen – und die angstvolle Mutter wendet sich im Gebet an Maria und erfleht Hilfe. Als Antwort bricht ein Felsen herab und stellt sich dem Wasser in den Weg, so dass kein Unglück geschieht. Um das Jahr 1670 herum wurde der Muttergottes eine Kirche auf diesen Felsen gebaut, die bis heute als „Unsere Liebe Frau zum Stein" verehrt und besonders bei Hochwassergefahr angerufen wird. Auf den Gnadenaltar kann man schon beim Hinaufgehen durch ein Fenster einen Blick werfen, und mit seiner bekleideten Madonna mit Kind und vielen Votivbildern und Gemälden zeugt das Innere von einer tiefen Frömmigkeit und langen Wallfahrtstradition.

Von hier sind es am Bach entlang nur noch wenige Meter abwärts hinunter zum Parkplatz bzw. zur Bushaltestelle, wo wir unsere Wanderung beenden.

34 Von Kufstein auf dem Jakobsweg nach Mariastein
Ein Pilgertag im Inntal

| 3½ Std. | 18,2 km | ↑↓ 150 Hm |

Anfahrt mit dem Pkw: Inntalautobahn bis Ausfahrt Kufstein (Nord oder Süd), in beiden Fällen B 171 Richtung Bahnhof, Parkplätze dort, Rückkehr mit dem Zug
Anfahrt ÖPNV: Bahnverbindung von Innsbruck oder Salzburg nach Kufstein, Rückfahrt ab Wörgl
Ausgangspunkt: Kufstein, Bahnhof
Wegverlauf: Kufstein – Kleinholz – Unterlangkampfen – Mariastein – Angath – Wörgl
Anforderung: einfache Wanderung, meist auf guten, befestigten Wegen
Einkehrmöglichkeit: Unterlangkampfen: Gasthof Altwirt (Mi Ruhetag, sonst 11:30–14 und werktags auch 17:30–21 Uhr warme Küche), Niederbreitenbach: Dampfwirt (Mo Ruhetag, sonst durchgehend, Sonntag nur bis 17 Uhr geöffnet), Mariastein: Kammerhof (täglich durchgehend geöffnet), Mariasteinerhof (So Ruhetag, sonst 14–22 Uhr), Angath: Gasthaus Kammerhof (Mo/Di Ruhetage, sonst 9–14 und 17–22 Uhr, sonntags durchgehend bis 17 Uhr), in Wörgl mehrere Möglichkeiten
Beste Jahreszeit: Frühjahr und Herbst, aber auch im Winter möglich

Jakobswege aus dem bayrischen und böhmischen Raum treffen sich im Inntal und streben hier dem Fluss entlang nach Südwesten, bis sie am Arlbergpass Tirol verlassen und über Vorarlberg nach Maria Einsiedeln in der Schweiz führen, wo wieder viele Wegtrassen zusammenkommen und dadurch ein Pilgerzentrum für fast ganz Mitteleuropa entstand. Wir wollen einen Tag lang auf diesem historischen Weg pilgern und mit dem Zug nach Kufstein zurückfahren. Der berühmte Wallfahrtsort Mariastein ist dabei mehr als nur ein Zwischenziel.

Vom Bahnhof(sparkplatz) in Kufstein wandern wir auf einer Fußgängerbrücke über die Gleise und in westliche Richtung geradeaus weiter, lassen also heute die schöne Altstadt hinter uns. Es geht gleich leicht bergan, bis wir die B 171 erreichen und überqueren. Wir folgen weiter der Zellerburgstraße und finden uns schnell am Beginn einer schönen Lindenallee wieder. Dieses Naturdenkmal bringt uns zur italienisch anmutenden zierlichen Wallfahrtskirche Maria Hilf im Ortsteil Kleinholz, die im kleinen Kloster nebenan auch das einzige Exerzitienhaus der Diözese Salzburg auf Tiroler Boden beherbergt.

Die italienisch anmutende Wallfahrtskirche Maria Hilf im Kufsteiner Ortsteil Kleinholz

Die Unterlangkampfener Pfarrkirche St. Ursula vor den Spitzen des Wilden Kaisers

» Als um 1670 ein Kufsteiner Bäcker hier eine gemauerte Kapelle errichtete und das bekannte Gnadenbild „Maria Hilf" aufstellte, das einige Jahre früher im Innsbrucker Dom schnell sehr populär geworden war, entstand eine neue und rasch wachsende Wallfahrtstradition an dem abgelegenen Ort. Schon neun Jahre später wurde die Kapelle zu klein, 1681 war eine erste Kirche fertig. Kriegerische Auseinandersetzungen zu Beginn des 18. Jahrhunderts und die aufklärerischen Bewegungen an dessen Ende forderten einige Renovierungen und auch tatkräftiges Eintreten der Morsbacher Bauern für den Erhalt. 1922 übernahmen Missionare vom Kostbaren Blut die Betreuung der Pilger und erbauten das Kloster mit Exerzitienhaus. Das seltene, aber eigentlich für Wallfahrtskirchen des ausgehenden 17. Jahrhunderts typische Zentralbau-Prinzip kann man außen und innen gut nachvollziehen. Die Ausstattung aus dem 18. Jahrhundert stammt von lokalen Künstlern, das Kuppelfresko kam erst 1939 durch R. Holzner aus München hinzu.

Wir gehen ein kleines Stück bis zur Wendeschleife des Busses zurück und folgen dann den Jakobsweg-Beschilderungen. Sie führen uns durch eine schöne Wohngegend, in der wir uns einmal ohne Markierung nach links halten müssen – hinaus aufs Land bzw. an einen kleinen Innzufluss. Wir unterqueren mit diesem die Bahnlinie und erreichen den Innradweg. Nun geht es knapp 2 km mehr oder weniger nahe am behäbig dahinfließenden Inn entlang, zuverlässig leiten uns die Jakobswegzeichen, die uns danach scharf rechts abbiegen lassen und über die Autobahn leiten. Wir stoßen vor einem Heliport auf den Auweg und biegen links ab.

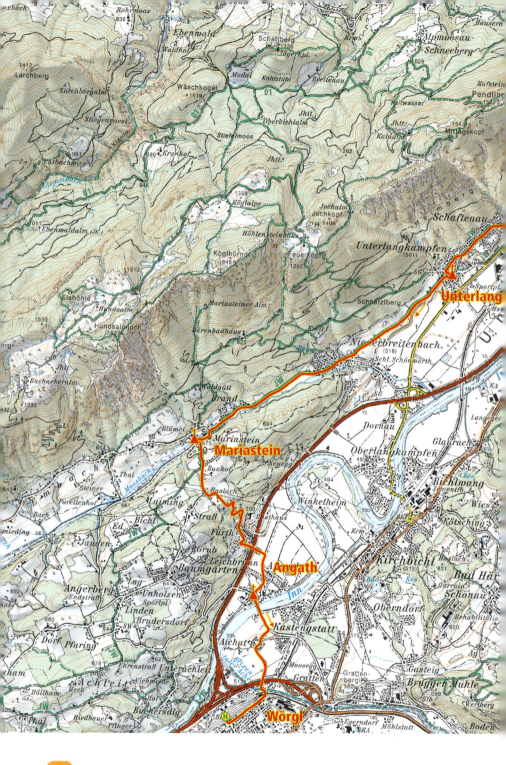

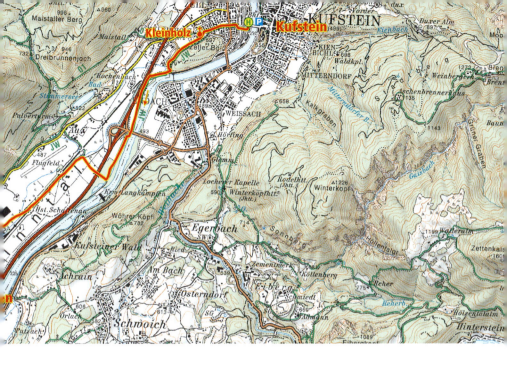

Der Auweg führt uns in unserer Gehrichtung neben den Gleisen und dem kleinen Gießenbach bis zum Bahnhof Schaftenau. Nun unterqueren wir die Bahngleise und gehen auf der Peter-Stihl-Straße durch das gleichnamige Werksgelände, queren vorsichtig die Kufsteiner Straße und gelangen auf der Oberen Dorfstraße leicht ansteigend durch Schaftenau ins schöne Unterlangkampfen mit seiner Pfarrkirche St. Ursula, zu der wir an der Kreuzung mit dem Windschnurweg auf diesem hinunterwandern. Ein paar Schritte auf dem Unteren Dorfweg nach rechts, und wir stehen vor dem Gotteshaus (Bild S. 193).

» *Der ausnehmend hübsche Zwiebelturm lädt freundlich ein, die schöne Barockkirche zu besuchen. Schon seit dem 10. Jahrhundert stand hier vermutlich die Urpfarre der Umgebung, gesichert ist sie seit dem 13. Jahrhundert. Was wir heute sehen, ist eine typische barocke Dorfkirche.*

Wir gehen wieder zum Windschnurweg zurück, queren ihn und spazieren ein kleines Stück die Untere Dorfstraße entlang, bis diese mit der Oberen Dorfstraße zusammentrifft. Sie führt uns bald auf die Wiesen hinaus, und wir wandern in leichtem Auf und Ab auf der schmalen Teerstraße dahin. Es ist eine wunderbare sonnige Hochterrasse, die wir entlangpilgern, und sie gestattet uns herrliche Ausblicke in die Kitzbüheler Alpen und Rückblicke auf den Kaiser. Ein besonders malerischer Bildstock, der als Pestsäule bekannt ist, wird passiert, bevor wir das kleine Niederbreitenbach erreichen. Die alte Burganlage mit ihrem markanten Turm aus dem 14. Jahrhundert, die wir links über die Wiesen schon länger sehen, kann uns schon einen Vorgeschmack auf Mariastein geben. Dorthin müssen wir aber wieder etwa 2 km auf der Landesstraße entlangwandern, bis wir an einem Gewer-

UNTERLAND ÖSTLICH DES ZILLERTALS

begebiet den Markierungen über eine Brücke folgen und auf ruhigerem und schattigem Weg bergauf steigen. Am Kammerhof erhebt sich die spektakuläre Kulisse des Kirchturms von Mariastein vor uns.

» *Das herausstechende Merkmal, der Wehrturm aus dem Jahr 1361, war einst Teil einer wichtigen Befestigungsanlage, welche den Handel zwischen Innsbruck und Rosenheim, der hier durchzog, kontrollierte. Nachdem diese Handelsroute ans andere Innufer verlegt und der Bau damit bedeutungslos geworden war, wurde die „Burg auf dem Stayn" verkauft. 1448 kam der Besitz an die Herren von Ebbs, die den Turm auf seine 42 m aufstockten und die heutige Gnadenmadonna stifteten. Es entwickelte sich eine erste Wallfahrt, die ein späterer Besitzer jedoch nach Augsburg verlagern wollte und die Statue daher umsiedelte. Nach*

Die besonders malerische Pestsäule mit Rückblicken auf den Kaiser

Die spektakuläre Kulisse des Kirchenturmes von Mariastein taucht plötzlich vor uns auf.

Ein Blick zurück auf Mariastein vor dem Köglhörndl

dem Wunder, dass Engel diesen Transport zweimal verhinderten und die Madonna zurückbrachten, wurde die Wallfahrt ab dem 16. Jahrhundert immer bedeutender, und spätestens zwei Jahrhunderte später hatte sich Mariastein zu einem der beliebtesten Wallfahrtsorte in Tirol entwickelt, der allerdings seit 1835 im Besitz des Erzbistums Salzburg ist.

Mehr als 150 Stufen führen in die verschiedenen Räume – zuerst in das Geschoß mit einem Heiligen Grab aus dem 18. Jahrhundert und der teilweise aus dem Felsen gehauenen Kerzenkapelle, in der eine spätgotische Pietà aufgesucht werden kann. Darüber erreichen wir noch zwei übereinanderliegende Kapellen – unten die Kapelle zum Hl. Kreuz mit dem „Prager Christkindl", oben die ursprünglich gotische Gnadenkapelle mit der lieblichen Madonna von 1450 in dem hübschen Rokoko-Altar. Hier befindet sich auch der Tiroler Erzherzogshut mit Zepter, einer der wertvollsten Schätze Tirols, der von Erzherzog Maximilian 1602 gestiftet worden war. Ein Blick auf die alten Graffitos im Treppenhaus, in das Museum und die prächtigen Säle lohnt ebenfalls.

Wir steigen bergauf und bleiben auch dann noch auf der kleinen Straße, wenn rechts die Jakobswegzeichen auf einen schmaleren Weg zeigen. Wir verlassen nun den Jakobsweg und erreichen nach ca. 300 m in einer Kurve den Weiler Haslach. Wir biegen von der Straße ab, kommen nach den Häusern auf eine aussichtsreiche Wiese und wandern wieder auf Gebäude am Waldrand zu. Hier biegt unser Weg an einer Mauer entlang nach links ab. Eine Kapelle zeigt an, dass dieser schöne naturbelassene Pfad ein alter Wallfahrerweg ist, Kreuzwegstationen begleiten uns in den Waldschatten. Einmal biegt links der Rundwanderweg Fürth von unserem Pfad ab, der aber weiter in Serpentinen den Abhang hinab verläuft. Über eine Wiese gehen wir bald wieder auf Häuser zu und können den Lärm der nahen Autobahn wohl nicht mehr überhören. In Fürth folgen wir der Straßenbezeichnung Kreuzweg, biegen also bei der ersten Gelegenheit nach links ab und laufen weiter talwärts. Über eine Brücke queren wir die Inntalautobahn und erreichen dann freies Feld. Der Kirchturm von Angath rechts von uns grüßt bereits, und so biegen wir an der nächsten Verzweigung dorthin ab und nehmen die Untere Dorfstraße bis ins Zentrum des hübschen Ortes mit seiner stattlichen Kirche.

» *Die Pfarrkirche Hl. Geist wurde bereits 1220 urkundlich erwähnt und ist vermutlich noch um einiges älter. Von all dem ist zwar nichts mehr erhalten, aber der barocke Saalbau von J. Singer aus der Mitte des 18. Jahrhunderts ist einen Blick wert. Aus der Erbauungszeit stammt noch der Hochaltar mit seinen schönen Figuren, und auch Taufstein, Kanzel, Kreuzgruppe und die Statue „Christus an der Martersäule" sind barocke Meisterwerke. Die kontrastreichen Malereien an Gewölbe und Altären von W. Köberl sind neueren Datums, ergänzen die Ausstattung des Gotteshauses aber sehr wirkungsvoll.*

Nun geht es über den Inn, wobei wir auf dem anderen Ufer noch etwa 250 m der Landstraße folgen und dann rechts in die Liebhartstraße abbiegen. Diese führt zunächst in den Weiler Hart und dann auf den Autobahnknoten von Wörgl zu, den wir in einem Tunnel unterqueren. Bald darauf überqueren wir die Brixentaler Ache, dürfen uns aber vom Ortsschild Wörgl nicht dazu verleiten lassen, weiter an der Straße zu gehen, sondern biegen unmittelbar nach der Brücke nach links auf den Achenweg. Eine weitere Unterquerung wartet auf uns – diesmal sind es die Bahngleise. Dahinter biegen wir nach rechts ab, und ein schmaler Pfad bringt uns zu einer letzten Untertunnelung weiterer Bahngleise. Wenn wir wieder ans Tageslicht gelangen, stehen wir in einer recht modernen Wohnanlage und müssen uns nur noch nach rechts zum Bahnhof von Wörgl orientieren.

Die Pfarrkirche Hl. Geist in Angath mit ihren kontrastreichen Malereien am Gewölbe

Ins Kaisertal zur malerischen Antoniuskapelle

35

Tiefer Einschnitt vor den Felswänden des Kaisers – und eine lange Geschichte

| 3½ Std. | 13,2 km | ↑↓ 400 Hm |

Anfahrt mit dem Pkw: Inntalautobahn bis Ausfahrt Kufstein Süd oder Nord, Parkplatz Park and Ride am Kufsteiner Bahnhof kostenlos
Anfahrt ÖPNV: Bahnverbindung von Innsbruck oder Salzburg nach Kufstein
Ausgangspunkt: Kufstein, Bahnhof
Wegverlauf: Kufstein – Kirchen – Kalvarienberg – Theaterhütte – Tischoferhöhle – Kaisertal – Antoniuskapelle – Kaisertal – Sparchen – Kufstein
Anforderung: meist einfache Wanderung auf Teer- und Forststraßen, lediglich der Abschnitt zwischen Theaterhütte und Tischoferhöhle auf schmalen Bergwegen
Einkehrmöglichkeit: in Kufstein viele Möglichkeiten, unterwegs Gasthof Veitenhof (Mo/Di Ruhetage, sonst durchgehend, sonntags nur bis 18 Uhr), Alpengasthof Pfandlhof (Do Ruhetag, sonst durchgehend warme Küche) oder zum Berg'k'hof (täglich durchgehend geöffnet)
Beste Jahreszeit: Frühjahr bis Herbst

2016 wurde das Kaisertal zum schönsten Platz Österreichs gekürt – eine von vielen Auszeichnungen und Superlativen, mit denen das liebliche Tal zwischen den beiden „Kaisern" und vor den schroffen Felsstürzen des „Wilden" der beiden aufwarten kann. Doch zunächst wollen wir uns dem nicht weniger attraktiven Startpunkt zuwenden, der malerischen Altstadt Kufsteins. Dazu gehen wir über die Innbrücke, von der aus wir einen prächtigen Blick auf die Festung haben. Die Straße führt uns zum Unteren Stadtplatz, auf dem wir gemütlich bergauf wandern und uns vor dem schön mit Lüftlmalerei verzierten Rathaus rechts weiter bergan halten. Vor dem Zugang zur Festung spazieren wir nach links und stehen zwischen den beiden historischen Kirchen der Stadt. Zunächst werfen wir einen Blick in die Pfarrkirche St. Vitus.

» *Leider ist von der gotischen Kirche, die hier im 15. Jahrhundert auf Fundamenten eines älteren Baus errichtet wurde, nur noch die Dreischiffigkeit in ihrem Inneren erhalten geblie-*

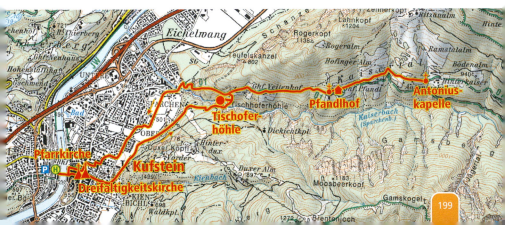

Die Kufsteiner Pfarrkirche St. Veit vor der Festung

ben, da sie 1660/61 im frühbarocken Stil umgestaltet wurde. Doch auch diese Phase ist – anders als sonst oft – nicht mehr erhalten, da 1840 ein Joch hinzukam und im Zuge dieser Arbeiten gleich eine klassizistische Ausstattung die bisher barocke ersetzte. Die markanten Gemälde an der Decke stammen erst aus dem 20. Jahrhundert, fügen sich aber gut in den eher streng wirkenden, aber auch große Ruhe ausstrahlenden Raum ein.

Gegenüber können wir gleich einen Blick in die Dreifaltigkeitskirche werfen.

» Im Jahr 1502 stiftete eine Kufsteiner Familie die schlichte, aber hübsche Kirche mit ihrer Gruftkapelle darunter, die heute von der griechisch-orthodoxen Gemeinde im Tiroler Unterland genutzt wird. Das Gotteshaus erhielt 1765 einen wertvollen Rokoko-Baldachinaltar. Außen verdienen die historischen Grabsteine Beachtung.

Wir wandern außen an der Apsis der Dreifaltigkeitskirche den gepflasterten Weg hinab auf den Oberen Stadtplatz, auf dem wieder schöne Gebäude aus verschiedenen Epochen zu bewundern sind. Auf der anderen Seite führt uns die schmale Georg-Pirmoser-Straße in Richtung des Kaisergebirges. Nach dem Bezirksgericht erweitert sich unsere Straße platzartig, wir bleiben allerdings in unserer Gehrichtung und haben die Kienbergstraße unter unseren Füßen. Erst als es leicht bergauf geht und zu unserer Linken schon Bildstöcke des Kalvarienberges zu sehen sind, biegen wir nach links in den Hochwandweg ab. Dabei kommen wir an zwei der denkmalgeschützten Gedenkkapellen vorbei. Wir bleiben auf dem bequemen Sträßchen, das sich hinter den letzten Häusern verzweigt, und zwar auf dem unteren, steigen aber dennoch leicht bergan. Noch einmal verlockt ein Weg rechts dazu, bergauf zu steigen, doch wir bleiben zunächst unten.

Erst nachdem die Liststraße unterhalb des gleichnamigen Denkmals zu uns gestoßen ist, nehmen wir an der folgenden Verzweigung diejenige, die bergauf führt. Immer geradeaus geht es etwa 800 m in angenehmem Schatten hinauf zum Spielplatz an der Theaterhütte, die schon mehrmals auf den Wegweisern angeschrieben war. Unser Weg macht hier eine Kurve und geht nun weiter durch den Wald nach Osten, allerdings merklicher aufwärts als bisher. Bei einer Serpentine bleiben wir in unserer Gehrichtung und wandern auf einem schmalen Pfad am Rand der Kaisertal-Schlucht weiter in diese hinein. Es geht noch kurz aufwärts, dann aber recht jäh und steil bergab, teils über Treppen und auf einem bei Nässe

Die berühmte Tischoferhöhle mit ihrer langen Geschichte

unangenehmen Steig. Wir erreichen eine ungewöhnliche Brücke mit nur einseitigem Geländer, die uns auf die andere Seite der tief eingeschnittenen Schlucht führt, wo es ebenso steil wieder bergauf geht. Nach einigen kleinen Serpentinen weist ein Wegweiser zur berühmten Tischoferhöhle mit ihrer langen Geschichte, die auf Informationstafeln gut erklärt ist. Aber auch die benachbarte Hyänenhöhle lässt unsere Gedanken zurück in die Urzeit reisen. Nach diesem Abstecher geht es weiter bergauf, bis wir auf dem breiten Kaisertalweg stehen. Wir halten uns rechts und wandern, nun weniger steil und auf gepflegtem Untergrund, in das wunderschöne Tal hinein. Lichtungen mit beliebten Gasthöfen und Waldstücke wechseln sich ab, Abzweigungen leiten hinauf zu den Gipfeln des Zahmen Kaisers, wir bleiben aber auf unserem bequem immer weiter in das Tal führenden Weg. Eine unbeschilderte Abzweigung nach rechts ist ebenfalls zu ignorieren. Vor dem Pfandlhof kommen wir an einer kleinen Kapelle vorbei.

» *Die kleine, vergitterte Kapelle wurde im 18. Jahrhundert für die Verstorbenen der Wirtsfamilie errichtet. Eine Tafel erinnert außerdem an einen hier durch Hitzschlag verstorbenen Pfarrer.*

Vor dem Pfandlhof kommen wir an einer kleinen Kapelle aus dem 18. Jahrhundert vorbei.

Zu Recht zählt die malerische Antoniuskapelle zu den bekanntesten Fotomotiven Tirols!

Etwa 200 m hinter dem Pfandlhof kann man an einem schön hergerichteten Rastplatz links die Sage vom Venedigermandl lesen. Hier öffnet sich auch ein guter Blick auf den Talschluss und das Stripsenjoch. In einer schattigen Kurve wartet die Eliasquelle auf uns, die malerisch direkt über unserem Weg hinter einem Stein entspringt. Nun ist es nur noch ein halber Kilometer, und eines der bekanntesten Fotomotive des Kaisers liegt vor uns: die Antoniuskapelle.

Die Eliasquelle entspringt direkt über unserem Weg hinter einem Stein.

» Die Dorfkirche der vielen Einödhöfe des Kaisertales besticht durch ihre einzigartige Lage vor den Felsen des Wilden Kaisers. 1711 wurde sie von einem Bauern aus dem Tal aus Dankbarkeit dafür erbaut, dass der Bayerische Erbfolgekrieg an ihm und seiner Familie spurlos vorbeigegangen war, obwohl die französische Armee große Teile von Ebbs zerstört hatte. Diesem Charakter als Mahnmal gegen Krieg und Gewalt kann man im harmonischen Inneren mit seinem Kreuzweg und dem von einem Gitter geschützten Antoniusaltar gut nachspüren.

Außen laden einige Bänke zur Rast mit dem beeindruckenden Panorama ein. Bis zur Abzweigung zur Tischoferhöhle schlendern wir auf gleichem Weg zurück, bleiben dann aber weiter auf unserem bequemen Sträßchen. Nun wird die Aussicht auf Kufstein immer besser und fotogener, bevor uns dann unzählige Treppen und Kehren hinunter ins Tal nach Sparchen bringen. Wir kommen denn auch auf die Sparchner Straße und halten uns links, wandern – diesmal absolut unschwer – über eine Brücke und wählen den Pfad, der über gemütliche Treppen noch einmal ein kurzes Stück bergauf führt. Wir erreichen die Straße „Obere Sparchen", biegen nach rechts ab und stoßen auf die Kommerzialrat-Franz-Kneissl-Straße, in die wir nach links einbiegen.

Nun geht es geradeaus weiter, am Parkplatz des Kaiserliftes vorbei und wieder in besiedeltes Gebiet. Unser Straßenname wechselt hier in Max-Depolo-Straße, wir vollführen mit ihr eine Kurve und landen auf der schräg nach links verlaufenden Meraner Straße, die wir allerdings bald verlassen, um auf der zunächst verkehrsärmeren Hörfarterstraße weiterzuwandern. An recht neuen Häusern geht es länger auf ihr dahin, bis sie wieder zu einem autofreien Weg wird. Von diesem biegen wir allerdings bei der ersten Gelegenheit rechts in die ruhige Alois-Hasenknopf-Straße ab und erreichen so die Andreas-Hofer-Straße, in die wir nach links einbiegen. Gegenüber der Friedhofsmauer spazieren wir in den Professor-Sinwel-Weg und können nach nicht einmal 100 m links durch die modernen Gebäude der Fachhochschule in den ebenfalls neu angelegten Stadtpark gehen, der uns rechts zum mit einem Kreisverkehr versehenen Franz-Josef-Platz bringt. Hier können wir die überlebensgroße Figur des David bewundern, der seit 1922 breitbeinig über dem unterlegenen Goliath steht. Wir biegen in die Hans-Reisch-Straße, die uns wieder zum Oberen Stadtplatz bringt. Wenn wir nicht noch die Festung besuchen wollen, können wir gleich vor dem denkmalgeschützten Gebäude der Sparkasse auf der Marktstraße zum Inn hinunterschlendern. Neben der Wasserbastei führen Stufen hinunter zur Innpromenade, die wir nach links bis zur Brücke entlangwandern können. Treppen bringen uns auf deren Niveau, und ohne Mühe kehren wir zu unserem Ausgangspunkt zurück.

Auf dem Heimweg genießen wir die Aussicht auf Kufstein.

UNTERLAND ÖSTLICH DES ZILLERTALS

36 Zwischen Ellmau und Going

Zu den malerischen Kirchen und Kapellen der Bergdoktordörfer mit Kaiserblick

| 2 Std. | 5,6 km | ↑↓ 200 Hm |

Anfahrt mit dem Pkw: Inntalautobahn bis Ausfahrt Wörgl, B 178 nach Ellmau, Parkplätze im Zentrum (teilweise gebührenpflichtig)
Anfahrt ÖPNV: Bahnverbindung von Innsbruck oder Salzburg bzw. München über Wörgl oder Kitzbühel, dort jeweils mit Bus 4060 (Wörgl) bzw. 4006 (Kitzbühel) nach Ellmau
Ausgangspunkt: Ellmau, Hauptplatz im Zentrum
Wegverlauf: Ellmau – Kapelle Mariä Heimsuchung – Going – Kapelle Mariä Sieben Schmerzen – Ellmau
Anforderung: relativ einfacher Spaziergang auf gepflegten Wanderwegen
Einkehrmöglichkeit: in Ellmau und Going einige Möglichkeiten
Beste Jahreszeit: wegen Skibetrieb nur Frühjahr bis Herbst möglich

Das Panorama des Wilden Kaisers, der das schöne Hochtal von Norden her abschirmt, machen die beiden durch den Tiroler Jakobsweg verbundenen Dörfer zu einer fast logischen Filmkulisse. Wie gemalt stehen dazu auch die drei Kirchen, die wir bei unserer kleinen Wanderung aufsuchen, an herausragenden Plätzen. Zunächst orientieren wir uns in Richtung des Gotteshauses von Ellmau, das an einem kleinen Platz liegt, umgeben vom alten Friedhof, der ebenfalls unter Denkmalschutz steht.

Die barocke Pfarrkirche St. Michael von Ellmau

» Seit 1215 steht hier eine Kirche, die dem hl. Erzengel Michael geweiht ist. Vom gotischen Bau wurde jedoch nichts erhalten, als zwischen 1740 und 1746 Baumeister J. Singer den schlichten barocken Saalbau errichtete. Ungewöhnlicherweise ist er nach Süden ausgerichtet. Das Portal mit der Figur des Patrons darüber stammt ebenso aus dieser Bauzeit wie die schönen Stuckaturen und die Deckengemälde von J. G. Höttinger. Erst später wurden die Altäre und die Kanzel hinzugefügt, und besonders an den Seitenaltären zeigt sich schönstes Rokoko (1770). Der einheitliche Bau mit seiner beeindruckenden doppelten Empore bezaubert durch seinen lichten und freundlichen Charakter.

Wir können den linken Seitenausgang des Friedhofs benutzen, da wir gleich gegen-

Der Kapellenweg führt in Serpentinen bergauf zum Kirchlein Mariä Heimsuchung.

über unseren Weg beginnen. Vorbei an der Volksschule und dem dazugehörigen Sportplatz wandern wir noch eben dahin, bevor wir nach rechts abbiegen und dann dem Wegweiser „Kapellenweg" folgen. Ein Serpentinenweg führt uns nun etwa 50 Höhenmeter bergauf zum schon lange sichtbaren Kirchlein Mariä Heimsuchung, das sehr malerisch auf einem Hügel über dem Dorf liegt und daher dessen Wahrzeichen bildet.

» *Die Marienkapelle wurde 1719 erbaut, ist also älter als die heutige Pfarrkirche. Meist nur durch ein vergittertes Fenster sichtbar ist das schlichte Innere, besonders der Hauptaltar mit dem Bild der Heimsuchung Mariens (1831) und einer Kopie des Cranach-Gemäldes „Maria Hilf" kann so bewundert werden. Der ruhige und besinnliche Ort besticht aber auch durch seine herrliche Lage und den Panoramablick auf den Wilden Kaiser.*

Hinter der Kapelle führt ein schmaler Wiesenpfad weiter bergauf. Wir folgen ihm und treten bald auf eine Wiese. In ihr erreicht der Pfad eine Straße, die zum Naschberghof weiter bergauf geht. Hinter dem Anwesen geht es jedoch noch ein Stück weiter bergauf, allerdings nicht mehr so steil wie bisher. An der nächsten Wegkreuzung haben wir den höchsten Punkt der Wanderung erreicht. Durch

UNTERLAND ÖSTLICH DES ZILLERTALS

Von den Hängen des Astberges geht es hinunter nach Going.

Der Kirchplatz von Going – ein schönes Ensemble von Kirche und Brunnen

Wald oder am Waldrand geht es gleichmäßig auf einem etwas breiteren Weg, der im Winter als Rodelbahn genutzt wird, wieder bergab. Nach einem Sportplatz gelangen wir auf freies Feld, sehen unter uns die Goinger Astbergbahn und wandern zunächst auf sie zu. Bei den ersten Häusern halten wir uns aber nach rechts und gelangen auf den Ruhstattweg, der uns nun gemütlich, später unter dem Namen Lanzenweg in das Zentrum von Going bringt. An der Straßenkreuzung beim Lanzenhof halten wir uns rechts und stehen bald auf dem schön gestalteten Platz, der als Ensemble mit der Kirche, dem Brunnen und den alten Häusern vielen auch durch Film und Fernsehen bekannt sein dürfte.

» Ähnlich wie in Ellmau stand auch hier eine gotische Vorgängerkirche, die Ende des 14. Jahrhunderts erstmals erwähnt wurde. Eine

Barockisierung in den Jahren 1723/24 ging so fehlerhaft vonstatten, dass man das Ergebnis abreißen und einen kompletten Neubau beginnen musste. Erhalten blieben nur die Madonna des linken Seitenaltares aus der Gotik und das barocke Hochaltarbild von I. Faistenberger. Doch das schwungvolle Rokoko-Stuckwerk und die Altäre aus dem Spätbarock machen das 1777 schließlich geweihte Gotteshaus zu einem der schönsten der Region.

Im Juni leuchten hier die bekannten Herz-Jesu-Feuer an den Hängen des Kaisers.

Nun geht es wieder zurück nach Ellmau, allerdings im Tal. Dazu spazieren wir ein Stück zur Kreuzung zurück, folgen dann aber den Jakobsweg-Zeichen geradeaus und wandern dadurch auf der Marchstraße wieder leicht bergauf. Es geht an Häusern und später an der Astbergbahn vorbei, nach der wir wieder einen ungehinderten Blick auf die eindrucksvolle Kulisse des Wilden Kaisers genießen können. Eine kleine Kapelle am Wegrand lädt bald zur letzten geistlichen Einkehr ein.

» Der schlichte offene Satteldachbau mitten in den Alleebäumen ist eine alte Wegkapelle an der ursprünglichen Verbindungsstraße zwischen unseren beiden Orten. Hinter dem Gitter, das oft von Blumen geschmückt ist, findet sich ein Andachtsbild der schmerzhaften Muttergottes.

Bald erreichen wir nun Ellmau und kehren zu unserem Ausgangspunkt am Kirchplatz zurück.

Der schwungvolle Rokoko-Stuck prägt das Innere der Goinger Pfarrkirche.

UNTERLAND ÖSTLICH DES ZILLERTALS

37 Von Kössen nach Maria Klobenstein und auf den Streichen

Im Grenzgebiet zwischen Bayern und Tirol unterwegs

| 5 Std. | 15,7 km | ↑↓ 800 Hm |

Anfahrt mit dem Pkw: Inntalautobahn bis Ausfahrt Oberaudorf (D), B 172 nach Kössen, Parkplätze im Zentrum beim Tourismusverband
Anfahrt ÖPNV: Bahnverbindung von Innsbruck nach Kufstein, dann Bus 4030 nach Kössen
Ausgangspunkt: Kössen, Zentrum
Wegverlauf: Kössen – Entenlochklamm – Maria Klobenstein – Bärenparkplatz – Streichen – Kroatensteig – Taubensee – Mühlberg – Kössen
Anforderung: gepflegte, aber stellenweise steile Wege, daher gutes Schuhwerk unbedingt erforderlich, der Kroatensteig bei Nässe anspruchsvoll
Einkehrmöglichkeit: in Kössen viele Möglichkeiten, unterwegs Klobenstein (ab Ostern täglich durchgehend geöffnet), Bäckeralm, Streichen (Mo und Di Ruhetage, sonst durchgehend geöffnet) und Taubenseehütte (Mo Ruhetag, sonst durchgehend geöffnet)
Beste Jahreszeit: Frühjahr bis Herbst

Die tief eingeschnittene Entenlochklamm, die das bayrische Schleching mit dem Tiroler Kössen verbindet, und später der romantische Taubensee weit oben auf dem Höhenzug der Rauhen Nadel sind die beiden landschaftlichen Höhepunkte dieser Wanderung, die uns auch drei herausragende Kirchen bietet – eine davon, die kunsthistorisch bedeutende Streichenkapelle, auf bayerischem Grund und Boden. Von Parkplatz oder von der Bushaltestelle in Kössen gehen wir zum großen Kreisverkehr, der uns bei der Herfahrt bestimmt aufgefallen ist, zurück und wählen dort den Mühlbachweg, der uns parallel zur Landesstraße und bald auch unter dieser hindurch in Richtung Großache führt. Auf einer schönen überdachten Holzbrücke, der 2004 erbauten Staffenbrücke, die als eine der größten Straßenbrücken aus Holz in ganz Europa gilt, entdecken wir einen Bildstock mit der Figur des hl. Johannes Nepomuk. Wir überque-

Die Entenlochklamm mit ihren senkrecht stehenden Felsformationen

ren also die Großache und halten uns bei der ersten Verzweigung nach rechts. Nach einem Feld biegen wir auch wieder rechts ab, überqueren bald den Staffenbach und wandern dem Straßenverlauf folgend weiter, wobei wir eine Abzweigung nach rechts ignorieren. Nach zwei letzten Häusern steigt der Weg endlich an und verläuft im Wald weiter. Wir befinden uns auf dem historischen Schmugglerweg. Dieser bringt uns in sehr gemächlichem Auf und Ab immer weiter in das schmaler werdende Tal der Entenlochklamm.
Nach einem etwas steileren Anstieg stoßen wir auf die Abzweigung nach Maria Klobenstein. Nur der tiefe Taleinschnitt liegt nun noch zwischen uns und unserem ersten Zwischenziel. Der gute Weg führt in Serpentinen hinunter an die Großache, die mittels einer relativ neuen Hängebrücke überquert wird. Hier sollte man die senkrecht stehenden Felsforma-

tionen und vielleicht auch die Wassersportler, die die Schlucht im Schlauchboot oder Kajak durchqueren, gebührend würdigen. Zum Wallfahrtsort geht es einige Höhenmeter wieder bergauf. Wenn das Wirtshaus – die frühere Einsiedelei – geöffnet ist, durch den Gastgarten, sonst au-

Die Großache wird auf einer relativ neuen Hängebrücke überquert.

UNTERLAND ÖSTLICH DES ZILLERTALS

Blick auf Maria Klobenstein mitten im Wald – nur der tiefe Taleinschnitt liegt dazwischen!

Der Weg durch den beeindruckend geklobenen Stein führt zur Marienkapelle.

ßen herum auf der Forststraße gelangt man schnell zu den Kapellen, zunächst zur Lourdeskapelle mit wirklich gutem Wasser. Unübersehbar ist etwas weiter oben der geklobene (= gespaltene) Stein und dahinter die Wallfahrtskirche.

» *Die Legende, der Fels habe sich gespalten, als eine durch sein Herabfallen in Gefahr geratene Frau betete, oder auch die uralte Tradition des „Durchschliefens" und damit Abstreifens von Sünden und/oder Gebrechen sind wohl die Grundlagen der Wallfahrtsfrömmigkeit an diesem Ort. Der Weg durch den beeindruckenden Stein führte früher direkt in die Marienkapelle, die wir heute dadurch erreichen, dass wir den Bau um die Apsis herum umwandern. So betreten wir gleich zwei Kapellen: rechts die Loretokapelle, mit ihrem frühbarocken schwarz-goldenen Altar, der eine Kopie des Gnadenbildes von Loreto birgt. Den langen Gang entlang ein Stück weit dahinter liegt al-*

lerdings erst die eigentliche Wallfahrtskapelle. Das seit dem 17. Jahrhundert hier verehrte Gnadenbild war eigentlich eine gotische Anna-selbdritt-Statue aus dem 15. Jahrhundert – die Großmutter Jesu wurde aber kurzerhand entfernt! Der prunkvolle Hochaltar und drei barocke Votivbilder zeigen die Tradition dieses Ortes, der bis heute die bedeutendste Wallfahrt des Dekanats St. Johann in Tirol darstellt.

Nach der Besichtigung geht es hinter der Apsis der Kirche ein kleines Stück geradewegs hinauf auf die Straße, der wir dann – meist aber auf einem Fußweg – auch noch durch einen Tunnel und ca. 500 m in Richtung Schleching folgen müssen. Wir erreichen den Bärenparkplatz und orientieren uns vor dem nächsten Tunnel an den Wegweisern nach links. Unser breiter Fahrweg, der aber bald durch eine Schranke für Fahrzeuge versperrt ist, überquert den Tunnel und verläuft dann ruhig und kurvig über eine Almwiese. Ein kleines Waldstück passieren wir vor dem nächsten Wegweiser. Hier würde ein direkter Weg zur Streichenkirche existieren, der allerdings gelegentlich mit Stacheldraht verschlossen ist. Die etwas längere „Umleitung" weiter dem Feldweg nach führt nach einer schönen Passage, in der wir einen Wasserfall von oben sehen können, über die Bäckeralm und streift damit eine weitere Einkehrmöglichkeit. Direkt dort tauchen wir aber auf einem Pfad in den Wald ein, balancieren auf einem Steg noch einmal über die schon zuvor überquerte kleine Schlucht und biegen vor einem Bauernhaus nach rechts ab. An alten Bäumen entlang geht der Weg steil bergauf, wir halten uns weiter nach rechts und erreichen – am letzten Stück seilgesichert – bald das Streichenkirchlein.

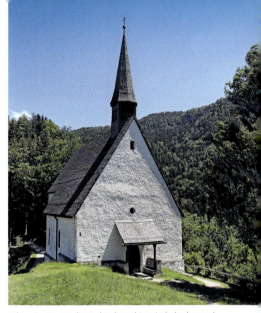

Schon in Bayern liegt das kunsthistorisch bedeutende Streichenkirchlein.

» *Vielleicht ist es ein uralter heidnischer Kultort, jedenfalls führen Spuren bis in früheste Zeiten zurück. Aus den Steinen einer Burg, die für das 12. Jahrhundert belegt ist, wurde die heute sichtbare Kirche errichtet. Geweiht ist sie dem hl. Servatius – ein sehr seltenes Patrozinium. In ebenfalls sehr seltener Weise vereint das Gotteshaus bis heute romanische und gotische Stilformen (13./14. Jahrhundert). Ihr Hauptschatz, die Secco-Malereien aus der Spätgotik, wurden erst im vergangenen Jahrhundert bei Reparaturarbeiten entdeckt und in der Folge freigelegt. Der riesige hl. Christophorus wie auch die anderen Heiligen im Langhaus sowie der Englische Gruß am Chorbogen sind als älteste ca. 1440 entstanden). Etwa 70 Jahre später kam der Freskenzyklus an der Ostseite des Chorbogens und im Chor hinzu. Dort sind die Fenster mit ihren ebenfalls um 1440 entstandenen Darstellungen der Madonna und des hl. Servatius zu beachten. Der wunderschöne Flügel-Hauptaltar mit Szenen aus dem Leben Jesu und mit Heiligenfiguren wurde von Künstlern*

UNTERLAND ÖSTLICH DES ZILLERTALS

Schönes Wegkreuz mit der herrlichen Aussicht auf den Kaiserwinkl

aus dem Salzburger Raum geschnitzt. Der wohl wertvollste Gegenstand, der kleine Kastenaltar aus der Zeit um 1410, mutet in seiner Schlichtheit fast modern an. Das mit Zinnen gekrönte Gehäuse beherbergt eine alte Standfigur des Kirchenpatrons (um 1400), besonders schön sind aber auch die mit Heiligendarstellungen kunstvoll bemalten Türen bzw. Flügel.

Zu unserem Ausgangspunkt kann uns nun der gleiche Weg zurückbringen; wer aber noch etwas anstrengungsbereit ist, hat vielleicht gegen weitere 400 Höhenmeter nichts einzuwenden, die uns über den zauberhaften Taubensee nach Kössen führen können. Dazu folgen wir, nachdem wir das hübsche Ensemble von Kirche und Wirtschaft hinter uns gelassen haben, an der ersten Kurve der Straße der Beschilderung „Abkürzung", die uns hinauf auf eine weitere Straße bringt. Diese verlassen wir allerdings gleich wieder, da uns links der Wegweiser zum Taubensee leitet. Geradeaus kämen wir übrigens auch wieder nach Klobenstein, in diesem Fall über den Samerweg. Vor uns liegen die schönen Wiesen der unbewirtschafteten Petereralm, die wir – wunderschön am Waldrand entlang – bald erreichen. Dahinter halten wir uns rechts. Es geht weiter im Wechselspiel von Almwiesen und lichten Wäldern, bis wir hinter einem potentiellen Abstecher zur bewirtschafteten Chiemhauser Alm, auf der wir uns für den nun steilsten Teil der Tour noch einmal stärken könnten, in den Wald hinein und bald zur Abzweigung nach rechts zum Kroatensteig wandern.

Der Name geht auf kroatische Soldaten zurück, die im Österreichischen Erbfolgekrieg (1740–1748) über diesen historischen Saumpfad gewandert sein sollen. Bei Nässe unangenehm rutschig, sonst aber zwar steil, aber an allen heiklen Stellen gut gesichert überwinden wir so recht schnell die knapp 200 Höhenmeter bis zum Kamm der Rauhen Nadel. Auch der Abstieg bis zur Wiese, auf der es nach links zum Taubensee geht, stellt sich als steil, aber gut machbar heraus. Nach ausgiebigem Bewundern des lieblichen Sees, der je zur Hälfte bayrisch und tirolerisch ist, und vielleicht einem Sprung ins kühle Nass gehen wir auf gleichem Weg zurück, aber dann geradeaus weiter zum Taubenseehaus, wo wir die herrliche Aussicht auf den Kaiserwinkl genießen können. Am schönen Wegkreuz vorbei wählen wir den schmalen Pfad, der rechts und zunächst eher flach auf die Almwiese hinausführt. Später allerdings sind es etliche Serpentinen, auf denen wir den steilen Hang bergab bewältigen, der unten wieder in einer sumpfigen Wiese ausläuft. Hier halten wir uns links und treffen an den Almgebäuden auf den Fahrweg der Taubenseehütte, dem wir nach rechts folgen. Es geht hinunter zu einem Bachlauf, den wir queren, und weiter geradeaus, wobei wir Abzweigungen, die uns nach links wieder bergauf leiten würden, naturgemäß ignorieren. So kommen wir zum Wanderparkplatz am Schafflerhof und halten uns an der Verzweigung links. Nach wenigen Metern auf der Fahrstraße biegen wir allerdings wieder rechts auf einen schönen Feldweg ab, der uns durch Wiesen und dann durch ein Waldstück hinunter zum Mosertalbach bringt. Diesen überqueren wir und befinden uns wieder auf der schmalen Fahrstraße, wo wir uns rechts halten. Immer dem Straßenverlauf nach geht es gemütlich hinunter nach Kössen. Am Talboden angekommen halten wir uns noch einmal rechts, vollziehen die Straßenkurve mit, wandern an einem wunderschön bemalten historischen Gasthaus vorbei und stehen danach vor der Pfarrkirche St. Peter und Paul.

» *Schon früh, im 8. Jahrhundert, dürfte hier eine Holzkirche gestanden haben, die um 800 durch einen steinernen Bau ersetzt wurde – durch diese frühe Nutzung als Kultort erklärt sich wohl auch die etwas asymmetrische Anlage der heutigen Kirche im Ortsbild. Ab etwa 1200 ist von einem romanischen Gotteshaus die Rede, das im 15. Jahrhundert vergrößert und durch Turm und Sakristei erweitert wurde. Im frühen 18. Jahrhundert entschloss man sich allerdings zu dem Neubau, den wir heute noch sehen – mit seinen wertvollen Fresken von B. Faistenberger, die ein Jahr vor der Weihe 1724 fertiggestellt worden waren.*

Wir haben nun nur noch wenige Schritte in südwestlicher Richtung zum uns schon vertrauten Kreisverkehr, von dem aus wir Parkplatz oder Bushaltestelle schnell erreichen.

An der Kössener Pfarrkirche St. Peter und Paul endet unsere Wanderung.

UNTERLAND ÖSTLICH DES ZILLERTALS

38 St. Johann in Tirol und seine (versteckten) Heiligtümer

Unterm Niederkaiser unterwegs zu den ältesten Tiroler Glasfenstern

3½ Std.	11,2 km	↑↓ 300 Hm

Anfahrt mit dem Pkw: Inntalautobahn bis Ausfahrt Wörgl, B 178 nach St. Johann in Tirol, Parkplätze im Zentrum (gebührenpflichtig)

Anfahrt ÖPNV: Bahnverbindung von Innsbruck oder Salzburg bzw. München über Wörgl nach St. Johann in Tirol, vom Bahnhof über Bahnhofstraße zum Hauptplatz

Ausgangspunkt: St. Johann in Tirol, Hauptplatz im Zentrum

Wegverlauf: St. Johann in Tirol – Einsiedelei Heilig Blut – Gmailkapelle/Lourdesgrotte – Steinerberg – St. Nikolaus/Weitau

Anforderung: im Talbereich einfache Wanderung auf Teer- und Forststraßen, schmale Bergwege zur Einsiedelei und später am Steinerberg, steiler Anstieg zu Gmailkapelle und Lourdesgrotte

Einkehrmöglichkeit: in St. Johann viele Möglichkeiten, unterwegs Abstecher zum Landcafé Hinterkaiser (Mo/Di Ruhetage, sonst durchgehend geöffnet) oder zum Gasthof Rummlerhof (Mo Ruhetag, sonst durchgehend warme Küche) möglich

Beste Jahreszeit: bis zur und dann wieder ab der Einsiedelei ganzjährig möglich, Gmailkapelle/Lourdesgrotte Frühjahr bis Herbst

---

Der bereits seit vorchristlicher Zeit besiedelte breite Talboden des Leukentales, in dem sich seitdem der schmucke Markt St. Johann in Tirol ausgebreitet hat, bietet heute neben seinem schönen Ortskern auch viel touristische Infrastruktur, gleich ob im Sommer oder zum Wintersport.

Wir beginnen unsere kleine Wanderung im Zentrum des Dorfes – geprägt von stattlichen Gasthöfen und gleich zwei Gotteshäusern. Die leicht zurückgesetzte Antoniuskapelle inmitten des Friedhofes ist an ihrer auffallenden grünen Kuppel gut zu erkennen. Hier wollen wir mit unserer Entdeckungsreise anfangen.

» *Der Zentralbau wurde im 17. Jahrhundert vom hiesigen Dekan als sein monumentales Grabmal im damals neuen Friedhof errichtet und dem hl. Antonius geweiht, der am schönen Barockaltar (1674) auch zu sehen ist. Neben weiteren ausdrucksstarken Heiligenfiguren und dem 1815 hinzugefügten Kruzifix verdient vor allem das Deckengemälde unsere Aufmerksamkeit, da wir unter dem allerersten Tiroler Panoramafresko stehen. Das 1803 geschaffene*

Meisterwerk J. Schöpfs, das zum Dank für die geringen Schäden beim Durchzug der Franzosen hier angebracht wurde, zeigt nicht nur die Szenerie des Abrückens der Soldaten, sondern auch in einer perfekten Rundumsicht die Umgebung zwischen Kaiser und Kitzbüheler Horn und stimmt uns gleich auf einige unserer weiteren Stationen ein: die Pfarrkirche, mitten im Niederkaiser die Gmailkapelle und weiter links darunter die Spitalskirche in der Weitau.

Am Museum vorbei geht es gleich weiter zur schräg gegenüber liegenden barocken Dekanatspfarrkirche, dem geistlichen Zentrum der Umgebung – und früher sogar dem Pastoralsitz des Bischofs von Chiemsee.

Die Antoniuskapelle von St. Johann mit ihrer auffallenden Kuppel inmitten des Friedhofes

» *Die charakteristischen zwei Türme kennzeichnen den schönen, 1732 fertiggestellten Bau, der auf hochwassersicherem Gelände errichtet wurde, nachdem eine romanische Kirche durch Überschwemmungen stark in Mitleidenschaft gezogen und außerdem zu klein geworden war. Aus dieser alten Pfarrkirche*

Die barocke Dekanatspfarrkirche in der Osterzeit – mit einem historischen „Ostergrab"

UNTERLAND ÖSTLICH DES ZILLERTALS

Die mit etlichen Bänken einladende Lichtung vor der Einsiedelei

stammen nur noch einige wenige Stücke – das wichtigste ist wohl die schöne Madonna (1450) am rechten Seitenaltar. Am Hochaltar sehen wir die von Engeln flankierte Himmelfahrt Mariens und verschiedene Heilige. Nicht nur Mariä Himmelfahrt, sondern daneben gleich beide hl. Johannes (Täufer und Evangelist) sowie die hl. Katharina sind die Patronate der festlichen frühbarocken Kirche, die von Baumeister A. Millauer erbaut und mit Deckenfresken von S. B. Faistenberger ausgeschmückt wurde.

Gegenüber fällt neben dem Denkmal für Dekan Wieshofer und einem Trinkwasserbrunnen der vor 1457 errichtete alte Dechanthof, ein durchaus repräsentatives Bauwerk, ins Auge. Wir spazieren an ihm vorbei und kurz durch die kleine Fußgängerzone nach Norden, biegen bald in den Neubauweg ab und steuern auf die Großache zu. Bis zur hölzernen Brücke wandern wir nach rechts auf dem Damm des Flusses entlang, überqueren ihn dann und folgen der Gasteigerstraße ortsauswärts. Wir unterqueren die Bundesstraße, lassen die Einkaufsmärkte links und rechts liegen und erreichen schließlich die letzten Häuser St. Johanns im Ortsteil Bärnstetten. Ab hier ist der Weg mit „Einsiedelei/Gmailkapelle" ausgezeichnet beschildert. Auf einem guten Fußweg geht es über einen Bach und danach – nur für kurze Zeit wieder auf einer Teerstraße – die ersten Höhenmeter bergauf, bis wir an einer markanten 90-Grad-Kurve eine Wegspur sehen, die direkt geradeaus den Waldrand am Fuß des Niederkaisers ansteuert. Diesen schmalen Pfad wählen wir und durchqueren auf ihm eine Kuhweide bis zu einer Forststraße, die wir überqueren. Am Waldrand gehen wir durch ein Gatter und dann nach rechts wieder auf die Straße. Hier begleitet uns ein 1995 aus Zirbenholz geschnitzter Kreuzweg von H. Pali, der uns bald von der Forststraße weg in nur mäßiger Steigung über eine Wiese führt, ab der Abzweigung zum Rummlerhof, der wir später folgen werden, aber durch den Wald bergauf. Unterhalb der Kirche mit ihrem angebauten Wohnhaus der Einsiedelei und den Stützmauern des malerischen Gartens vorbei erreichen wir eine Lichtung mit etlichen Bänken und genießen an diesem beschaulichen Ort nun schon das Panorama auf St. Johann vor dem Kitzbüheler Horn.

» *Durch einen hölzernen Laubengang können wir in die hübsche kleine Kapelle Maria Blut eintreten. Sie wurde erstmals 1696 erwähnt und ist mit einer Kopie des Gnadenbildes der Madonna von Ré (Piemont) ausgestattet. Auf dem Antependium des barocken Altars kann man die drei heiligen Eremiten Paulus, Antonius und Hieronymus sehen – wohl ein Hinweis darauf, dass die Kapelle von Beginn an von Einsiedlern (oder auch Einsiedlerinnen!) betreut wurde. Erst 1948 wurden die Deckenfresken durch R. und P. Thaler restauriert bzw. neu gestaltet, 1995 wurden die angeschlossenen zweigeschossigen Gebäude generalsaniert und sind bis heute als Einsiedelei bewohnt.*

Von der fast direkt über uns gelegenen Gmailkapelle sind wir nur noch knapp 200 Höhenmeter getrennt, die es nun zu überwinden gilt. Wir orientieren uns – am Freialtar vorbei – also bergwärts und überqueren einen Zaun. Sehr schnell gewinnt der steile und schmale Weg durch den Wald an Höhe. Wenn wir einen Grat erreichen, können sich schwindelfreie und trittsichere Wanderer auf den leider unbeschilderten, aber durch eine Trittspur nicht zu übersehenden Abzweiger nach rechts wagen. Er führt auf den felsigen und wenig Platz bietenden Gmailkopf mit seinem Kreuz und wunderbarem Panorama. Dann wieder dem Hauptweg folgend, gelangt man rasch zur Abzweigung zur Lourdesgrotte auf der schattigen und daher manchmal recht feuchten Ostseite des Niederkaisers. Nach wenigen Abwärtsmetern auf schmalem Pfad stehen wir an dem beschaulichen Kraftplatz.

» *Die in den letzten Jahren frisch hergerichtete und recht gut der Höhle im französischen Wallfahrtsort Lourdes nachempfundene Grotte rührt durch ihre Schlichtheit an. Sie wurde im Jahr 1956 nach einer erfolgreichen Heilung in Lourdes von einem St. Johanner Bürger errichtet, indem er zum Dank in der Felsnische eine Marienstatue aufstellte. Ob eine holländische Gedenktafel von 1959 ein weiteres Wunder erinnert, ist nicht belegt, doch der besondere Ort besitzt eine ungebrochene Anziehungskraft.*

Wir wandern die wenigen Meter wieder zurück auf unseren Gratweg und stehen dann schon fast vor dem nächsten Heiligtum, der Gmailkapelle, die sich eindrucksvoll an den Felsen schmiegt, der ihre Rückwand bildet.

» *Der ungewöhnliche Name „Gmail" kommt von einem nicht mehr vorhandenen, hier angebrachten „Gemälde" der Muttergottes. Heute ist noch eine Marienstatue aus dem Jahre 1958 (von H. Kaltenegger) in der kleinen Kapelle erhalten, die 1782 erbaut wurde. Auch hübsche Rokokostuckaturen und Heiligenmedaillons können wir bewundern – in der Mitte die Krönung Mariens. Von der ursprünglichen Ausstattung fehlen allerdings einige Teile. So wurde der ehemalige Rokokoaltarschrein mit einer Figur der Maria Immaculata aus den Anfängen des 18. Jahrhunderts inzwischen in die Kapelle des St. Johanner Seniorenheimes gebracht und genießt dort weiterhin große Verehrung.*

Die Gmailkapelle schmiegt sich eindrucksvoll an den Felsen, der ihre Rückwand bildet.

Auf den sonnigen Bänken neben der Kapelle und vor oder fast unter dem Felsen bietet sich eine ausgiebige Rast an – die Ebene von St. Johann liegt uns zu Füßen, der Blick geht über Kitzbühel zu den Bergen des Alpenhauptkamms. Danach wandern wir wieder auf dem gleichen Weg bergab zur Einsiedelei und weiter zur schon bekannten Wegkreuzung im Wald, wo wir uns in Richtung Rummlerhof orientieren. Unter den Felswänden des Niederkaisers geht es auf einem schönen Höhenweg, meist am Waldrand entlang, nach Westen, bis wir nach einer guten Viertelstunde einen Parkplatz erreichen, den v. a. die Aspiranten des Maiklsteiges nutzen. Wir kommen am unteren Ende des Parkplatzes auf den geteerten Hinterkaiserweg, auf dem wir einen Abstecher zu den beiden nicht ganz am Weg liegenden Einkehrmöglichkeiten machen könnten: Zum bereits sichtbaren stattlichen Rummlerhof ginge es auf der Straße ein wenig bergauf, zum Landcafé Hinterkaiser ein Stück weiter talwärts, als wir es ohnehin müssen. Denn wir verlassen die Teerstraße nach wenigen Abwärtsmetern wieder und folgen auf einem Forstweg der Beschilderung Rettenbach/Steinerberg. Es geht nun wieder leicht bergauf bis zum bewaldeten Steinerberg mit seinem Wasserreservoir. Unmittelbar hier zweigt links ein schmaler und stellenweise feuchter Steig von der Forststraße ab. Durch den Wald gelangen wir bergab auf eine unbefestigte Straße, die uns wieder in die sonnige Ebene von St. Johann bringt. Dort halten wir uns an einer Viererkreuzung rechts und gelangen über den Steinerbergweg auf die Velbenstraße. Von ihr biegen wir bald wieder rechts in den „Pflanzgarten" ab, an dessen Ende wir den letzten kulturellen Höhepunkt der heutigen Wanderung, das alte St. Nikolaus in der Weitau, schon sehen können. Durch eine Unterführung kommen wir bequem auf die andere Seite der Innsbrucker Straße, gehen durch das Schulareal und stehen dahinter am schön gestalteten Vorplatz.

» Bereits 1262 stifteten die Herren von Velben, dem Geschlecht der auf einem nahen Hügel gelegenen Velbenburg, hier an der alten Handelsstraße ins Inntal ein Hospiz und eine Kirche, die dem hl. Nikolaus geweiht wurde. Die im Kern also gotische Spitalskirche wurde im 18. Jahrhundert stark verändert und erhielt ihr heutiges Aussehen – den schindelgedeckten Dachreiter mit Zwiebelhaube, die Rundbogenfenster und die großartige spätbarocke Innenausstattung. 1744 wurden die Gewölbefresken ebenfalls – wie in der Dekanatspfarrkirche – von S. B. Faistenberger gemalt; sie zeigen im Altarraum den hl. Nikolaus und im Langhaus die 14 Nothelfer und den hl. Johannes Nepomuk. Die drei Marmoraltäre und die Kanzel von 1770 sind eindrucksvolle Kunstwerke des Rokoko. Von überregionaler Bedeutung sind aber die zwei Turmglocken, von denen die kleinere aus dem

Die alte Kirche St. Nikolaus in der Weitau vor dem Kitzbüheler Horn

Das älteste bemalte Tiroler Glasfenster hinter dem Hochaltar von St. Nikolaus

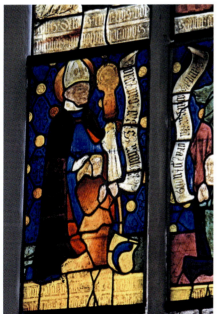

Jahr 1262 stammt und somit die älteste Glocke Tirols ist! Das größte Kunstwerk der Kirche ist jedoch dennoch das spätgotische Glasfenster, für das sich ein Blick hinter den Hochaltar lohnt. Es wird auf die Zeit um 1480 datiert und ist somit das älteste bemalte Glasfenster in ganz Tirol. Seine paarweise angeordneten zehn Felder zeigen von oben nach unten die hll. Afra und Magdalena, Barbara und Dorothea, Papst Sixtus zusammen mit Bischof Ulrich und Sebastian, Andreas und Anna selbdritt, Nikolaus und Margareta. Weitere bedeutende Kunstschätze wie ein Gedenkstein mit einem beeindruckenden hl. Andreas neben dem rechten Seitenaltar, der Erasmus Grasser zugeschrieben wird, verdienen ebenfalls Beachtung.

Nun wandern wir einfach und unspektakulär die Innsbrucker Straße wieder ins Zentrum von St. Johann hinein.

39 Von Waidring zu den Kirchen am Pillersee

Auf dem Tiroler Jakobsweg unterwegs

| 5 Std. | 17,2 km | ↑↓ 300 Hm |

Anfahrt mit dem Pkw: Inntalautobahn bis Ausfahrt Wörgl Ost, B 171 und 178 nach St. Johann in Tirol und weiter nach Waidring, von Salzburg bis zur Ausfahrt Salzburg West, B 178 nach Lofer und weiter nach Waidring, Parkplätze im Zentrum

Anfahrt ÖPNV: Bahnverbindung von Innsbruck oder Salzburg bzw. München über Wörgl nach St. Johann in Tirol, dort Bus 4012 nach Waidring

Ausgangspunkt: Waidring, Zentrum

Wegverlauf: Waidring – Oberweißbach – Rechensau-Kapelle – St. Adolari – St. Ulrich am Pillersee – Pillersee – Öfenschlucht – Waidring

Anforderung: meist einfache Wanderung auf Teer- und Forststraßen, schmale Bergwege nach Oberweißbach und zwischen St. Adolari und St. Ulrich (Kreuzweg)

Einkehrmöglichkeit: in Waidring und St. Ulrich einige Möglichkeiten, unterwegs Alpengasthof Oberweißbach (10–22 Uhr, durchgehend warme Küche) oder Gasthof St. Adolari (Di Ruhetag, im Mai und Oktober auch am Mittwoch, sonst 11–21 Uhr geöffnet, warme Küche 11:30–15 Uhr und 18–21 Uhr), in den Sommermonaten Kiosk am Pillersee

Beste Jahreszeit: ganzjährig möglich, am schönsten Frühjahr bis Herbst

Das kleine Kirchlein mit dem besonderen Patrozinium des hl. Adalar, das auch räumlich in etwa das Herzstück unserer Wanderung bildet, ist jedes Jahr am 8. Mai das Ziel eines gemeinsamen Bittganges aller vier Pillerseegemeinden. Aber auch

Die Pfarrkirche von Waidring, St. Vitus und Nikolaus, mit ihrem zierlichen Zwiebelturm

sonst lohnt sich der Aufstieg in das liebliche Hochtal mit seinem sagenumwobenen See.
Sofort entdecken wir im Ortszentrum von Waidring die stattliche Kirche mit ihrem zierlichen Zwiebelturm, unser erstes Ziel.

» *Die Pfarrkirche, die den hll. Vitus und Nikolaus geweiht ist, stammt zwar erst aus dem 18. Jahrhundert, doch Grabungen ergaben, dass bereits ein Jahrtausend davor Bestattungen belegbar sind. Auch wurde ein Kirchenfundament aus der Zeit um 1200 gefunden. Ab 1381 ist urkundlich erwiesen, dass Gottesdienste gefeiert wurden, ab 1485 wohnte ein eigener Priester hier. Da die Vorgängerkirche Mitte des 18. Jahrhunderts zu klein und baufällig wurde, beauftragte man den Kitzbüheler Baumeister K. Singer mit dem Neubau, den – nach dessen Tod – A. Hueber fertig stellte. Am 15. 8. 1764 erfolgte die Weihe. Die Gemälde im Rokoko-Stil der Erbauungszeit waren zeitweise übermalt, sind aber nun wieder restauriert und geben der wunderbar einheitlichen Kirche ein festliches Gepränge – wie auch der verspielte Baldachin-Hochaltar und die kostbare „Türkenmadonna" gegenüber der Kanzel. Die Deckenfresken zeigen die beiden Kirchenpatrone.*

Wir begeben uns vom erhöhten Kirchenhügel auf das Niveau der Landesstraße, deren Gehsteig wir lange Zeit nutzen können. Erst am Ortsende müssen wir neben der Straße herlaufen, zum Glück aber nur bis zum Wanderparkplatz Oberweißbach. Hier wählen wir den Weg in die Weißbachschlucht. Der Forststraße immer folgend, gewinnen wir langsam an Höhe, begleiten den Bach abwechselnd auf beiden Seiten, oft in der Sonne, je weiter oben aber desto schattiger. Nach einer guten halben Stunde Gehzeit zweigt ein direkter Aufstieg zum Gasthaus Oberweiß-

bach ab. Der schmale Pfad gewinnt schnell an Höhe und erreicht in 15 Minuten das beliebte Ausflugsziel. Unser nächstes Ziel, die Rechensau-Kapelle, ist aber nur noch wenige Minuten und Höhenmeter entfernt. Neue Bänke an der Kapelle und schon ältere am Waldrand

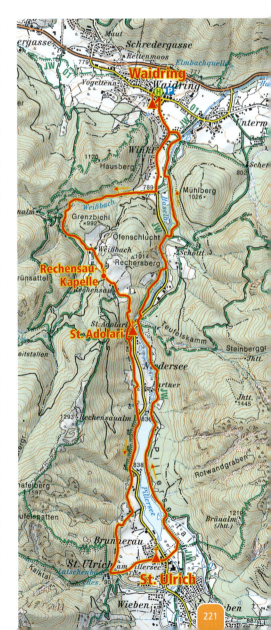

UNTERLAND ÖSTLICH DES ZILLERTALS

Im Pillerseetal vor den Loferer Steinbergen angekommen!

laden zur Rast ein, auf jeden Fall aber sollte man einen ausführlichen Blick in die außen und innen reichlich bemalte und ausgeschmückte Kapelle werfen, die erst 2013 wieder restauriert wurde und für Maiandachten u. Ä. gern genutzt wird.

» *Der von einem Holzgitter geschützte, vollständig und z. T. sogar perspektivisch bemalte Innenraum bildet eine Nische für die barocke Ecce-homo-Statue. An der Wand rechts begegnet uns die gleiche Szenerie aus der Passion als Fresko, links eine Ölbergszene. An der Außenwand ist links unter der nicht nur des Dialektes wegen sehr ungewöhnlichen Überschrift der Abschied Jesu von Maria gemalt, oben mitten im Schriftband sieht man das auf das Schweißtuch der Veronika geprägte Bildnis des dornengekrönten Jesus und die Jahreszahl 1837. Insgesamt ist diese kleine Kapelle ein sehr schönes und beredtes Beispiel für die naive Volkskunst des 19. Jahrhunderts – und seit der jüngsten Renovierung auch in einem sehr ansprechenden Zustand.*

Unsere Route bringt uns nun allerdings zu einem noch bedeutenderen Kunstwerk – nämlich nach St. Adolari. Die für ein kurzes Stück bis zu den Rechensauhöfen asphaltierte Straße führt dann als Feldweg teilweise steil hinunter. Kurz vor dem Erreichen des Pillerseetales zweigt ein Pfad zum beliebten Klettergarten St. Adolari ab, wo auch ein kleiner, aber feiner Übungsklettersteig (Schwierigkeitsgrad B/C) zu finden ist – mit der entsprechenden Ausrüstung für etwas Fortgeschrittene zu empfehlen (Seilbrücke, Tyrolienne)! An dieser Stelle geht auch auf der anderen Seite ein schmaler Steig direkt zur Kirche und dem Biergarten hinunter, der jedoch besonders bei Nässe nicht empfehlenswert ist. Wir bleiben also auf dem Forstweg und treten bald aus dem Waldschatten hinaus. Der Blick fängt hier gleich das ganze Pillerseetal ein, unten mit dem blaugrün schimmernden See überragt vom modernen Jakobskreuz (Tour 40) auf

St. Adolari, die alte kleine Wallfahrtskirche mit dem spitzen Turm

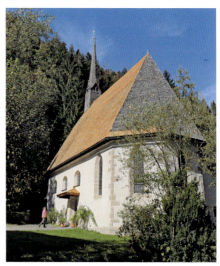

Gotischer Marienzyklus im Netzgewölbe von St. Adolari, der größte in ganz Nordtirol!

der Buchensteinwand. Nach dem Umrunden des Gasthauses, in dem man gut einkehren kann, steht man auf dem mit einem modernen Brunnen (1999, von Hans Peter Rainer) geschmückten Vorplatz der alten und bedeutenden Wallfahrtskirche.

» *Das ungewöhnliche Patrozinium Adolari (St. Adalar oder Ethelheri war ein Gefährte des Bonifatius, der 754 den Märtyrertod starb – zu sehen ist er in den nördlichen Spitzbogenfeldern, die um 1689 entstanden) und seine Lage am Jakobsweg machen das kleine Kirchlein bis heute zu einer besonderen religiösen Stätte, in die man auf jeden Fall einen Blick werfen sollte. Seit 1995, als Bodengrabungen stattfanden, weiß man, dass die gotische Kirche nicht die erste an diesem Standort war. Ein Vorgängerbau etwa aus dem Jahr 1200 mit den Maßen von 11 x 6 m wurde aufgefunden. Das jetzige Gotteshaus wurde am 12. 10. 1404 vom Chiemseer Bischof Engelmar Chrel geweiht, 1684 wurde die Sakristei angebaut und ein gemauertes Tonnengewölbe eingezogen – außer im Chor. Dort prangt das kunstgeschichtliche Schmankerl der Kirche: Ihr gotischer Marienzyklus im Netzrippengewölbe, der bei Restaurierungsarbeiten im Jahr 1957 entdeckt wurde, ist der größte in ganz Nordtirol. Die 1976 an der Seitenwand freigelegten spätgotischen Fresken stellen die Grablegung und Auferstehung Christi dar.*

Den eben erwähnten Jakobsweg wählen wir gleich vom Vorplatz in Richtung St. Ulrich. Ein schmaler Pfad führt uns in leichtem Auf und Ab durch kleine Waldstücke und über Wiesen, bald schon glitzert unter uns der Pillersee. Die gute Beschilderung des Kreuzweges, den wir allerdings „falsch herum" gehen, macht den Weg bis fast nach St. Ulrich einfach. An einem Kieswerk steigen wir nicht zur Straße hinunter, sondern folgen der Wegweisung „Panoramaweg". Diese verläuft am Betriebsgelände entlang nach oben, und fast bekommt man den Eindruck, als würden wir St. Ulrich auf einem Höhenweg nur umrunden. Eine geteerte Straße, die wir nach einer Wiesenquerung erreichen, geht nach oben zur weltältesten Latschenbrennerei, zu der wir einen Abstecher unternehmen können. Unser Pfad zweigt neben einem Stacheldrahtzaun von der asphaltierten Straße ab. Bei einer privaten Gedächtniskapelle mündet der schmale Weg auf den Kirchweg, der uns direkt auf die hübsche Kirche mit ihrem charakteristischen Zwiebelturm zu führt.

» *Eine Vorgängerkirche, deren Patrozinium dem Ort seinen Namen gab, existierte wohl schon um 1000, urkundlich erwähnt ist die Mutterpfarre des Tales 1151, und am Turm finden sich auch noch Reste der romanischen Kirche. Der heutige Bau wurde 1506 geweiht und enthält an der südlichen Wand einige beachtenswerte gotische Figuren. Die beiden Heiligen Adolar und Thomas von Canterbury an der gegenüberliegenden Seite stammen aus der uns schon bekannten Filialkirche und sind sogar etwas älter als der Kirchenbau. Der prachtvolle Gesamteindruck im lebhaft barocken Inneren entsteht allerdings durch die leuchtenden Deckenfresken S. B. Faistenbergers – über der Orgel der hl. Benedikt, über dem Langhaus Maria mit Heiligen, und über dem Chor die Verherrlichung des hl. Ulrich.*

Nun geht es wieder zurück – wer nicht mehr laufen mag, kann auch den Pillerseebus nehmen, verpasst aber vor allem schöne Natur. Zunächst überqueren wir die Landesstraße und wandern einen Forstweg in Richtung der Loferer Steinberge. Schnell sind wir im Grünen und

Rückblick über den Pillersee nach St. Ulrich

Glasklares Wasser bei der Seebühne des Pillersees

erreichen den Sportplatz und ein modernes Kunstwerk „Scherbenmeer". Hier biegen wir links ab und folgen dem klaren Bächlein bis zum See, an dessen Ufer wir bald – nach einer Brücke über den Lasbach – entlanglaufen. Im Sommer winkt eine Erfrischung im immer kühlen Nass – der Kiosk, an dem man auch die Liegeplatzgebühr von 1 € entrichten kann (sonst kostet es bei einer Kontrolle doppelt so viel!) liegt direkt am Weg bei der Bühne des Pillersees. Sein Name hängt übrigens mit der Bezeichnung „pillen" für das dem Brüllen oder Grollen ähnliche Geräusch zusammen, das bei manchen Alpenseen drohende Unwetter ankündigt. Am Ende des Sees sehen wir schon das vertraute steile Dach von St. Adolari und stehen bald an einem Parkplatz, von dem aus sich für Interessierte ein Abstecher zum liebevoll gestalteten und sehr anschaulichen Bienenlehrpfad (zusätzliche Zeit ca. 30 Minuten) lohnt. Ab hier leitet uns der Jakobsweg zur doch eher stark befahrenen Straße, überquert diese aber bald, um mittels einer Brücke über den Grieselbach zu führen. Gemächlich wandern wir links des Baches bergab in die Öfenschlucht, die immer enger wird. Daher müssen wir den Bach erneut überqueren und durch die schmale Schlucht mit ihren bizarren Felstürmen den Gehsteig der Straße benutzen. Nach einem knappen halben Kilometer ist die Engstelle passiert, wir gehen nach rechts über eine Brücke, hinter der wir unmittelbar aber wieder nach links abbiegen. Dieser Weg führt uns noch ein kleines Stück bergauf, weg vom Bach, und nähert sich diesem dann aber wieder. Bei den Tennisplätzen von Waidring am anderen Ufer wandern wir weiter am Bach entlang, bis wir bei der nächsten Brücke auf den Achenweg kommen, dem wir nach links folgen. Nun sehen wir schon den Kirchturm und erreichen bald das Ortszentrum von Waidring.

40 Von St. Jakob aufs Jakobskreuz und hinunter nach Fieberbrunn

Zum neuen Wallfahrtsziel auf der Buchensteinwand

| 3 Std. | 10,4 km | ↑↓ 570 Hm |

Anfahrt mit dem Pkw: Inntalautobahn bis Ausfahrt Wörgl, B 178 nach St. Johann in Tirol, B 164 nach Fieberbrunn und L 2 nach St. Jakob, Parkplätze im Zentrum, Rückkehr mit dem Pillerseetalbus 8302 dorthin

Anfahrt ÖPNV: Bahnverbindung von Innsbruck oder Salzburg nach Fieberbrunn, vom Bahnhof zu Fuß in den Ort (Haltestelle Aubad oder Rosenegg), dann Pillerseetalbus 8302 nach St. Jakob in Haus; zurück aus dem Zentrum von Fieberbrunn ebenfalls mit dem Bus zum Bahnhof Fieberbrunn

Ausgangspunkt: St. Jakob in Haus, Hauptplatz im Zentrum

Wegverlauf: St. Jakob in Haus – Kühle Klause – Buchensteinwand – Tennalm – Pertrach – Fieberbrunn

Anforderung: Bergwanderung auf teilweise schmalen Pfaden, aber unschwer

Einkehrmöglichkeit: in St. Jakob und Fieberbrunn viele Möglichkeiten, unterwegs „Das Weitblick" Restaurant Buchensteinwand (täglich durchgehend geöffnet) oder Jausenstation Tennalm (Mo Ruhetag, sonst durchgehend warme Küche)

Beste Jahreszeit: Frühjahr bis Herbst

Es gab in der Region durchaus Widerspruch und Ablehnung, als im Jahr 2014 das überdimensionale und dadurch begehbare Kreuz auf der Buchensteinwand errichtet wurde. Inzwischen hat es sich nicht nur als Anziehungspunkt für Touristen etabliert, sondern auch als spiritueller Kraftplatz mit religiösen Veranstaltungen und als Pilgerziel.

Beginnen wollen wir unsere Wanderung dorthin am traditionellen Jakobskirchlein im schönen St. Jakob in Haus.

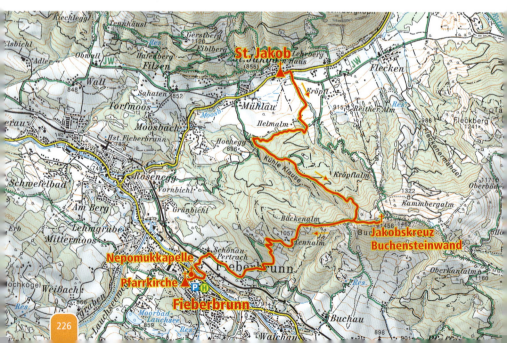

Rückblick auf das schöne St. Jakob in Haus, unseren Ausgangspunkt

» Der 40 m hohe Spitzturm zeigt mit seinen romanischen Resten am deutlichsten, dass wir hier an einer alten Raststation für Jakobspilger weilen. Nach der ersten Erwähnung 1308 wurde die Kirche mehrfach umgestaltet – Portal und Stichkappen im Chorraum lassen noch die Gotik ahnen, das Langhaus, das nach einem Lawinenunglück 1689 neu errichtet wurde, strahlt in schönem Barock. Man sagt, dass an gleich 20 Stellen der Kirchenpatron St. Jakobus, gut zu erkennen an Pilgermuschel und/oder -hut, verewigt sein soll – entdecken Sie alle?

Nun machen wir uns auf den Weg, ein kurzes Stück auf der Hauptstraße nach links entlang, bis wir in den Sportplatzweg einbiegen. An dem Fußballfeld vorbei wandern wir sonnig und gemächlich am Anzentalbach bergan, halten uns an einer Verzweigung vom Bach weg nach rechts und bald, vor einem Waldstück, nach links. Wir gelangen bald auf einen Fahrweg, dem wir nach rechts folgen und auf

dem wir ziemlich eben dahinwandern. Wir missachten die nach einem Bachtal abbiegende Fahrstraße, die wir später auch noch ein paarmal berühren werden, und orientieren uns in Richtung der „Kühlen Klause". Wenn der Weg leicht abwärts führt, biegen wir nach rechts auf einen Bergpfad ab, auf dem es nun endlich stei-

Wegweiser am letzten Anstieg zur Buchensteinwand – später geht es hier anders bergab!

UNTERLAND ÖSTLICH DES ZILLERTALS

227

ler bergauf geht. Schattig und in gleichmäßiger Steigung wandern wir durch den schönen Wald oberhalb der Kühlen Klause, kommen ein kurzes Stück wieder auf die Fahrstraße und steigen aber bald wieder geradeaus weiter bergan, während die Straße zu einer Serpentine ansetzt. Nach dieser treffen wir sie noch einmal für nicht einmal 100 m.

Auf unserem Pfad behalten wir unsere Gehrichtung dabei die ganze Zeit bei, rechts geht es tief hinunter zum Rettenbach. Bevor wir auf die sonnige Skipiste der Panoramabahn treten, flacht der Steig ein wenig ab. Nun haben wir den sonnigeren letzten Anstieg zum bereits sichtbaren Gipfelkreuz der Buchensteinwand vor uns – und auch das riesige Jakobskreuz ragt schon vor uns in den Himmel. Die letzten etwas mehr als 100 Höhenmeter sind also schon von Vorfreude geprägt. Bereits vom Gipfelkreuz können wir die Aussicht auf die Berge im Süden, bis hin zum Alpenhauptkamm, genießen, von den Aussichtsplattformen des Jakobskreuzes bietet sich ein noch umfassenderes Panorama.

» *Der fast 30 m hohe, gegen ein Entgelt begehbare Turm in doppelter Kreuzform, dessen Errichtung ziemlich umstritten war, steht seit 2014 auf dem Gipfelplateau der Buchensteinwand und dient nicht nur als Ausflugsziel mit fantastischer Aussicht, sondern auch als spiritueller Ort. Ebenfalls wird er für innovative Seminare oder Zukunftsgespräche, besondere Ausstellungen oder Vorträge genutzt.*

Auf dem Gipfelkamm der Buchensteinwand lässt sich jetzt noch ein schöner Alpenlehrpfad mit weiteren schönen Panoramablicken und -tafeln erkunden. Ebenso faszinieren wohl auch die Tiefblicke auf die andere, felsige Seite unseres Berges. Dort entdecken wir bereits unser Ziel, das Dorf Fieberbrunn. Der Weg, der uns am besten in das Ortszentrum mit seinen bei-

Das fast 30 m hohe Jakobskreuz steht seit 2014 auf dem Gipfelplateau.

Vor dem Panorama von Karstein und Kitzbüheler Horn geht es bergab nach Fieberbrunn.

den bemerkenswert schönen Kirchen führt, ist zunächst wieder unser Aufstiegsweg. Wir folgen ihm, der Skipiste entlang, also wieder hinab, wandern aber an der Stelle, wo wir zuvor aus dem Waldschatten getreten waren, nun geradeaus weiter. Wir lassen auch bald den Skilift hinter uns und gelangen schnell in immer flacheres Almgelände und schließlich zu einem Waldstück. Links zweigt hier ein direkter und steiler Waldpfad nach Fieberbrunn ab, wir wählen aber den Weg, der geradeaus am Waldrand entlang in nur noch mäßiger Steigung bergab geht. Nach einer Drehung nach links sehen wir auf einer Lichtung bald die Jausenstation Tennalm vor uns liegen. Zu dieser führt eine Autostraße, an die wir uns halten. Allerdings können wir nach der zweiten Serpentine ein gutes Stück auf einem Waldweg gehen und dadurch ein wenig abkürzen. Doch schließlich wandern wir auf der kaum befahrenen Straße sonnig und immer flacher auslaufend in den Weiler Pertrach. Dort biegen wir nach rechts ab und gelangen an Feldern vorbei zum Weiler Schönau, wo wir uns links halten, die Bahngleise überqueren und mittels einer Serpentine den letzten Abhang überwinden, der uns vom Ort Fieberbrunn trennt. Auf einer Brücke überqueren wir die Fieberbrunner Ache und stehen bald an der Bundesstraße 164. Wir queren sie vorsichtig (Zebrastreifen) und biegen etwas versetzt nach rechts in die Dorfstraße ein. Hier finden wir bald die erste der beiden sehenswerten Fieberbrunner Kirchen, die Ortskapelle St. Johannes Nepomuk.

» *Fieberbrunn hatte seit jeher immer wieder unter Überschwemmungen zu leiden. Daher erbaute man 1760 eine Kapelle zu Ehren von Johannes Nepomuk, der bei Gefahren in Zusammenhang mit Wasser Hilfe versprach. Der berühmte Mat-*

Die Ortskapelle St. Johannes Nepomuk in Fieberbrunn

thäus Günther bekam den Auftrag und schuf ein Kleinod seiner Kunst: In den beiden Deckenfresken des Langhauses sehen wir den Schutzpatron, ebenso auf dem Hochaltarbild. Heute dient die hübsche, nicht überladene, aber geschmackvolle Kapelle als Kriegerdenkmal.

Inneres der Fieberbrunner Pfarrkirche St. Primus und Felizian

Ein paar Schritte weiter öffnet sich die Dorfstraße zu einem Platz, von dem aus ein Treppenweg hinauf zur Pfarrkirche führt. Er kommt an der Stelle vorbei, die dem Dorf seinen Namen gab.

» Der vermutlich seit der Römerzeit als Bergbaustätte bekannte Ort ist bis ins Mittelalter ohne weitere Bedeutung. Dies änderte sich, als im 14. Jahrhundert Landesfürstin Margarete Maultasch, die unter Fieber litt, an diesem Brunnen trank und daraufhin geheilt wurde. Der Name der nach diesem Ereignis „Fieberbrunnen" genannten Quelle ging später auf den ganzen Ort über. Eine moderne Skulptur macht heute darauf aufmerksam.

Nun sind es nur noch ein paar Schritte zur weithin sichtbaren Pfarrkirche, die den hll. Primus und Felizian geweiht ist.

» Mönche aus dem Kloster Rott am Inn errichteten bereits im 13. Jahrhundert auf dem Kirchhügel eine Kapelle, die schließlich vergrößert wurde und am 17. 6. 1446 ihre Weihe empfing. Bis zur Säkularisation blieb die Verbindung nach Rott erhalten, danach wirkten hier Weltpriester, die immer wieder größere Umbauten vornahmen. Zuletzt wurde in den Jahren 1977 bis 1984 die jetzt sichtbare Rebarockisierung vorgenommen. So können wir einen schönen barocken Hochaltar mit der Auferstehung Christi (1700) und an den Seitenaltären Gemälde von S. B. Faistenberger bewundern, welche die Marienkrönung (links) und die Schlüsselübergabe an Petrus (rechts) darstellen. Die modernen Deckenfresken entstanden in der Zeit der Renovierung.

Wir wandern nun nur noch zurück zur Bundesstraße, von wo uns der Bus problemlos an den Ausgangspunkt St. Jakob in Haus oder auch zum Bahnhof zurückbringt.

Heiligtümer auf dem Fieberbrunner Höhenweg

Zu den Kapellen am Wildsee und unterm Gebra

41

| 7½ Std. | 23,1 km | ↑ 530 Hm | ↓ 1400 Hm |

Anfahrt mit dem Pkw: Inntalautobahn bis Ausfahrt Wörgl, B 178 nach St. Johann in Tirol, dort B 164 nach Fieberbrunn, Parkplätze an der Talstation Lärchfilzkogelbahn

Anfahrt ÖPNV: Bahnverbindung von Innsbruck oder Salzburg nach Fieberbrunn, vom Bahnhof oder Rosenegg (unterhalb des Bahnhofs) Busverbindung zur Talstation Lärchfilzkogelbahn (Regiobus 8302)

Ausgangspunkt: Fieberbrunn, Talstation Lärchfilzkogelbahn

Wegverlauf: Bergstation Lärchfilzkogelbahn – Wildalm – Wildseekapelle – Seenieder – Jufenhöhe – Niederer Mahdstein – Gebrakapelle – Herrgottbrücke – Pletzergraben – Fieberbrunn – Talstation Lärchfilzkogelbahn

Anforderung: schöne, aber trotz Anstiegshilfe sehr lange Wanderung auf gutem, stellenweise felsigem Weg, schmale, teilweise anspruchsvolle Bergpfade, Trittsicherheit nötig, Schwindelfreiheit angenehm

Einkehrmöglichkeiten: Almausschank Wildalm (Anfang Juni bis Oktober, 10–17 Uhr); Wildseeloderhaus (Ende Mai bis Oktober, durchgehend geöffnet), Almausschank Pletzer (Mitte Mai bis Oktober, 9–18 Uhr)

Beste Jahreszeit: Ende Mai bis Oktober, Öffnungszeiten der Bergbahn beachten! (Ende Mai – Mitte Oktober, bei Regen ist nur die 1. Sektion (bis Streuböden) in Betrieb, 08:30–17:30 Uhr)

Die längste und anspruchsvollste Tour dieses Buches führt auf aussichtsreichen Wegen und durch wunderbare alpine Natur zu zwei traditionsreichen Kapellen.

Imposant ist der Anblick des Wildseeloderhauses bereits, wenn man die Bergstation der Lärchfilzkogelbahn verlässt; der kleinen Kapelle daneben wird man erst

Vor der Kulisse des Wildseeloders geht es erst einmal bergab zur Wildalm.

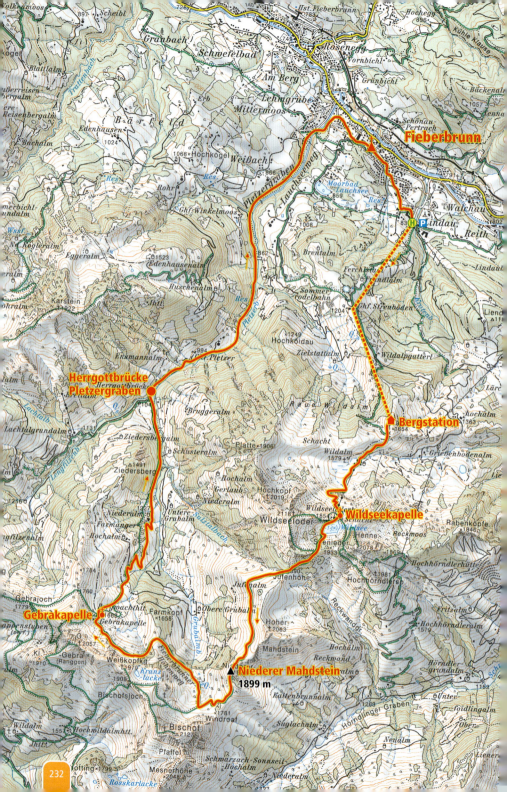

Die traumhaft vor den Loferer Steinbergen gelegene unverputzte Wildseekapelle

gewahr, wenn man sich auf den ab der Wildalm steil aufragenden Aufschwung begibt – dann ragt auch sie irgendwann in den Himmel. Und die alte Knappenwallfahrt zum hl. Daniel in der Gebrakapelle ist schließlich noch die Draufgabe eines erfüllenden Wandertages.

In zwei Sektionen erreicht man bequem mit der Bergbahn die Bergstation Lärchfilzkogel, bevor man sich auf den gut ausgeschilderten Pfad (Nr. 711) zum Wildseeloderhaus macht. Es geht erst einmal bergab bis zur Abzweigung, die in Richtung Wildalpgatterl weiter talwärts führen würde, dann wieder ganz kurz bergauf und schließlich wieder hinab bis zur Wildalm. Dort im Talgrund überqueren wir auf einem Brett den Bachlauf und kurz darauf die Forststraße. Ab hier steigt der gut gepflegte und viel begangene Weg stetig bergan, zunächst noch eher gemütlich durch den in der Alpenrosenzeit beinahe rot- und rosafarbenen Almbereich, dann aber mit einer Querung des Hanges und etlichen Serpentinen doch steiler und auch teilweise durch felsiges Gelände. Man unterquert dabei zweimal die Materialseilbahn des Wildseeloderhauses und passiert – bereits oberhalb der Baumgrenze – die Abzweigung zum Marokka-Klettersteig. Wir gelangen auf unserem Pfad nach wenigen weiteren Minuten zum Sattel, auf dem Kapelle und Haus links und rechts des Weges thronen. Oben angekommen befindet man sich in einer fast magischen und unwirklich schönen Landschaft, da sich der Blick auf den fast runden dunklen Wildsee richtet, der in der Senke zwischen Marokka, Henne und Wildseeloder liegt und einfach nur zum Natur- (und für Hartgesottene auch zum Bade-)genuss einlädt.

» *Der begehbare und aus unverputzten Steinen erbaute Andachtsraum wird von einem hölzernen Kruzifix dominiert, das dem Besucher zwischen zwei Kerzen, die sonst den einzigen Schmuck dieser Wand bilden, entgegen-*

Vom Seenieder geht der Blick noch einmal zurück zum malerischen Wildsee.

blickt. An den Seitenwänden erinnern einige Gedenktafeln und -bilder an Verstorbene, die zu diesem Ort einen besonderen Bezug hatten. Auch die Tafel, die den Grund für den Kapellenbau angibt, finden wir hier: Chr. Dialer, der erste Betreiber des Wildseeloderhauses, dessen Frau bei der Geburt eines Kindes auf der Hütte starb, erbaute 1896 diese Kapelle.

Auf der Jufenhöhe mit Blick auf den Hohen Mahdstein

Wir widerstehen der Versuchung, am See zu bleiben, vielleicht eine Bootsfahrt (½ Stunde für 3 €) auf dem Ruderboot zu unternehmen oder im Hochsommer ein erfrischendes Bad zu nehmen, sondern folgen den Wegweisern, zunächst am See entlang und schließlich auf den Sattel des Seenieder. Nach einem Abschiedsblick zurück in den wunderschönen Wildsee-Kessel richtet sich unsere Aufmerksamkeit auf den recht anspruchsvollen Weg, der auch mehrfach durch Drahtseile gesichert ist. Wegen der Gefahr durch Steinschlag sollten wir zügig voranschreiten, bis wir eine natürliche Kanzel erreichen, von der wir das Panorama, das einen Großteil des österreichischen Alpenhauptkammes umfasst, genießen können.

Durch Latschen und Geröllfelder geht es nun auf schmalem Pfad bergab, und wir gelangen auf den kleinen Sattel der Jufenhöhe, wo der Weg zum Hohen Mahdstein, den wir schon länger vor Augen haben, abzweigt. Jetzt folgt eine ausnehmend angenehme Passage, ein wunderbarer Höhenweg, der durch Blumenwiesen und auf angenehm erdigem Untergrund mit nur geringen Höhenunterschieden dahinführt. Unter der abweisend wirkenden Nordwand des Gebra rechts vor uns können wir schon unser nächstes Ziel, die Gebrakapelle, erblicken – aber auch feststellen, dass wir bis dahin noch einige Hänge zu traversieren haben. Nach fast 2 km geht es leicht bergauf, da wir den Niederen Mahdstein „mitnehmen". Von diesem geht es steil bergab, eine Stelle erfordert sogar die Zuhilfenahme der Hände, ist aber nicht gefährlich. So erreichen wir schnell die Abzweigung zum Bischof, halten uns aber rechts.

Nun wird es eher sumpfig, wir kommen an kleinen Moorseen vorbei und queren Almböden. Auf gut erkennbarem Pfad wandern wir bergab bis zur Hütte Karscherm, die malerisch an einem Bach liegt. Hier ist der Weg kurz breiter, bald aber finden wir uns auf einem Steig wieder, der gelegentlich überwachsen und schwer zu erkennen ist. Wir müssen ohne Brücke über einen Bach springen, Geröll und Schotter überwinden, können aber zur Belohnung die wunderschöne Flora u. a. mit Alpenrosen genießen. Wir wandern um eine Bergkante, passieren einen Wegweiser und sehen unser Ziel schon nah vor uns – nur der Steilhang des Gebra muss noch in einem weiten U gequert werden. Weiterhin müssen wir uns an den Markierungen orientieren und mit hier erforderlicher Trittsicherheit den schmalen Steig begehen, bis wir nach einem letzten Geröllfeld und einer Bachquerung über die Wiese zur Kapelle gehen können.

Die Gebrakapelle vor den Loferer Steinbergen

» *Die Kapelle im ehemaligen Bergbaugebiet, wurde von den Bergknappen bereits in der Barockzeit errichtet, verfiel dann aber. Das heutige denkmalgeschützte Gotteshaus mit seinem Dachreiter wurde 1975 neu errichtet. Der Bergbaupatron Daniel ist in der Apsis auf einem Wandgemälde in der Löwengrube sitzend dargestellt. Außerdem können wir auf zwei Bildern die beiden Seiten einer alten, aber zerschlissenen Knappenfahne bewundern, die uns einen Eindruck geben, wie es früher zur Blütezeit des Bergbaus hier aussah. Im August findet jedes Jahr eine Bergmesse statt. Tief in der Erinnerung verankert ist auch das Fieberbrunner Weihnachtswunder, bei dem am 19. 12. 1875 kurz vor Erreichen des Grubenhauses, dessen Fundamente wir bereits sehen konnten, etwa die Hälfte der vom Tal aufsteigenden 54 Bergknappen von einer Neuschneelawine verschüttet wurde. Wie durch ein Wunder konnten alle aus den Schneemassen befreit werden, nur ein junger Knappe war schwer verletzt. Unter Lebensgefahr durch einen Schneesturm und die immer noch hohe Lawinengefahr wurde dieser von zwei Kameraden durch den Pletzergraben ins Tal gebracht und überlebte ebenfalls.*

UNTERLAND ÖSTLICH DES ZILLERTALS

Auf dem Kirchweg geht es zuletzt zur Pfarrkirche von Fieberbrunn (Tour 40).

Auf den Sitzbänken können wir uns vor dem langen abschließenden Abstieg stärken. Am Bergwachthaus etwas unterhalb halten wir uns rechts und können entweder in einer großen Serpentine auf einem schönen Bergweg weitergehen oder aber die sehr direkte Abkürzung wählen. Beide Wege werden wieder zusammengeführt und erreichen nach ca. 500 m eine Forststraße, die wir aber nur queren. Unser Pfad geht durch ein kleines Waldstück und läuft dann über Wiesen wieder auf die Straße zu. Bis zur nächsten Serpentine bleiben wir auf ihr, überschreiten dann aber den Almzaun und folgen dem Wegweiser, der weiter zur Herrgottbrücke weist. Durch Wald und über Wiesen, stellenweise auch feucht und rutschig geht es dahin; wir kommen am Knappenbründl vorbei und schließlich endgültig wieder auf die Forststraße.

Diese bringt uns nun etwa 1,5 km lang zum berühmten „Herrgott", der vielleicht an das Weihnachtswunder erinnern will.

Vom viel verehrten Kruzifix an gehen wir auf einer Bergstraße, streifen nach einem weiteren knappen Kilometer den Almausschank Pletzer und wandern weiter das Tal entlang. Ab einer Brücke über den Pletzerbach können wir immer wieder auf einem Fußweg rechts neben der Fahrstraße herlaufen und erreichen schließlich die ersten Häuser von Fieberbrunn. Geradeaus kommen wir zur Hauptstraße und dort zur Bushaltestelle Aubad, wo uns der Regiobus zurück zum Parkplatz oder zum Bahnhof bringen kann. Wer lieber zu Fuß zur Talstation gehen möchte, biegt bei der Einmündung des Weges Lackental nach rechts über die Brücke des Pletzerbaches, geht dann den kleinen Pfad immer geradeaus und leicht hoch bis zum Reitliftweg und diesen dann rechts zum Kirchweg. Zwischen Kirche (Beschreibung s. Tour 40) und Friedhof führt der schmale Weg Friedenau zum Lindauweg, in den wir nach rechts einbiegen. Dieser bringt uns geradewegs zum Ausgangspunkt.

Kitzbühel und sein Hahnenkamm – Pilgerstätte nicht nur für Skifans

Kapellen und Kirchen im Schatten der Streif

| 4 Std. | 14,1 km | ↑100 Hm | ↓1000 Hm |

Anfahrt mit dem Pkw: Inntalautobahn bis Ausfahrt Wörgl, B 178 und 170 nach Kitzbühel, Parkplätze an der Hahnenkammbahn (gebührenpflichtig)
Anfahrt ÖPNV: Bahnverbindung von Innsbruck oder Salzburg bzw. München über Wörgl nach Kitzbühel Hahnenkamm
Ausgangspunkt: Talstation Hahnenkammbahn
Wegverlauf: Kitzbühel – Hahnenkamm (mit Bergbahn) – Panoramaweg – Bernhardskapelle – Melkalm – Ehrenbachkapelle St. Wendelin – Einsiedelei – Hahnenkammbahn – Ortsmitte – Hahnenkammbahn
Anforderung: einfache Wanderung, großenteils auf Forststraßen, schmaler Bergweg zur Melkalm, Kreuzweg ab der Einsiedelei steiler Pfad
Einkehrmöglichkeit: in Kitzbühel viele Möglichkeiten, unterwegs Melkalm (Do Ruhetag, sonst bis 16 Uhr geöffnet) und Einsiedelei (Mo/Di Ruhetage, sonst ganztags durchgehend geöffnet)
Beste Jahreszeit: Frühjahr bis Herbst (Öffnungszeiten der Bergbahn)

Ein langes Wochenende im Januar herrscht im eigentlich beschaulichen altehrwürdigen Kitzbühel der Ausnahmezustand – die „Streif", immer wieder gerne als gefährlichste Skirennstrecke bezeichnet, ruft gestylte Prominente wie eingefleischte Skifans gleichermaßen an die Hänge des steil über dem Städtchen aufragenden Hahnenkamms. In allen anderen Wochen des Jahres präsentiert sich Kitzbühel als privilegiertes Ziel und Ferienort für Reiche und Schöne, aber auch als bodenständiges Bergdorf mit ruhigen Ecken und kulturellen Höhenpunkten, die

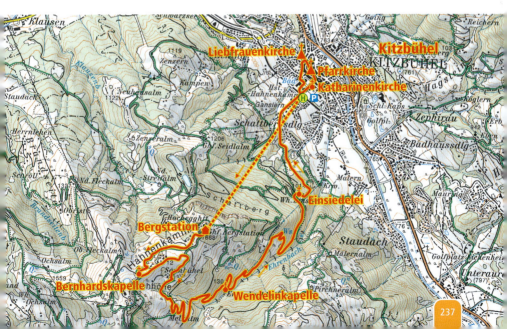

Im Starthaus der Streif ruft der Blick in die Mausefalle Ehrfurcht und Demut hervor!

wir zum Abschluss unserer Wanderung aufsuchen wollen.
Doch zunächst geht es die knapp 1000 Höhenmeter bequem in den Gondeln der Bergbahn nach oben – benannt sind sie nach den Helden des Winters. Das erste „Pilgerziel" kann dann oben eigentlich zunächst nichts anderes sein als das Starthaus der Streif – und auch der Blick auf die Mausefalle kann durchaus Ehrfurcht und Demut hervorrufen. So manches Stoßgebet wird hier auch schon gesprochen worden sein!
Unter dem Starthaus verläuft gleich der „Panoramaweg", dem wir nach links folgen. Es geht auf dem gepflegten Weg leicht bergauf, wir überqueren eine Kreuzung und wandern gemütlich mit wirklich wunderbaren Ausblicken besonders auf den Wilden Kaiser weiter. Wir unterqueren den Waldelift und steigen bald darauf etwas merklicher bergan. In der Nähe

des Hauses „Tyrol" halten wir uns rechts, wenden uns also von dem verlockenden Restaurant ab und umkurven noch eine Anhöhe, bevor wir recht unvermittelt vor der schön in die Landschaft eingebetteten Bernhardskapelle stehen.

» Dem hl. Bernhard von Aosta, dem Patron der Bergsteiger, wurde 1961 die kleine mit einem Mäuerchen begrenzte und daher recht archaisch wirkende Kapelle geweiht. Der schlichte helle Bau mit seinem ungewöhnlichen trapezförmigen Grundriss und der modernen Pietà von J. Obermoser wurde von C. Holzmeister entworfen und hat sich als beliebtes Pilgerziel und Ruheort auf dem belebten Hahnenkamm etabliert.

Wir tauchen für etwa 700 m in die Schar derer ein, die hier oben auch in Stöckelschuhen Bergluft und Panorama genießen – daher ist die Straße entsprechend asphaltiert. In einer Serpentine können wir aber auf natürlicheren Untergrund wechseln. Wir halten uns an die Beschilderung zur Melkalm und gelangen zunächst fast flach zum Berggasthof Sonnbühel, der nur im Winter geöffnet ist. Der Weg wird schmaler und führt als Wiesenpfad steiler abwärts, wird dann aber zum Ziehweg einer Skipiste. Eine Abzweigung nach links dürfen wir nicht übersehen, sie bringt uns direkt hinunter zur Melkalm, wo eine erste Pause lockt. Ab hier ist es eine bequeme Forststraße, die uns in Serpentinen bergab leitet. An einer Verzweigung ohne Wanderwegsmarkierung vollführen wir eine weitere Serpentine, lassen uns also nicht zum Geradeaus-Gehen verleiten. Es geht bald in den Wald und über einen Bach, dann wieder in Serpentinen immer gleichmäßig bergab, bis wir vor uns das Dach einer Kapelle entdecken.

Das malerische Ensemble der Kitzbüheler Einsiedelei: Kapelle und Gasthaus

Beim Näherkommen sehen wir sie dann recht spektakulär auf einem Felsen liegen. Ein kleiner Abstecher mit Treppen bringt allerdings jeden bequem zu ihrer Tür.

» *Der Holzbau erinnert an eine Alphütte, und entsprechend schlicht ist auch die Einrichtung des Raumes. Die Weihe an den Viehpatron Wendelin erklärt sich nicht so recht – eine bäuerliche Madonna bildet das Altarbild, flankiert von den Heiligenfiguren Sebastian und Rochus. Teilweise alte gerahmte Sterbebilder künden von einer langen Tradition des Gebetsortes.*

Wir steigen die Treppenanlage wieder hinab und wandern weiter auf unserer Forststraße. Nach einer weiteren Serpentine erwartet uns ein längeres Stück geradeaus, und nun geht es noch einmal leicht bergauf zu einer schönen Wiese. Ab hier bringen uns wieder Serpentinen nach unten, wir tauchen wieder in den Wald ein und erreichen nach einer längeren Geraden das malerische Ensemble der Einsiedelei: die schmucke Kapelle neben einem einladenden Gasthaus, in dem früher Einsiedler lebten. Ein steiler Pfad führt uns die letzten Meter von der Straße dorthin.

» *Als ein Kitzbüheler Geschäftsmann 1735 anlässlich eines Überfalls gelobte, hier eine Kapelle zu stiften, wurde ein schlichter Holzbau errichtet und mit einem aus Mariazell stammenden Muttergottesbild ausgestattet. Etwas mehr als 100 Jahre später ersetzte ein anderer Kitzbüheler Geschäftsmann das Gebäude durch das heute noch sichtbare stattliche Kirchlein. Statt der Einsiedler bewohnten ab 1888 Wirtsleute das Gebäude daneben, konnten aber mehrere Brände nicht verhindern. Erst in den Jahren 1990 bis 1995 stellte eine grundlegende Sanierung das schöne Gotteshaus wieder her. Es beherbergt heute ein Gemälde „Mariä Heimsuchung" aus dem Umkreis von J. J. Zeiller.*

Wir wandern gemütlich und mit schönen Ausblicken auf Kitzbühel ins Tal.

Natürlich könnten wir nun einfach der Straße folgen, aber nach der heutigen Wanderung ist ein schmaler Pfad auch wieder ganz schön. Daher empfehlen wir den Kreuzweg, der am Waldspielplatz beginnt und – geschmückt mit geschmackvollen modernen Stationen – teilweise sehr steil durch den Wald bergab führt. Hinter Station 9 erreichen wir allerdings wieder die Straße, die uns gemütlich und mit schönen Ausblicken auf Kitzbühel ins Tal und auf den Ort dorthin bringt. Da wir die eindrucksvollen Kirchengebäude noch besichtigen wollen, lassen wir Parkplatz oder Bahnhof an der Hahnenkammbahn vorerst rechts liegen und wandern geradewegs ins Stadtzentrum hinein. Als Erstes erwartet uns bald rechter Hand die ehemalige Kapuzinerkirche.

» *Der einfache Saalbau aus dem Jahr 1702 spiegelt die strenge Armutsregel des Ordens wider, der inzwischen allerdings aus Nachwuchsmangel das Kloster verlassen musste.*

Die schönen Bilder von J. C. Platzer (1707) lohnen einen Blick in das kürzlich renovierte Gotteshaus.

Geradeaus gelangen wir auf den kleinen Sterzinger Platz und halten uns nun links zur Fußgängerzone, spazieren durch das Tor und stehen bald an der Katharinenkirche, die ebenfalls einen Blick wert ist.

» *In der um 1306 erbauten Kirche, die heute als Kriegergedächtnisstätte dient, können wir den einzigen Flügelaltar des Bezirkes Kitzbühel, den sogenannten Kupferschmidaltar aus der Zeit um 1500, bewundern. Ebenfalls gotisch sind die Apostelfiguren und die Madonna an der Südwand.*

Wir wandern weiter die Fußgängerzone entlang und finden uns auf einer Brücke wieder, die hinüber zum Kirchenensemble auf dem Lebenberg führt. Gleich links können wir in das rosa bemalte Gotteshaus einen Blick werfen, die Spitalskirche Hl. Geist.

» Einst stand hier eine größere gotische Kirche, die aber im 19. Jahrhundert der neuen Straßenführung weichen musste und durch den spätklassizistischen Bau ersetzt wurde, den wir heute sehen. In ihrem hellen Inneren erfreuen uns beinahe lebensgroße Figuren einer Passionsgruppe und das Altarbild von S. B. Faistenberger.

Nun geht es hinauf zu den beiden dominierenden Kirchen Kitzbühels, der Pfarrkirche St. Andreas, die wir als Erstes erreichen, und der Marienwallfahrtskirche dahinter.

» Bereits im 8. Jahrhundert existierte hier eine kleine Saalkirche, die in den Jahrhunderten der Gotik mehrmals umgebaut wurde. Der Turm stammt in seinen untersten Teilen noch aus dem 13. Jahrhundert, seine stolze Höhe von 45 m erreichte er aber erst 200 Jahre später, und die spätgotische Kirche wurde erst 1506 fertig. Innen herrscht dagegen schönster Barock, da im 17. und 18. Jahrhundert, oft unter Federführung der Künstlerfamilie Faistenberger, sowohl Altäre als auch Deckenfresken geschaffen wurden.

Ein letztes Wallfahrtsziel, und darüber hinaus ein sehr traditionsreiches, ist nur noch wenige Schritte entfernt – die Liebfrauenkirche, mit ihrem trutzigen Turm das Wahrzeichen Kitzbühels.

» Als hochgotische Friedhofskapelle im 14. Jahrhundert errichtet, besaß sie damals nur ein kleines Türmchen. Erst 1566 bis 1569 baute man den hohen Turm, um für eine Glocke, die 1518 für die Pfarrkirche angeschafft worden war, sich aber zu groß für den zwar hohen, aber schlanken Turm erwies, ein würdiges Umfeld zu schaffen – etliche Jahre hing sie an einem hölzernen Glockenstuhl im Freien. Durch den Turmbau wurde die Oberkirche in zwei Räume geteilt, in den Vorraum und den polygonalen Kirchenraum mit Chor, in dem das Gnadenbild aufbewahrt ist – wie oft eine Kopie des Innsbrucker Maria-Hilf-Bildes von L. Cranach. Es hängt in einem barocken Altar von G. Faistenberger, dessen Familie sich auch durch die Malerarbeiten am Altar (I. Faistenberger) oder Decke (S. B. Faistenberger) einbrachte. Beachtenswert ist hier die Darstellung von Maria im Sonnenwagen (Wand). In der Unterkirche befindet sich der Karner.

Nun können wir uns – gesättigt mit Kultur – an den Rückweg zu unserem Ausgangspunkt machen und wählen dazu entweder den gleichen Weg oder kürzen ein wenig ab, indem wir die unter der Brücke verlaufende Gänsbachgasse in Richtung Hahnenkamm zurückwandern. Sie verläuft als Klostergasse direkt auf das ehemalige Kapuzinerkloster zu, von dem aus wir schnell Parkplatz oder Bahnhof erreichen.

Nacht der 1000 Lichter in der stimmungsvollen Katharinenkirche von Kitzbühel

43 Kreuzjöchl und Harlassanger

Höhenwanderung rund um den Gampen zwischen Westendorf und Kirchberg

| 4½ Std. | 16,1 km | ↑↓ 800 Hm |

Anfahrt mit dem Pkw: Inntalautobahn bis Ausfahrt Wörgl, B 170 nach Westendorf, Parkplätze an der Alpenrosenbahn

Anfahrt ÖPNV: Bahnverbindung über Wörgl nach Westendorf, vom Bahnhof Bus 4051 bis Westendorf/Sennerei

Ausgangspunkt: Talstation Alpenrosenbahn Westendorf, TIPP: Wanderticket Gaisberg–Westendorf ermöglicht Bergfahrt in Westendorf und Talfahrt in Kirchberg!

Wegverlauf: Alpenrosenbahn Bergstation – Einködlscharte – Kreuzjöchlsee – Annakapelle – Kobingerhütte – Harlassangerkapelle – Brandstättalm – Gaisbergbahn Bergstation – Kirchberg – Kirchangerkapelle – Pfarrkirche

Anforderung: Forststraßen und teilweise schmale Bergwege, kleine Gegenanstiege

Einkehrmöglichkeit: in Westendorf und Kirchberg viele Möglichkeiten, unterwegs Kobingerhütte und Bärstattalm (beide Mai bis Mitte Oktober ganztags durchgehend geöffnet)

Beste Jahreszeit: Frühjahr bis Herbst (Öffnungszeiten der Bergbahnen)

Im Winter herrscht hier der Skitourismus, und natürlich sind auch bei Wanderungen im Sommer die Zeugnisse seiner Infrastruktur nicht zu übersehen – dennoch finden wir bei unserer Höhentour rund um den mächtigen Gampen stille Plätze und zwei besondere Andachtsorte.

Wir beginnen unsere Tour an der Alpenrosenbahn in Westendorf, die uns in kurzer Zeit hinauf zum Talkaser bringt, der

Erste Pause am Kreuzjöchlsee

Die kleine schindelgedeckte Annakapelle mit ihrem großen Dachreiter vor dem Brechhorn

zwischen Nachtsöllberg und Fleiding auf seinem Joch thront. Letzterem Berg wenden wir uns gleich zu, wandern also gen Süden und gelangen zur Höhningerscharte, von der aus ein Gipfelanstieg zum Fleiding auf sehr direktem Steig unternommen werden könnte (200 Höhenmeter, 45 Minuten mehr). Ein Pfad ginge dann auch wieder zurück zu unserem eigentlichen Weg, der uns an der Nordostflanke des Berges hinüber zur Einödlscharte bringt. Hier zweigt der Gipfelpfad zum Gampen ab, den wir aber links liegen lassen und statt zum Gipfel nun leicht bergab gehen. Kurz vor der Unterquerung einer Lifttrasse folgen wir nicht mehr den Wegweisern zum Brechhornhaus, sondern steigen leicht links bergauf und biegen erst zum Kreuzjöchlsee ab, wenn wir diesen schon

rechts unterhalb von uns liegen sehen. Auch unser erstes Kirchlein ist schon in unserem Blickfeld – ein schmaler Pfad führt südlich des hübschen Sees auf das Kreuzjöchl mit seiner Annakapelle.

» *Die kleine schindelgedeckte Kapelle mit ihrem großen Dachreiter ist einmal im Jahr Anziehungspunkt einer traditionellen Bergmesse, wenn Ende Juli der Patronin Anna gedacht wird. Die schöne Lage des Kirchleins und die Aussicht machen es zu einem besonderen Ort.*

Ob am See oder oben bei der Kapelle, es lockt natürlich eine erste Rast, bevor wir uns wieder auf den Weg machen. Wir wandern zum östlichen Ende des Sees und dann der Forststraße nach zur Streitschlagalm, die wir zu unserer Rechten passieren. Der kleine Gegenanstieg geht nur bis zur Lifttrasse, an ihr überschreiten

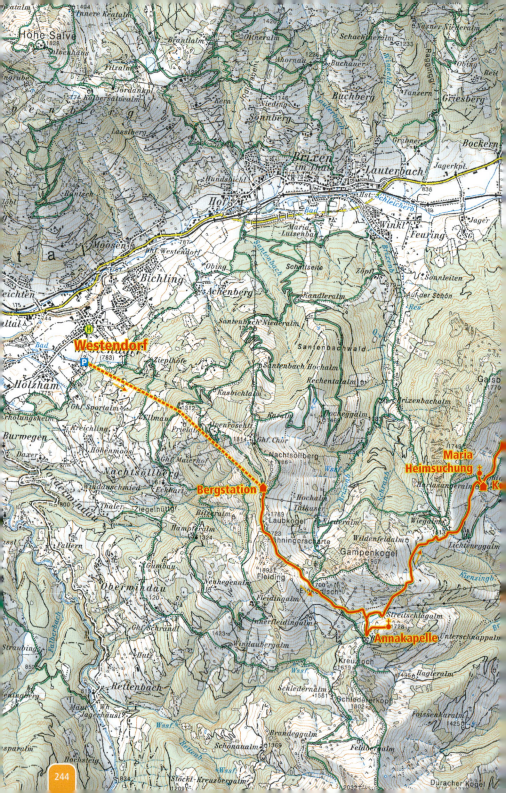

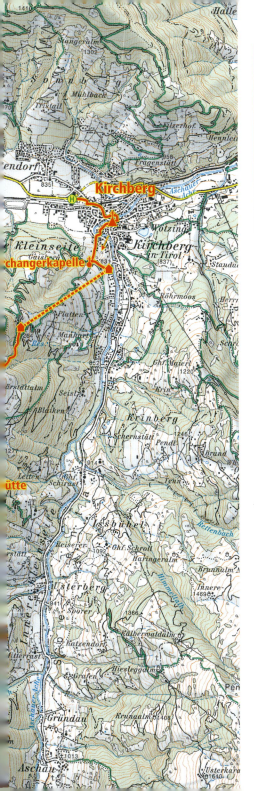

Die Harlassangerkapelle auf der gleichnamigen Alm ist ein traditionsreicher Wallfahrtsort.

wir also einen kleinen Pass und gehen dann in gemächlichem Gefälle auf dem Sträßchen weiter. Abzweigungen auf den Gampen und zu Almhütten ignorieren wir und biegen erst nach dem Almgebiet der Wildenfeldalm auf einen schmalen Pfad nach rechts ab. Er führt uns steiler bergab, kommt an einer Skihütte vorbei und erreicht wieder eine Forststraße, die wir aber nur überqueren und dann in unserer Gehrichtung auf einem schönen Bergweg weiterwandern. In sanftem Gefälle nähern wir uns aber wieder der Straße, auf der wir nun weitergehen. Etwa ein halber Kilometer trennt uns nun noch von der doch beachtlichen Siedlung rund um die Harlassangeralm mit ihrer Kapelle und der Kobingerhütte.

» *Es ist wohl ein besonderer Ort von alters her – schließlich leitet sich der Name Harlassanger von den Streitereien von Hexen her, die hier „Haare lassen" mussten. Die Wallfahrtskapelle wurde erst 1699 errichtet, wobei sich die Tradition der Verehrung des Gnadenbildes in ihr noch länger zurückverfolgen lässt. Heute steht es in dem hübschen Altar mit seinen gedrehten*

Vor dem Großen Rettenstein geht es mit herrlicher Aussicht zur Bärstattalm.

Säulen, der kurz nach dem Kirchenbau fertiggestellt wurde und zudem ein äußerst schönes „Fatschenkind" beherbergt. Ein Gemälde zeigt die Beliebtheit der Wallfahrtsstätte und erinnert an einen bischöflichen Besuch im Jahr 1840. Die vielen Sterbebildchen und Votivtafeln zeugen von der vertrauensvollen Frömmigkeit an diesem Ort bis heute.

Wer Lust und Kraft hat, kann auch über den Nagillersteig den Gaisberg bezwingen, auf ihm nach Norden gehen und zur Bärstattalm oder gleich zur Bergstation des Sesselliftes absteigen. Wir bleiben aber auf dem gemächlich abfallenden Pfad zur Bärstattalm, halten uns also an der Verzweigung hinter der Alm links. Mit herrlicher Aussicht geht es sanft bis zu den nächsten Almgebäuden. Ab hier wird nun der Steig steiler und etwas anspruchsvoller. Wir wandern von der Straße unterhalb der Jausenstation nach links auf den schmalen Pfad, der zunächst zu aussichtsreichen Bänken und dann recht steil bergab führt. Eine neue Steinschlag-

galerie und ein paar Seilversicherungen zeigen zwar eine gewisse alpine Herausforderung, insgesamt ist der Weg jedoch gut machbar und nicht gefährlich. Kurz vor der Seilbahn erreichen wir eine Straße. Dieser könnten wir zum Gaisbergstüberl und darüber hinaus weiter bis ins Tal folgen, die Bahn kann uns aber die mehr als 400 Abwärts-Höhenmeter und -Serpentinen ersparen. Dafür müssen wir von der Talstation wieder ein paar Meter nach oben gehen, um ein ganz besonderes Kirchlein sehen zu können, das uns wohl schon bei der Talfahrt aufgefallen ist. Ebenso kennen wir die Trittspur, die über die Wiese zu einem Bauernhof hinaufführt, optisch bereits vom Sessellift. Wir legen also diese Strecke zurück und wandern vom Bauernhof auf die Kirchangerkapelle zu.

» *Ein Gelübde eines einst lebenslustigen Wirts führte im Jahr 1700 zur Errichtung einer kleinen Holzkapelle, die bald großen Zulauf erhielt. 1768 wurde sie schließlich durch diese schöne* barocke Kirche mit ihrer seltenen Form eines Zentralbaus ersetzt. Herrlichstes Rokoko im Altarraum und köstliche Details im Deckenfresko, das die Vertreibung aus dem Paradies darstellt, heben die Kapelle deutlich von vielen anderen Dorf- oder Hofkapellen ringsum ab.

Wir nehmen den Kirchangerweg, der uns bergab ins Dorf führt. Hier sollte man einen Abstecher auf den Kirchberg, der schließlich dem gesamten Ort seinen Namen gab, nicht versäumen. Dazu wandern wir, unten an der Aschauer Ache angekommen, kurz an der Landesstraße nach rechts, überqueren dann den Bach und gehen den Weg Pöllmühle bergauf zur Neugasse. Wir befinden uns nun schon an der Friedhofsmauer und können die Pfarrkirche nicht mehr verfehlen.

Die Pfarrkirche von Kirchberg steht natürlich auf einem Kirchberg.

Wieder im Tal lohnt die barocke Kirchangerkapelle mit ihrem Zentralbau den Abstecher.

» Das Langhaus wurde im 15. Jahrhundert im Stil der Gotik erbaut, ersetzte eine romanische Kirche und blieb unverändert, allerdings wurde das Gotteshaus im 20. Jahrhundert um eine Vorhalle und einen Eingangsbereich erweitert. Im Inneren herrscht jedoch ungetrübter Barock, nur an der Nordseite haben sich Reste gotischer Malerei erhalten. Doch die Fresken des berühmten S. B. Faistenberger und der luftige Stuck von H. Singer prägen den festlichen und majestätischen Charakter.

Um zum Ortszentrum mit seiner Bushaltestelle zu gelangen, wandern wir außen zur Apsis der Kirche, wo außerhalb des Friedhofes linker Hand ein Treppenweg hinunter zur Ache führt, die wir überqueren. Nach wenigen Metern erreichen wir das Zentrum von Kirchberg. Bus oder Bahn bringen uns zurück nach Westendorf.

UNTERLAND ÖSTLICH DES ZILLERTALS

OSTTIROL

44 Reise in die Vergangenheit
Von Virgen zu zwei außergewöhnlichen Heiligtümern

| 3 Std. | 6,6 km | ↑↓ 530 Hm |

Anfahrt mit dem Pkw: Inntalautobahn bis Ausfahrt Wörgl, B 178 bis St. Johann in Tirol, B 161 bis Mittersill, B 108 bis Matrei i. O., Virgentaler Landesstraße bis Virgen, Parkplatz in der Garage unterhalb der Touristinformation
Anfahrt ÖPNV: Bahnverbindung über Wörgl nach Kitzbühel, dort Bus 950X bis Matrei/ Korberplatz, dort Bus 951 bis Virgen Dorf
Ausgangspunkt: Virgen, Pfarrkirche
Wegverlauf: Pfarrkirche Virgen – Göriach – Rabensteinweg – Kreuzweg – Allerheiligenkapelle – Kreuzweg – Parkplatz Marin – Höhenweg – Obermauern Maria Schnee – Kreuzweg – Virgen
Anforderung: Aufstieg zur Allerheiligenkapelle meist auf schmalen Bergpfaden und steil, ab Parkplatz Marin auf Feldwegen oder Straßen
Einkehrmöglichkeit: in Virgen einige Möglichkeiten
Beste Jahreszeit: Frühjahr bis Herbst, da besonders schön

Am ersten Samstag nach Ostern findet im wunderschönen Virgental ein archaisch anmutender Brauch statt – ein weißer Widder führt von einem der Talorte aus eine Prozession nach Obermauern an, umkreist dann mit seinem Halter dreimal den Altar und wartet anschließend den Festgottesdienst vor der alten Kirche mit ihren gotischen Fresken ab. Zu deren Erhalt wird er schließlich nach dem Gottesdienst in einer Tombola versteigert. Offiziell ist ein Pestgelübde aus der Zeit des Dreißigjährigen Krieges der Anlass für diese Wallfahrt, die einst sogar bis nach Lavant (Tour 47) verlief, wahrscheinlich geht der Brauch aber auf eine heidnische Tieropferprozession zurück. Obermauern ist auch heute unser Ziel, wir erreichen es aber auf alpinem Wege über die Allerheiligenkapelle – ebenfalls ein Relikt längst vergangener Vorzeit.

Von unserem Ankunftsort gehen wir wenige Schritte hinauf zur Pfarrkirche von Virgen.

» *Hier dürften bereits seit der Karolingerzeit Gottesdienste gefeiert worden sein – Virgen gilt als eine der ältesten Pfarreien Osttirols. An der Kirche sieht man besonders außen am Turm mit seinem Spitzhelm, dass sie in der Spätgotik erbaut wurde, innen beherrscht die Umgestaltung im 18. Jahrhundert das Bild mit barocken Figuren und Altären, die Deckenfresken stammen gar erst aus dem Jahr 1937.*

Vom Vorplatz gehen wir wenige Meter auf die Virgentaler Landesstraße und biegen noch vor der Brücke rechts ab. Steil geht die schmale Straße entlang des Firschnitzbaches hinauf nach Göriach. Bevor sie aber den Bach quert, zeigt ein Wegweiser nach rechts auf den Waldweg zum Weiler

Marin. Wir folgen ihm in eine Sackgasse und wandern am Haus Nr. 3 rechts vorbei. Wegweiser mit der Bezeichnung Panoramasteig begleiten uns ab hier und führen gleich über eine Weide, von der aus wir tatsächlich einen schönen Rückblick auf Kirche und Dorf haben. An der nächsten Verzweigung geht es nach links bergauf nach Marin, später heißt die Beschilderung auch einmal „Waldweg Marin". Ein schmaler Pfad bringt uns zuletzt nach oben zu einer relativ neu angelegten Hochwasserschutz-Verbauung. Über eine Holzbrücke überqueren wir endlich den Firschnitzbach. Die rot-weiß-roten Markierungen bringen uns über einen Hügel und fast auf eine Straße, aber kurz davor wandern wir geradeaus weiter und können erstmals auf einem Wegweiser „Allerheiligenkapelle" lesen. Wir gehen auf einem Pfad durch Wald und an seinem Rand entlang zum Beginn des Kreuzweges, der mit einem großen Kruzifix gekennzeichnet ist. Der Kreuzweg führt zu-

Die Pfarrkirche von Virgen hinter dem uralten Gasthaus Neuwirth mit seinem Erkerturm

nächst über eine durch die Waldschäden 2018/19 abgeholzte Fläche steil bergan, und die Stationen geben Orientierung, da sich die Wege gelegentlich verzweigen. Et-

Vom Panoramasteig genießen wir einen schönen Rückblick auf Kirche und Dorf Virgen.

was flacher geht es dann in den Wald, wo wir aufmerksam nach rechts oben blicken sollten, da die Abzweigung nicht markiert ist. An der Station der Grablegung können wir schließlich rechts auf einen Pfad zur Kapelle und dem Kalvarienberg abbiegen.

» *Es ist ein besonderer Ort hier oben, und die Erzählungen, dass sich frühe Christen schon in der Zeit der Eroberung Osttirols durch die Slawen um 600 vor diesen versteckt haben sollen, erscheinen gar nicht so abwegig. Gesichert ist, dass wir uns beim ältesten Sakralbau des Virgentales befinden, dessen Spuren sich bis ins 8. Jahrhundert zurückverfolgen lassen. Der asymmetrische Grundriss der Kapelle, der dem Felsen angepasst ist, diente seither Wallfahrern als Ziel – nur 12 Jahre in den Josephinischen Reformen blieb sie versperrt. Der barocke Altar mit den gotischen Figuren ist allerdings heute meist nur durch das Guckfenster zu bewundern. Und doch ist der Platz neben der Kapelle mit der Kreuzgruppe am Felsen, die wie auch der Kreuzweg im 18. Jahrhundert hinzugefügt wurde, immer noch ein beliebtes Pilgerziel geblieben.*

Wir gehen ebenso wieder retour, sofern wir nicht noch über die Gottschaunalm nach Obermauern weiterwandern wollen. Beim großen Kreuz am Ende aber halten wir uns nach rechts und steigen auf weiterhin schmalem, später aber ein wenig breiterem Weg zum Parkplatz Marin ab. Dort folgen wir aber keiner der beiden Fahrstraßen, die von hier nach Virgen, aber auch nach Obermauern führen, sondern wählen den Höhenweg, der von der Straße nach Obermauern weggeht. Wir halten, bequem über dem Dorf dahinschlendernd, fast unsere Höhe, bis wir zum Nillbach etwas bergab wandern, diesen auf einer Holzbrücke queren und dann mit schönem Panoramablick in den Ort am Bach entlang spazieren, wo unser Weg dann asphaltiert ist. An den beiden Brücken queren wir den Nillbach nicht, sondern gehen erst kurz vor der Kirche auf einem kleinen Pfad rechts von der Straße weg und stehen bald vor dem geräumigen Eingangsbereich der Wallfahrtskirche Maria Schnee mit der alten Glocke aus dem 14. Jahrhundert.

Die Allerheiligenkapelle gilt als der älteste Sakralbau des Virgentales.

Die Wallfahrtskirche Maria Schnee in Obermauern thront über dem Nillbach.

» Die Legende erzählt, dass die in den Bereich der Allerheiligenkapelle geflüchteten Christen aus Dankbarkeit, nicht entdeckt worden zu sein, eine Kapelle errichteten, so dass man schon für das Jahr 800 einen Kirchenbau an diesem Ort für möglich hält. Belegt ist durch Grabungen jedenfalls, dass hier ein vorchristlicher Kultplatz war – römische Grabbeigaben und eine weitere Schicht aus der Zeit der Völkerwanderung wurden entdeckt. Ein romanischer Bau wurde im 15. Jahrhundert von einem gotischen abgelöst – nicht aber, ohne einige Reliefs in der Außenwand zu erhalten – eine Petrusfigur oder eine Darstellung der Hll. Drei Könige sind leicht zu entdecken. Monumentale Statuen der hll. Margareta und Katharina wachen über den Eingang, monumental ist auch der Christophorus als Fresko auf der Südseite, der 1468 von S. Gerumer gemalt wurde und noch immer durch seine Farbkraft besticht. Innen sind es nun eher kleine, dafür aber sehr viele Bilder aus der Gotik, die unser Interesse auf sich ziehen. Eine wahre Armenbibel wurde da vom berühmten Simon von Taisten geschaffen, der im Langhaus den Osterfestkreis und im Chor die Weihnachtsgeschichte sehr an-

Der monumentale Christophorus auf der Südseite der Wallfahrtskirche von Obermauern wurde 1468 gemalt.

OSTTIROL

In der Kirche von Obermauern: gotische Armenbibel vom berühmten Simon von Taisten

schaulich und zeilenweise (Langhaus) oder spaltenweise (Chor) zu „lesen" gemalt hat. Im Chor sind außerdem ein gemaltes Sakramentshäuschen und eine Schutzmantelmadonna des gleichen Künstlers zu bestaunen sowie an der Südwand Szenen aus dem Marienleben. Auch der Hochaltar sollte nicht vergessen werden, beherbergt er doch das Gnadenbild von ca. 1420, eine wunderbar schöne Madonna, die erst in der Barockzeit ihre Herrschaftsinsignien erhielt.

Wir wandern noch einmal am Christophorus-Fresko vorbei und über Treppen abwärts zu einem großen Kreuz, queren den Bach und folgen den Markierungen zum Kreuzweg. Diesen gehen wir nun nach Virgen zwar falsch herum, aber die interessanten Skulpturen und guten Texte von Bischof Stecher laden dennoch zum Nachdenken ein. Zwischendrin finden wir eine größere Kapelle, den Ketterle-Bildstock.

» Ein kleiner Altar aus Holz mit einer ausdrucksstarken Pietà steht – durch ein schmiedeeisernes Gitter geschützt – im kleinen schindelgedeckten Kapellchen, vor dem eine Bank zur Besinnung einlädt.

Auch ein alter Bildstock ist im weiteren Verlauf des Kreuzweges zu entdecken. An seinem Ende überqueren wir geradeaus eine Straße und gehen weiter einen Pfad bergab, der bald in eine kleine Straße übergeht. Dieser folgen wir auf die Virgentaler Landesstraße, wo wir erneut bei einem großen Kreuz innehalten. Nun geht es nach links bergab, auf dem Gehsteig der Straße entlang bis zum Zentrum von Virgen.

In Matrei und um Matrei herum 45
Zum Schluss- und Höhepunkt St. Nikolaus

| 2½ Std. | 7,2 km | ↑↓ 300 Hm |

Anfahrt mit dem Pkw: Inntalautobahn bis Ausfahrt Wörgl, B 178 bis St. Johann in Tirol, B 161 bis Mittersill, B 108 bis Matrei, Parkplatz Korberplatz gebührenfrei
Anfahrt ÖPNV: Bahnverbindung über Wörgl nach Kitzbühel, dort Bus 950X bis Matrei/Korberplatz
Ausgangspunkt: Matrei, Korberplatz
Wegverlauf: Korberplatz – Grabenkapelle – Klaunzkapelle – Pfarrkirche Matrei – Bichlkapelle – St. Nikolaus – Korberplatz
Anforderung: einfach, im Ortsbereich auf Straßen, dazwischen aber auch unbefestigte und schmale Wiesenwege
Einkehrmöglichkeit: in Matrei einige Möglichkeiten
Beste Jahreszeit: ganzjährig möglich
Tipp: Besichtigung des Nationalparkhauses

Wo Tauernbach und Isel zusammenfließen, liegt als Hauptort der Umgebung und daher als Zentrum des Nationalparks Hohe Tauern der alte Ort Matrei, der daher natürlich auch zahlreiche Kirchen und Kapellen in seiner näheren Umgebung besitzt. Brauchtum wird hier großgeschrieben, speziell das Klaubaufgehen Anfang Dezember, eine ganz spezielle Art des Perchtenlaufens.

Wir gehen vom verkehrsgünstigen Korberplatz ortseinwärts, also bergauf, und stoßen bald auf eine Verzweigung, wo wir nach links abbiegen. Hinter den massiven Hochwasserspundwänden des Bretterwandbaches führt eine schön angelegte Uferpromenade weiter bergan. Wir unterqueren eine Holzbrücke und wechseln bei der folgenden Brücke auf die andere Bachseite, wo wir hinter den Spundwänden ein großes Wegkreuz entdecken können. Nun geht es auf dem Grabenweg weiter bergauf, die Bundesstraße wird unterquert und nach etwa 300 Metern stehen wir vor der „Bachkapelle" St. Florian mit ihrem weithin sichtbaren modernen Fassadenfresko.

» *Die schindelgedeckte Votivkapelle wurde bereits 1611 gegen die Hochwassergefahr durch den nahen Bretterwandbach erbaut und Ende des 17. Jahrhunderts erweitert. In dieser Phase entstand der barocke Altar, der dem Westtiroler Künstler A. Thamasch zugeschrieben wird und eine schöne Pietà zwischen den hll. Georg und Florian beherbergt. Besonders hübsch sind auch die beiden Leuchterengel auf den Vortragstangen.*

Die schindelgedeckte Votivkapelle St. Florian mit ihrem modernen Fassadenfresko

OSTTIROL

Die idyllisch gelegene Klaunzkapelle ist Maria Hilf geweiht.

Wir gehen weiter am Bach entlang, biegen bei der Verzweigung aber links ab und wandern über die nächste Brücke. Ab hier führt ein Kreuzweg auf Schotterstraße mit gleichmäßiger Steigung hinauf zur Klaunzkapelle.

» Das schön gelegene Kirchlein mit seinem harmonisch eingefügten Rokokoaltar entstand im 18. Jahrhundert und wurde Maria Hilf geweiht, wie die Kopie des berühmten Innsbrucker Gnadenbildes zeigt. Hintergrund des Baues war wohl eine wundersame Begebenheit, durch die einem Ehepaar großer Kindersegen zuteilwurde. Auch heute noch wird dieses Anliegen sehr mit diesem Ort verbunden – so heißt es, dass man, wenn man in unserer Richtung, also von der Bachkapelle heraufpilgert, einen Jungen bekommen wird, in der Gegenrichtung dann ein Mädchen.

Letzteres können wir auf unserer Route nicht zusichern, da es auf anderem Weg nun bergab ins Zentrum von Matrei geht. Wir orientieren uns an den Wegweisern und ignorieren daher die verlockenden Abkürzungen nach rechts. Es geht auf einem Feldweg zu einem Hotel und durch dessen Anlage, dann auf eine Straße, die eine große Serpentine vollzieht und danach mittels zweier kleinerer die Bundesstraße unterquert. Dabei haben wir den Turm der Pfarrkirche direkt in unserer Höhe vor Augen – eine Besonderheit! Schließlich geht es aber doch bergab auf Normalniveau und den Friedhofszaun entlang zum großen Vorplatz der Kirche.

» Die größte Landkirche Tirols nimmt allein schon durch ihre Maße gefangen. Nichts an dem lichten Saalbau erinnert mehr an die romanischen und gotischen Vorgängerbauten – mit Ausnahme der unteren Teile des Turmes. Eine gotische Statue des Kirchenpatrons St. Alban werden wir später in der Nikolauskirche entdecken. Der heutige Bau, mit dem 1777 begonnen wurde, sollte eigentlich im Sinne der Aufklärung nicht mit Fresken und Stuck ausgestattet werden, was die Bewohner jedoch nicht ernst nahmen. Sie beauftragten F. A. Zeiller mit den Malereien (er porträtiert sich im Fresko der Brotvermehrung am linken Bildrand selbst) und F. Graßmayr mit den Stuckarbeiten – und hielten dieses Vorgehen so lange geheim, bis alles fertig war. Das war erst in den ersten Jahren des 19. Jahrhunderts der Fall, als schließlich die Altäre vollendet waren. Bemerkenswert sind auch die Statuen von J. Paterer, besonders der Schutzengel in beeindruckender Schwebehaltung.

Die Bichlkapelle auf ihrem kleinen Hügel wurde 1885 errichtet.

Am sehenswerten Nationalparkhaus vorbei wandern wir nun bergab, immer geradeaus auf der Bichler Straße, die schon unser nächstes Zwischenziel im Namen trägt. Daher queren wir alle Kreuzungen geradeaus, und auch die Isel wird auf einer Brücke überwunden. Danach beginnt der Aufstieg nach Bichl in einer großen Kurve. Im Weiler halten wir uns an einem Brunnen nach links und folgen dem Wegweiser zum Römerstein, einer in den Jahren 1932 und 1936 entdeckten Grabstele, die vor dem Haus Nr. 5 gut sichtbar aufgestellt ist. Auf dem Hügel befindet sich die Bichlkapelle.

» *Die einfache Herz-Jesu-Kapelle mit ihrem schindelgedeckten Dachreiter wurde 1885 errichtet, wohingegen die Inneneinrichtung einige Jahrzehnte eher angefertigt wurde.*

Im Weiler Bichl kommen wir zum Römerstein, einer antiken Grabstele.

OSTTIROL

Leicht bergab wandern wir auf die malerisch gelegene berühmte Nikolauskirche zu.

Wir kehren zum Brunnen zurück und folgen der Fahrstraße weiter bergauf, immer den Wegweisern zur St.-Nikolaus-Kirche nach, die wir auch schon lange gut sehen können. Nach etwa einem Kilometer biegen wir beim kleinen Parkplatz von der Straße nach rechts auf den Feldweg ab, der uns flach, später leicht bergab auf die malerisch gelegene Kirche zu führt.

» *Das romanische Kleinod, dessen Entstehung bis ins 12. Jahrhundert zurückreicht, steht auf einem weit älteren Kultboden: Grabungen erwiesen einen 11 m langen Vorgängerbau aus dem 7. Jahrhundert und sogar eine Urne aus der heidnischen Frühzeit (2. Jahrhundert). Im Inneren kann man diesen Hauch der Geschichte tatsächlich spüren, besonders beim Betrachten der beiden in einmaliger Weise übereinander angeordneten Chorräume im fast quadratischen Turm. In der unteren, eigentlichen Nikolauskapelle, sind an den Wänden nur Fragmente der Nikolauslegende zu sehen, bedeutend besser kann man die Darstellungen im Gewölbe erkennen. Hier handelt es sich um Szenen aus dem Leben der Stammeltern Adam und Eva. Die frühgotische Plastik der Madonna auf dem Altar, die in der Barockzeit mit ihrer Krone versehen wurde, ist wohl 40 Jahre jünger als die bemerkenswerten Fresken. Im Oberchor, der Georgskapelle, gehen wir noch einen Schritt weiter zurück in die Geschichte und bestaunen nun Fresken aus dem Jahr 1270, die der paduanischen Malschule zuzuordnen sind. Der damalige Salzburger Bischof, der in Padua studiert hatte, berief gelegentlich Künstler von dort in seine Diözese – damals gehörte Matrei zum Erzbistum Salzburg. In der Laibung sehen wir die Jakobsleiter, etliche Heilige, darunter sogar fünf weib-*

liche, an den Wänden, und in den Gewölbezwickeln die vier Elemente in personifizierten Gestalten. Das Gewölbe zeigt die Visionen des Apostels Johannes über das himmlische Jerusalem, in der Mitte thront der segnende Christus. Auf sehr kleinem Raum konnten also die Gläubigen seit vielen Jahrhunderten bildhaft die Hoffnung auf Erlösung vom Sündenfall bis zum ewigen Heil im Himmel nachvollziehen.

Draußen betrachten wir noch das große Christophorus-Fresko an der Nordseite über der Sakristei und folgen dann dem Wegweiser durch die beiden alten Bauernhöfe. Der schmale Pfad führt am Zaun entlang und trifft wenige Meter weiter bereits wieder auf eine Straße. Hier halten wir uns rechts und wandern ziemlich direkt auf Asphalt bergab. Etwa 300 m weiter kommen wir an einer Weggabelung zum Ganzer Bildstock.

» Das der Dreifaltigkeit geweihte Bildstöckl wurde erst in den 1930er-Jahren erbaut, allerdings befand sich hier schon seit dem 18. Jahrhundert ein barockes Bild zum Schutz vor der Pest und anderen Krankheiten. Dieses befindet sich jetzt neben den Heiligenfiguren von Josef und Antonius in der Altarnische.

Wir halten uns nun rechts und gehen weiter bergab zur Brücke über die Isel. Hier können wir vier volkstümlich bemalte Marterl bewundern, die teilweise über 100 Jahre alt sind und an Menschen erinnern, die durch ein Unglück zu Tode gekommen sind. Wir spazieren über die Isel und bald auch vorsichtig über die Virgentaler Landesstraße. Am Gehsteig gehen wir nun rechter Hand nach Matrei zurück, wobei wir an der Verzweigung hinter der Brücke einfach geradeaus bergauf bis zum Korberplatz wandern.

Uralte, einzigartige Fresken in den übereinander angeordneten Chorräumen im Turm

OSTTIROL

46 Unterwegs auf dem Friedensweg
Von Oberlienz hinauf zum Helenenkirchlein

| 3½ Std. | 9,6 km | ↑↓ 500 Hm |

Anfahrt mit dem Pkw: Inntalautobahn bis Ausfahrt Wörgl, B 178 bis St. Johann in Tirol, B 161 bis Mittersill, B 108 bis Ausfahrt Vorstadtl West, Landstraße nach Oberlienz, Parkplatz beim Gemeindeamt (gebührenfrei)
Anfahrt ÖPNV: Bahnverbindung über Wörgl nach Kitzbühel, dort Bus 950X bis Ainet, dort Bus 954 bis Oberlienz Gemeindeamt
Ausgangspunkt: Oberlienz, Gemeindeamt
Wegverlauf: Oberlienz, Pfarrkirche – Oberdrum, Kirche – Prappernitze – Friedensweg – St. Helena – Helenensteig – Raggental – Grittldorf – Oberlienz
Anforderung: meist bequeme, teils asphaltierte Wege, Abstieg über Helenensteig (ab 2022 wieder möglich) schmal und bei Nässe unangenehm
Einkehrmöglichkeit: in Oberlienz Gasthof Oberwirt (täglich durchgehend geöffnet)
Beste Jahreszeit: Frühjahr bis Herbst

Der Schwemmkegel des Schleinitzbaches, im Mittelalter entstanden und heute mit den Lienzer Sonnendörfern besiedelt, bildet den Untergrund für unsere Tour hinauf zum weithin sichtbaren Helenenkirchlein. Dass diese zu einem besonderen spirituellen Ausflug wird, garantiert der Friedensweg, der mit seinen abwechslungsreichen Stationen dort hinaufführt.

Neben der Pfarrkirche von Oberlienz steht das „Grüftl" aus dem 15. Jahrhundert.

Die vom Bushalt oder Parkplatz schnell erreichbare Pfarrkirche von Oberlienz mit ihrer bewegten und für unsere Wanderung heute auch sehr typischen Geschichte steht am Anfang unserer Tour.

» *Bereits 860 wurde in einer Schenkungsurkunde eine „Kirche zur heiligen Maria" genannt, die hier verortet wird. Doch die große Mure des Schleinitzgebietes, die 1113 die gesamte Landschaft umgestaltete, zerstörte auch dieses Gotteshaus. Der Pfarrsitz wurde nach „Patriarchesdorf", also nach St. Andrä in Lienz (s. Tour 47) verlegt. Das neben dem Gotteshaus stehende „Grüftl", das gelegentlich als Totenkapelle verwendet wurde, stammt aus dem 15. Jahrhundert und wurde im 17. Jahrhundert umgebaut. Das Fresko aus dem Jahr 1515 an der Außenwand (Jüngstes Gericht) blieb dabei erhalten und wird heute von den Namen der in den Weltkriegen Gefallenen umrahmt. Vermutlich war das Grüftl eigentlich die Taufkirche des gotischen Baus, der im Jahr 1416 wiedererrichtet worden war. Von ihr sieht man noch den Chor aus Tuffsteinquadern, der Rest wurde* beim Einfall französischer Soldaten 1809 komplett zerstört. Auch wenn die Kirche in den folgenden beiden Jahrzehnten wiederaufgebaut wurde und 1871 der Turm fertiggestellt war, wurde sie erst weitere 20 Jahre später wieder zu einer eigenen Pfarrei erhoben.

Hinter dem Gemeindeamt führt uns nun eine Landstraße nach links ziemlich geradewegs bergauf. Wir kommen dabei an interessanten Bauwerken vorbei – an einem Bildstock und der denkmalgeschützten Znopp-Mühle. Die Kreuzung mit der Bushaltestelle Baumgarten, wo wir später die Tour auch schon beenden können, wird passiert; wir gehen weiter geradeaus aufwärts, bis wir rechter Hand die hübsche Georgskirche von Oberdrum entdecken und zu ihr hinwandern.

» Möglicherweise stand hier schon vor der Oberlienzer Pfarrkirche ein Gotteshaus, da für das Jahr 568 eine arianisch-langobardische Gründung vermutet wird. Grabungen legen nahe, dass es einen frühromanischen Apsidensaal als Vorgängerbau gab, der wahrscheinlich als Begräbnisstätte des Grundbesitzers diente und wohl im 12. Jahrhundert abbrannte. Einen ersten urkundlichen Beweis für die Existenz der Georgskirche gibt es im Jahr 1308. Romanische Spuren finden wir im Bereich der Vorhalle, das Kreuzigungsfresko stammt aus dieser Zeit. Dieser Bau wurde dann im 15. Jahrhundert gotisch eingewölbt, statt der Apsis baute man das Presbyterium an das Langhaus an, ein Jahrhundert später kam der Turm hinzu. Etwa 1670 ging es dann an eine Umgestaltung des Inneren, wobei u. a. der besondere weiß-goldene Altar mit seinen Opfergangsportalen aufgestellt wurde. Auch die beiden Seitenaltäre und die Kanzel stammen aus dieser Phase und geben dem Raum einen hellen und vornehmen Charakter.

Im Inneren von St. Georg /Oberdrum fällt der weiß-goldene Altar mit seinen Opfergangsportalen auf.

Wir folgen weiter unserer Straße, die nun kleiner ist und eher durch Felder als durch Wohngegend führt. Der nächste Weiler trägt den seine slawische Herkunft verratenden Namen Prappernitze, dort finden wir rechts eine Erasmuskapelle.

OSTTIROL

Im Weiler Prappernitze steht die teilweise unverputzte schindelgedeckte Erasmuskapelle.

» Der teilweise unverputzte schindelgedeckte Bau mit seinem netten Dachreiter beherbergt ein barockes Altärchen mit dem Bild seines Patrons. Kreuzwegstationen und einige fromme Gemälde ergänzen die Ausstattung.

Ab hier beginnt der Friedensweg, der im Jahr 2008 von verschiedenen Künstlern oder Gruppen nach einer Idee der Dekanatsjugendstelle Lienz gestaltet ist. In zehn Stationen, bei denen in aufklappbaren „Büchern" immer sowohl die Aussagen des Kunstwerkes beschrieben als auch gedankliche Impulse gegeben werden, führt er uns hinauf zum bereits länger sichtbaren Helenenkirchlein. Bald wird unser Weg naturbelassen und verläuft über Wiesen und Weiden, oft nur als Pfadspur. Kurz vor der 5. Station erreichen wir eine Forststraße, die uns ins Helenental und stetig weiter bergauf führt, bis wir die Bergkirche vor uns sehen.

» Wer auf die Idee kam, hier oben in völliger Waldeinsamkeit eine Kirche zu errichten, liegt im Nebel der Geschichte – etliche Mythen ranken sich um diesen Ort und Kirchenbau; sie sind auf einer Informationstafel im zugänglichen Vorraum nachzulesen. Durch Grabungen gesichert ist, dass schon vor der christlichen Zeit ein Kultort existierte, ein ganz besonderer Platz. Die ersten kirchlichen Gebäudereste sind nur unwesentlich früher zu datieren als die erste Erwähnung in den ersten Jahren des 14. Jahrhunderts, der heutige Bau ist etwa 200 Jahre jünger. Sicher ist wohl, dass ein adeliger Stifter, wohl Andrä von Graben, dessen Wappen sich im Chor befindet, das Geld für den Bau zur Verfügung stellte und das eher im Adel beliebte Patrozinium festlegte. Da die heilige Helena aber als Schutzherrin vor Unwetter und Wasserkatastrophen gilt, entstand bald eine blühende Wallfahrt, von der auch der Wurftisch neben dem Portal zeugt, auf dem Naturalien oder später Geld als Opfergabe dargebracht wurden. Als erste Kirche Tirols mit einem Steinschindeldach gedeckt, trotzt das Kirchlein jeder Unbill. Sogar seine Glocken aus dem 13. und 14. Jahrhundert, die vom Mesner in Prappernitze früher zum Unwetter-Verscheuchen geläutet wurden, blieben vor Kriegsrequirierungen verschont und gelten als die ältesten Osttirols. Das meist ohnehin nicht zugängliche Innere wurde im Laufe der Zeiten immer wieder verändert und beherbergt heute zwei neugotische Altäre unter seinem schönen Netzrippengewölbe. Der uralte Brauch einer Auferstehungsfeier am Karsamstag mit anschließender Brotverteilung, die ohne Geistlichen vom jeweiligen Mesner gestaltet wird, hat sich ebenso erhalten wie zahlreiche Bittgänge der umliegenden Bevölkerung.

Eine Brotzeit unter der an die 500 Jahre alten Linde, die außerdem die höchstgelegene in ganz Tirol sein soll, mit der wunderbaren Aussicht auf den Lienzer Talboden sollten wir uns gönnen, bevor wir uns auf den Rückweg machen, der bis 2022 wegen der Unwetterschäden der Jahre 2018/19 auf gleichem Weg erfolgen muss. Wenn der Helenensteig ab 2022 wieder

Oben gibt es eine Brotzeit mit wunderbarer Aussicht auf den Lienzer Talboden.

freigegeben ist, empfehlen wir diesen. Dazu gehen wir wieder zu Station 10 des Friedensweges zurück und halten uns links, wo ein schmaler Pfad in den Wald leitet. Zunächst halten wir in stetigem leichten Bergauf-Bergab die Höhe und wandern dabei bald auf dem gegenüberliegenden Hang dahin. Erst ins Raggental fällt unser Weg merklich nach unten, bevor er auf eine Forststraße trifft und in Serpentinen sonnig weiter bergab führt. Wir halten uns immer geradeaus und gehen daher geradewegs auf den Weiler Grittldorf zu. Hier biegen wir an der Kreuzung nach links ab und erreichen nach etwa 500 m die Kreuzung Baumgarten, von wo man mit dem Bus bereits die Heimfahrt antreten kann. Zum Parkplatz ist es aber auch nicht mehr weit, wenn wir uns rechts halten und auf vertrautem Weg nach Oberlienz hinabwandern.

In völliger Waldeinsamkeit steht die Helenenkirche mit ihrem Steinschindeldach.

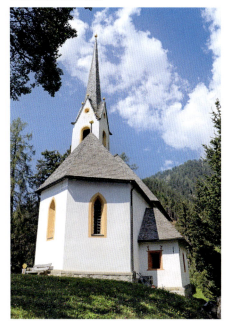

OSTTIROL

47 Wallfahrt zum Heiligen Berg von Lavant
Von Lienz zum uralten Kultplatz am Kirchbichl

| 3½ Std. | 13,3 km | ↑↓ 400 Hm |

Anfahrt mit dem Pkw: Inntalautobahn bis Ausfahrt Wörgl, B 178 bis St. Johann in Tirol, B 161 bis Mittersill, B 108 bis Lienz, über Schlossgasse und Pfarrgasse zum Parkplatz rund um St. Andrä (Sonn- und Feiertag gebührenfrei) bzw. werktags in der Beda-Weber-Straße, gegenüber Hausnummer 33 (gebührenpflichtig)

Anfahrt ÖPNV: Bahnverbindung über Wörgl nach Kitzbühel, dort Bus 950X bis Ainet, dort Bus 954 bis Pfarrkirche Lienz

Ausgangspunkt: Lienz, Pfarrkirche St. Andrä

Wegverlauf: Pfarrkirche St. Andrä – St. Michael – Franziskanerkirche – Amlach – Ulrichsbichl – Bad Jungbrunn – Dorfblick – Lavanter Kirchbichl – Lavant – Rückfahrt nach Lienz

Anforderung: lange, aber unschwierige Wanderung auf Asphaltstraßen, Forstwegen und schmalen Pfaden

Einkehrmöglichkeit: in Lienz etliche Möglichkeiten, Amlach, Bad Jungbrunn, Lavant

Beste Jahreszeit: außer bei Schnee immer möglich

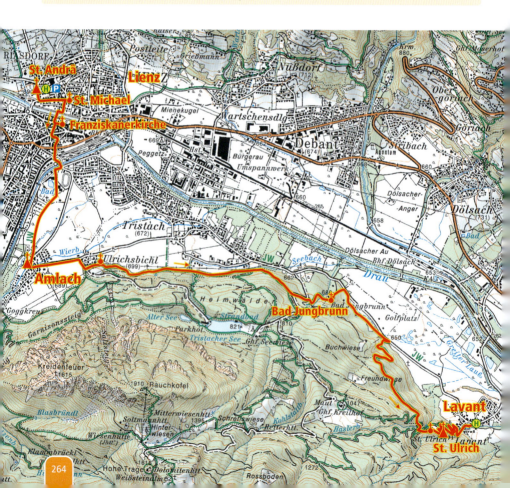

Wenige der vielen Kirchberge haben eine solche Geschichte und Ausstrahlung wie der Kirchbichl von Lavant, zu dem wir eine lange und abwechslungsreiche Pilgertour unternehmen. Die frühe Diözese Aguntum – benannt nach der römischen Siedlung, die als Ausgrabung zwischen Lienz und Dölsach zu besichtigen ist – verbindet unseren Startpunkt St. Andrä in Lienz, die alte Bischofskirche, mit Lavant, dem Rückzugsort des Bischofs in der Zeit der Völkerwanderung. Wir sind also auf sehr alten Spuren unterwegs.

Von Bushaltestelle oder Parkplatz wandern wir durch den besonderen Friedhof mit seinen Arkadengräbern zum Portal von St. Andrä.

Die dreischiffige gotische Basilika St. Andrä in Lienz, eine der ältesten Pfarreien Osttirols

>> *Schon im 5. Jahrhundert stand hier auf dem Pfarrbichl, nördlich von Lienz, eine frühchristliche Kirche, womit dieser Platz als eine der ältesten Pfarreien Osttirols gilt. Der Bischof von Aguntum, der sich in der Völkerwanderungszeit auf den Lavanter Kirchbichl, unser heutiges Tagesziel, zurückgezogen hatte, steht daher auch im Zusammenhang mit diesem Bauwerk. Ein einschiffiges freskengeschmücktes romanisches Gotteshaus (Weihenotiz von 1204), von dem heute noch die beiden Portallöwen und kleinere Reliefs in der Außenwand erhalten sind, wurde 1430 durch die Görzer Bauhütte zu einer dreischiffigen gotischen Basilika umgebaut. Im 17. Jahrhundert im Barockstil renoviert und ein Jahrhundert später mit dem spätbarocken Hauptaltar, einem der prunkvollsten Osttirols, ausgestattet, beherbergt sie heute Zeugnisse verschiedenster Bauepochen, die dennoch harmonisch zusammenspielen. Im Inneren sehen wir daher Fragmente eines alttestamentarischen Bilderzyklus aus dem 13. Jahrhundert neben Fresken aus den folgenden beiden Jahrhunderten (Apostel, Werke der Barmherzigkeit) als ursprünglich sicherlich farbenfrohe Armenbibel erhalten.*

In den Altären mit ihren fast durchgehend weißen Marmorfiguren können wir ein barockes Altarblatt von A. Zoller (Hauptaltar) oder ein ausdrucksstarkes spätgotisches Kruzifix von H. Klocker (rechter Seitenaltar) finden. Bei letzterem Altar verdient die spätbarocke Figurengruppe des J. Paterer unsere Beachtung, von dem auch die allen physikalischen Gesetzen zu trotzen scheinende Schutzengelgruppe stammt. Hochgräber und Grabplatten aus allen Epochen sind zu finden. Über den Sakristeianbau kann man außerdem in die beeindruckende Krypta hinabsteigen, einen Zentralraum mit einer Mittelsäule, die das Gewölbe trägt. Zu sehen sind römische Reliefsteine aus dem 2./3. Jahrhundert, die in der allerersten frühchristli-

Ein einzigartiges Blüten-Sternrippengewölbe finden wir in der Filialkirche St. Michael.

chen Kirche wohl das Reliquiengrab umgrenzten, zudem eine hochgotische Pietà und ein barocker Schmerzensmann – also auch hier ein Durchgang durch die Zeiten!

Außen können wir noch einen Blick in die 1924/25 gestaltete Kriegergedächtniskapelle werfen, in der sich sowohl das Grab als auch ein Bilderzyklus des berühmten einheimischen Malers A. Egger-Lienz befinden. Durch den südöstlichen Ausgang verlassen wir den Friedhofsbereich über Treppen und wandern auf der Patriasdorfer Straße am Gehweg bergab. An der Beda-Weber-Straße, auf die wir stoßen, wenden wir uns nach links und gehen auf ihr, dem früheren Rindermarkt, geradewegs auf die Filialkirche St. Michael zu.

» Wie bei so vielen Gotteshäusern hier findet sich die erste urkundliche Erwähnung 1308, wobei die Kirche bestimmt älteren Ursprungs ist. An der südlichen Außenwand können wir ein Fresko sehen, das um 1300 herum gemalt wurde und vom romanischen Bau erhalten blieb, als im 16. Jahrhundert das heutige Gotteshaus errichtet wurde. Ein einzigartiges Blüten-Sternrippengewölbe überspannt das Langhaus und zieht die Blicke auf sich. Beachten sollte man aber auch die gotische Madonna am rechten Seitenaltar, der ansonsten – wie alle anderen Altäre – erst im 17. Jahrhundert die reiche Ausstattung ergänzte.

Wir wandern wieder wenige Meter auf gleichem Weg zurück, biegen dann aber in die Matthias-Marcher-Straße nach links zum Iselufer ab. Eine schöne Parkanlage wird leicht rechts haltend durchquert, über den Iselsteg gelangen wir ans andere Ufer und spazieren geradeaus an Resten der alten Stadtmauer von 1320 vorbei in das Stadtzentrum von Lienz. An der Muchargasse sehen wir bereits linker Hand die Fassade der Franziskanerkirche St. Marien.

» *Sowohl Kirche als auch Kloster wurden ursprünglich im 14. Jahrhundert von den Görzer Landesfürsten für den Orden der Karmeliten gegründet und errichtet, erst seit 1785 übernahmen es im Zuge der josephinischen Reformen die Franziskaner. Das Langhaus entstand ab 1430 durch die Görzer Bauhütte, der Chor ist ein wenig jünger. Die damals gemalten Wand- und Gewölbefresken mit verschiedensten Themen, teilweise nur fragmentarisch erhalten, vermitteln einen sehr überzeugenden Eindruck einer mittelalterlichen Bettelordenskirche, die sonst auf weiteren Schmuck verzichtet. Nur ein beeindruckendes Kruzifix aus dem 15. Jahrhundert an der linken Chorwand und eine noch ältere Pietà am Wandpfeiler davor erzählen von den wesentlichen Glaubensinhalten. Das Franziskanerkloster selbst durchlebte eine bewegte Geschichte, nach einem Brand 1798 gerade wiederhergestellt, wurden 1809 Soldaten einquartiert, ebenso musste auch in der Zeit des Nationalsozialismus ein großer Teil des Klosters geräumt werden – doch immer erholte sich der Konvent und betreut bis heute die Pfarrei.*

Gotische Wandfresken in der Lienzer Franziskanerkirche St. Marien

Auf gleichem Weg gehen wir wenige Schritte zurück, bis wir links in die Apothekergasse einbiegen. Links zweigt bald ein Rad/Fußweg ab und verläuft einer Mauer entlang zur Fußgängerzone von Lienz mit einem Brunnen. Wir überqueren sie jedoch nur und befinden uns in der Rosengasse, die bald nach links abbiegt. Das schöne Haus Nr. 17 wird nun halb umrundet, danach gehen wir die Ingenieur-Ägidius-Pegger-Straße entlang, bis sie auf die Zwergergasse mündet, wo wir uns rechts halten. Wir behalten diese Gehrichtung bei, überqueren auf Zebrastreifen die Mühlgasse und kommen zu einer größeren Kreuzung, die wir geradeaus passieren. Es geht auf dem Rad/Fußweg unter dem Bahnkörper hindurch und zur evangelischen Martin-Luther-Kirche. Die ersten gelben Wegweiser führen uns über die Drau-Brücke in Richtung Amlach. Dem nächsten Wegweiser, der schon das übernächste Ziel Ulrichsbichl anzeigt, folgen wir aber nicht, sondern halten uns rechts (Fahrradweg nach Italien!) und gehen etwa 100 m an einem eher schmucklosen Bildstock vorbei zum Parkplatz des Schwimmbades. Hier biegen wir nach links und wandern auf die gut sichtbaren Rutschen des Bades zu. Es geht zwischen dem Bad und anderen Sportanlagen auf einem Fußweg ruhig weiter. Der Weg wird

Im Weiler Ulrichsbichl steigen wir zum romantisch liegenden Gotteshaus hinauf.

bald naturbelassen und schließlich nur noch ein Pfad, der uns über sonnige Wiesen und Felder nach Amlach führt. An einer Einmündung passieren wir ein Wegkreuz geradeaus. Im Dorf biegen wir rechts in den Jakobsweg ein, der uns zur Kirche St. Ottilia führt.

» *Obwohl die erste, 1382 belegte, aber vermutlich schon etwa ein Jahrhundert ältere Kapelle eigentlich der hl. Gertraud geweiht war, die als Beschützerin der Feld- und Gartenarbeit galt, verdrängte offenbar die Sorge um das eigene Wohlergehen dieses Patrozinium, und es wurde zur hl. Ottilia, der Fürsprecherin bei Augenkrankheiten, gebetet. Binnen kurzem kamen die beiden weiteren „Heiligen Bräute Christi", die am Hochaltar zu sehen sind, hinzu: Luzia, die ebenfalls bei Augen-, aber auch Hals- und Ohrenkrankheiten angerufen wird, und Apollonia, die als Patronin bei Zahnschmerzen gilt. Das spätgotische Gnadenbild der Ottilia im frühbarocken Hauptaltar stammt aus der Zeit um 1470. Auch hier können wir eine besondere Gewölberippengestaltung bewundern.*

Wir überqueren den Vorplatz ziemlich geradlinig nach Osten und halten uns an der Straße links. Sie bringt uns aus dem Ort und zum Weiler Ulrichsbichl, der nach der Kirche benannt ist, zu der wir bei den ersten Häusern rechts bergauf steigen. Die zweite Querstraße nach links führt uns zum romantisch liegenden Gotteshaus, das auch einen schönen Rastplatz darstellt.

» *Das Gnadenbild dieser Kirche ist überraschenderweise nicht die Madonna mit Heiligen am Hochaltar, sondern das schmale Bild darunter, das den leidenden Jesus zwischen Maria und Johannes zeigt. Es stammt aus dem 16. Jahrhundert und ist damit der älteste Bestandteil dieser erst 200 Jahre später errichteten Barockkapelle.*

Am Rastplatz mit seinen Bänken vorbei kommen wir auf den Wanderweg (Naturlehrpfad) und folgen ihm nach Osten, zunächst leicht bergab, dann relativ flach und meist schön am Waldrand. Der schmale Weg führt uns so vorbei an Tristach, das wir sozusagen links liegen lassen. Immer orientieren wir uns an den Wegweisern nach Bad Jungbrunn/Lavant. Erst wenn wir gerade an den Sportplätzen zur Linken vorbeigekommen sind, missachten wir diese Wegführung, da sie uns an die vielbefahrene Straße leitet, sondern wandern auf dem Rodelweg bergauf, also dem Wegweiser zum Tristacher See nach. Nach 60 Höhenmetern trifft dieser Weg auf die geteerte Straße zum Tristacher See, die wir bis zur nächsten Kurve wieder leicht bergab laufen müssen. Dort zweigt rechts – leider (noch?) unmarkiert ein Forstweg von der Straße ab, der wieder ganz leicht bergauf geht. Nun ist Aufmerksamkeit geboten, denn nicht einmal 100 m weiter, noch vor dem bereits hörbaren Bach, zweigt links schwer sichtbar und unmarkiert ein Pfad ab, der wunderschön bergab durch den Wald nach Bad Jungbrunn führt. Durch ein Spaliertor gelangen wir zum Parkplatz und sehen rechts die kleine Kapelle mit ihrem heiltätigen Brunnen.

» *Bereits 1580 wurde Bad Jungbrunn als sehr berühmtes Heil- und Mineralbad erwähnt und zählt damit zu den ältesten Bädern Österreichs, das auch der Wiener Hochadel (neben Baden und Bad Ischl) gern aufsuchte. Aus dem Jahr 1841 stammt die erste wissenschaftliche Analyse, die das Wasser als positiv wirkend für Atmung und Nerven bezeichnet. Darauf folgte eine Blütezeit, in der hier am heute recht verwunschenen Ort ein über 100 Menschen fassender Speisesaal, Tennis- und Kegelanlagen und Musikzimmer existierten und der Bahnhof Dölsach zur Eilzugsstation wurde. Mit dem Zweiten Weltkrieg endete diese Phase. Heute gelingt es den aktuellen Eigentümern, den Zauber des idyllischen Ortes mit seiner holzüberdachten Mariengrotte und dem lieblichen Brunnen wiederzubeleben.*

Kurz gehen wir an der Straße bergab und bleiben dann geradeaus auf dem Forstweg, der unten auf die Landstraße trifft. Diesmal müssen wir ihr ein kurzes Stück nach rechts folgen, bis rechts ein Feldweg abzweigt. Dieser verzweigt sich an einem

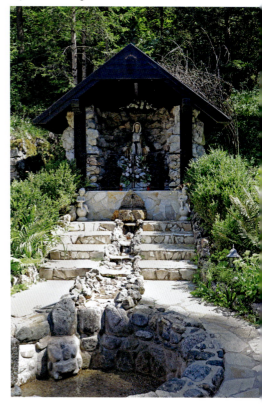

Das traditionsreiche Bad Jungbrunn besitzt eine kleine Kapelle mit heiltätigem Brunnen.

OSTTIROL

großen Baum, hier halten wir uns links und wandern auf ziemlich überwuchertem, teilweise schmalem Pfad neben einem Bach, der uns von der Straße trennt, weiter, bis er wieder auf die Straße trifft. Man könnte jetzt endgültig die Straße bis Lavant nehmen (auch der Jakobsweg verläuft so), wir empfehlen aber den gleich nach 100 m folgenden Anstieg zum Dorfblick nach rechts. Eine bequeme Forststraße führt uns schattig mit Sonnenflecken 200 Höhenmeter bergauf, wo wir mit einer schönen Aussicht auf das Drautal und den schon ganz nahen Kirchbichl entschädigt werden. Nun geht es dorthin fast nur bergab – zunächst zur Brücke über die Schlucht, dann weiter auf dem anderen Ufer bis zu einer Weggabelung. Hier folgen wir der Beschilderung zur Filialkirche St. Peter und Paul und steigen noch einmal wenige Meter hoch zu dem altehrwürdigen Gotteshaus.

» *Vielleicht stand hier die im 8. Jahrhundert aufgelassene ehemalige Bischofskirche, zumindest ergaben Grabungen einen Vorgängerbau sowie Spuren des Bergfriedes der Burg Lavant. Das Patrozinium würde dafür sprechen. Der heutige Bau stammt aus dem 15. Jahrhundert, wobei interessant ist, dass an den Außenseiten erkennbare Fragmente aus römischer Zeit (z. B. ein Reisewagen gleich auf der rechten Außenmauer) verwendet wurden. Die Weihe fand 1485 statt, wobei die Innenausstattung damals wohl noch unfertig war. Die beeindruckende gotische Holzdecke ist mit 1516 datiert, das Gewölbe mit seinen bemerkenswerten Schlusssteinen im Chor wurde um 1500 fertiggestellt, ebenso die spätgotischen Flügelaltäre.*

Wir wandern nun leicht bergab zum bereits sichtbaren Kalvarienberg mit seinen ausdrucksstarken Kreuzen und gelangen zur Wallfahrtskirche St. Ulrich, unserem letzten und eigentlichen Ziel.

Am „Dorfblick" werden wir mit einer schönen Aussicht auf das Drautal belohnt.

Nach dem Besuch der Wallfahrtskirche St. Ulrich geht es hinunter nach Lavant.

» Bereits im 4./5. Jahrhundert blühte hier frühes christliches Leben, dessen Spuren wir als archäologische Fundstücke schon links unter uns beim Hergehen sehen konnten. Die wohl damals schon prächtige Kirche fiel um 600 einem Felssturz zum Opfer, der Neubau wurde dann an der Stelle geplant, wo wir heute die gotische und im Barock großzügig umgebaute Ulrichskirche sehen. Ihre Vorgängerbauten werden auf die Spanne zwischen 750 und 1050 datiert, wobei der Namenspatron erst 993 heiliggesprochen wurde. Das immer noch gotisch erhaltene Spitzbogenportal von 1500 öffnet den Blick in ein von barocker Glaubensfreude sprühendes Innere, das ein Madonnen-Gnadenbild aus dem 17. Jahrhundert als Zentrum des auch aus dieser Zeit stammenden Hochaltares besitzt. Die Gewölbemalereien wurden im Jahr 1771 hinzugefügt und zeigen u. a. in der Kuppel eine schöne Verbindung der hiesigen Verehrungsziele: den Kirchenpatron Ulrich, der sich bei der Muttergottes von Lavant als Fürsprecher für die Bevölkerung vorstellt.

Wir wandern nun auf die Straße hinunter und folgen dem Kreuzweg aus dem 19./20. Jahrhundert in falscher Richtung nach unten in das Dorf Lavant. Dabei kommen wir vorbei an den verschiedenen Ausgrabungen, die hier auf dem spätrömisch-frühmittelalterlichen Siedlungshügel freigelegt wurden, und passieren einen mittelalterlichen Torbogen. Funde dieses interessanten Ortes, die bis in die Jungsteinzeit zurückgehen, gibt es im Museum von Lavant zu sehen, das auf unserem Weg liegt. Im kleinen Dorf Lavant können wir einen Bus nach Lienz zurück nehmen.

OSTTIROL

48 Hoch über dem Pustertal unterwegs
Von der Heiligen Justina zum Heiligen Korbinian

| 3½ Std. | 9,8 km | ↑ 260 Hm | ↓ 530 Hm |

Anfahrt mit dem Pkw: Brennerautobahn bis Ausfahrt Brixen/Pustertal, SS 49/B 100 bis Mittewald an der Drau, Landesstraße bis zum Parkplatz Anras/Abzweigung St. Justina (gebührenfrei), zurück mit Anrufsammeltaxi 962T (Fahrt nur nach Voranmeldung mind. 1 Stunde vor Abfahrt unter: +43/(0)676 841540700, daher am besten vor der Besichtigung von St. Korbinian vereinbaren!)
Anfahrt ÖPNV: Bahnverbindung über Wörgl nach Kitzbühel, dort Bus 950X bis Lienz Hochstein Schloss Bruck, dort Bus 962 bis Anras/Abzweigung St. Justina
Ausgangspunkt: Anras/Abzweigung St. Justina
Wegverlauf: St. Justina – Mitleider – Herol – Assling – St. Korbinian – Thal/Aue – Rückfahrt nach Abzweigung St. Justina
Anforderung: zwischen den Höfen Sachser und Mitleider schmaler Bergpfad, bei dem besonders bei Nässe Trittsicherheit von Vorteil ist, sonst bequeme, teils asphaltierte Wege
Einkehrmöglichkeit: unterwegs keine, erst in Thal/Aue Gasthof (Mai – September täglich durchgehend geöffnet, sonst Sa Ruhetag)
Beste Jahreszeit: Frühjahr bis Herbst
Tipp: Rechtzeitig mit Frau A. Lach (Tel.: +43/(0)664 2743 905) oder Pfarrkoordinatorin C. Czopak (Tel.: +43/(0)681 2042 4350) die Zeit für die Besichtigung von St. Korbinian vereinbaren!

Zwischen der Pustertaler Höhenstraße und dem Talboden mit dem ebenso beliebten Drauradweg verläuft unsere Wanderung auf halber Höhe und verbindet die beiden wunderschönen Kirchen St. Justina und St. Korbinian, beides alte und auch kunsthistorisch wertvolle Heiligtümer.
Von unserem Ausgangspunkt folgen wir anfangs der asphaltierten Straße in östlicher Richtung, die uns zunächst zum kleinen Weiler unterhalb der Kirche führt.

Dort steigen wir rechter Hand auf schmalem Weg auf den Kirchhügel. Zwischen dem Friedhof und der Kirchenmauer sehen wir Reste der Burg, die sich im Mittelalter hier auf dem Felsen erhob. Treppen bringen uns hinauf zur Kirche.

» *Da die Pustertaler Höhenstraße vermutlich der Trasse einer römischen Verbindungsstraße folgt, wurden hier auch schon antike Spuren entdeckt. St. Justina selbst wird erstmals 1177*

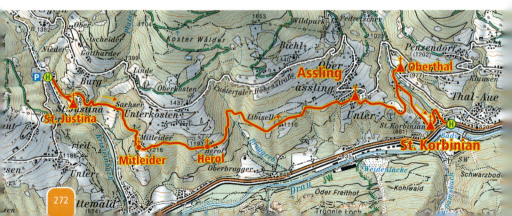

erwähnt, so dass es sicher einen romanischen Vorgängerbau des heutigen spätgotischen Gotteshauses gab. Der riesige Christophorus am Turm wurde auf 1513 datiert, davor jedoch existierte bereits die Statue der Justina im spätgotischen Flügelaltar (1430). Im 18. Jahrhundert erhielt das Innere dann seine heutige Gestalt, indem der Chor ersetzt und ein neuer Hauptaltar mit passender Kanzel errichtet wurden. Das Deckengemälde zeigt die Enthauptung der Kirchenpatronin und entstand erst 1830 bis 1840.

Wir wandern wieder zurück bis hinunter in den Weiler, dann folgen wir nun der asphaltierten Straße nach rechts. 150 m weiter kommen wir an eine Verzweigung und halten uns wieder rechts, wo uns ein Sträßchen leicht bergab zu einer Lichtung mit dem Bauernhof Sachser bringt. Ab hier ist es nur ein kleiner Pfad, der stellenweise sehr schmal wird und in leichten Auf und Abs mit Bachquerungen durch den Wald führt. Wenn sich von unten ein anderer Weg nähert, ist ein wenig Aufmerksamkeit geboten, da wir noch vor diesem nach links auf einen aufwärts führenden Fahrweg abbiegen. Auf der nächsten Lichtung erblicken wir den ungewöhnlichen Bildstock beim Mitleider.

» *Ein fast quadratischer Grundriss macht das kleine Kapellchen schon beim ersten Anblick besonders. Es stammt aus dem frühen 18. Jahrhundert und enthält hinter seinem schmiedeeisernen Gitter zwei hölzerne Heiligenstatuen.*

Nun wandern wir aussichtsreich weiter in östlicher Richtung auf einer Straße entlang, die teils geteert über dem Pustertal dahinführt. Nach einer Viertelstunde erreichen wir den Weiler Herol, wo wir eine weitere Kapelle erblicken, die den kurzen

In der Kirche St. Justina steht am Seitenaltar die spätgotische Statue der Kirchenpatronin.

Der fast quadratische Bildstock beim Mitleider aus dem frühen 18. Jahrhundert

Abstecher auch wegen eines schönen Rastplatzes doch lohnenswert macht, obwohl sie meist geschlossen ist.

» Im Jahr 2012 wurden hier drei wertvolle barocke Statuen gestohlen, von denen bis heute jede Spur fehlt. Die heute noch zumindest durch ein Guckloch sichtbare Einrichtung stammt auch aus der Zeit um 1750 und zeigt eine qualitätsvolle Darstellung der Dreifaltigkeit als drei bärtige Männer über einem Marientod.

Wir wandern weiter die Teerstraße bergab, die dann aber ihre Richtung und Höhenlage in etwa beibehält und uns ungefähr 2,5 km teils durch Wald, vorbei an einzelnen Höfen und Lichtungen zum Ortsanfang von Assling führt. Hier wenden wir uns nach rechts und gehen leicht bergab auf das beeindruckende Ensemble der Pfarrkirche von Assling zu.

» Von links nach rechts erblicken wir ein mächtiges Holzkreuz, eine Kriegergedächtniskapelle, eine Lourdeskapelle mit einem großen Baum davor, dahinter das Widum, das sich sogar über die Straße spannt, und dann schließlich die barocke Kirche mit ihrem Nordturm. Schon 1187 existierte hier eine Pfarrei, deren Gotteshaus aber 1723 abbrannte und recht schnell wieder aufgebaut wurde. An der Südwand können wir noch ein Freskenfragment von 1430 sehen, das Innere dagegen wurde im 19. Jahrhundert umgestaltet, Deckenfresken von W. Köberl kamen 1964 hinzu.

Wir spazieren durch den Bogen zwischen Widum und Kirchturm und halten uns dann bergab rechts. Die Serpentine der Pustertaler Höhenstraße nutzen wir aus, gehen hier aber gleich am stattlichen früheren Gasthof Fritzler entlang weiter bergab, wo der Weg beinahe nur nach ei-

Das beeindruckende Ensemble der Pfarrkirche von Assling mit Baum und Kapellen

Oberthal mit seiner Kirche St. Ulrich lohnt einen kurzen Abstecher.

ner Hofeinfahrt aussieht. Wir gehen zwischen den Häusern hindurch und befinden uns unterhalb links auf einem Feldweg, den wir gemächlich bergab wandern, begleitet von traditionellen, aber auch modernen Kapellchen. Wenn wir wieder in den Wald eintauchen, weist bald ein Wegweiser (Wilfernsteig) direkt steil bergab nach St. Korbinian, dem wir aber nicht folgen, sondern geradeaus nach Oberthal weitergehen. Hinter den ersten Häusern geht es nach rechts und kurz darauf wieder nach links, wenn wir den lohnenden Abstecher zur Kirche St. Ulrich unternehmen wollen. Unser Weg erreicht nach 300 m die Straße, wir halten uns links und stehen bald vor dem schon lang sichtbaren Gotteshaus.

» Wohl in der ersten Hälfte des 15. Jahrhunderts wurde St. Ulrich von der Brixener Bauhütte errichtet, weshalb der äußere Eindruck gotisch ist. Auch innen können wir noch das schöne Netzrippengewölbe aus dieser Zeit bewundern, in den Ausstattungsgegenständen dagegen herrscht der Barock vor, da das Gotteshaus 1668 umgestaltet wurde.

Auf gleichem Weg kehren wir zu den ersten Häusern von Oberthal zurück und wandern geradeaus auf einem schönen Feldweg nach St. Korbinian, das über die Wiese schon bald zu sehen ist.

» Die Hintergründe, warum hier eine dem Diözesanpatron von München und Freising geweihte Wallfahrtskirche steht, bleiben im Dunkel der Geschichte. Eine Sage berichtet von einer Sühnestiftung, möglich ist auch ein Vorgängerbau, da das heute bayerische Erzbistum vom frühen Mittelalter an großen Einfluss in der Region hatte. Der Bau der heutigen Kirche wurde jedenfalls etwa 1460 begonnen. Das fast trutzig wirkende Äußere kommt größtenteils

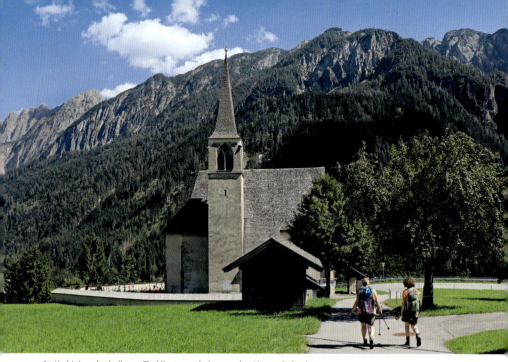

St. Korbinian oberhalb von Thal liegt wunderbar vor den Lienzer Dolomiten.

ohne Schmuck aus, wohingegen das Innere ein wahres Schmuckkästchen darstellt. Besonders der noch nicht vor allzu langer Zeit erst wieder vervollständigte Altar von F. Pacher auf der

Der erst kürzlich wieder vervollständigte Altar von F. Pacher in St. Korbinian

rechten Seite hebt das bescheidene Kirchlein in einen hohen kunsthistorischen Rang. Die ausdrucksstarken mittelalterlichen Wandmalereien auf der anderen Seite des Langhauses, unter denen jeweils die Namen der Stifter stehen, erzählen schon seit mehr als 500 Jahren den Gläubigen die biblische Heilsgeschichte. Auch die beiden anderen gotischen Altäre und der Hauptaltar aus der Spätrenaissance verdienen aufmerksame Blicke wie auch das schöne Netzrippengewölbe mit seinen farbigen Schlusssteinen.

Auf der Teerstraße wandern wir nun – erneut an Bildstöcken vorbei – hinunter nach Thal mit seinem empfehlenswerten Vitalpinum der hiesigen Latschenbrennerei, wo wir entweder mittels eines Anrufsammeltaxis zum Parkplatz zurückkommen oder aber mit Bus oder Bahn heimfahren können.

Im Banne von Burg Heinfels ins vordere Gailtal

Pilgern nach Hollbruck und St. Oswald

| 4½ Std. | 16,1 km | ↑↓ 470 Hm |

Anfahrt mit dem Pkw: Brennerautobahn bis Ausfahrt Brixen/Pustertal, SS 49/B 100 bis zur Abzweigung B 111, nach wenigen Metern Parkplatz Tassenbach (gebührenfrei)
Anfahrt ÖPNV: Bahnverbindung über den Brenner nach Franzensfeste, dort Zug R/REX bis Tassenbach
Ausgangspunkt: Tassenbach, Bahnhof
Wegverlauf: Tassenbach – Rabland – Hollbruck – Kartitsch – St. Oswald – Strassen – Tassenbach
Anforderung: meist bequeme Wege, lediglich Abstieg nach Strassen steiler Waldweg
Einkehrmöglichkeit: unterwegs in Hollbruck Alpengasthof Schöne Aussicht (durchgehend ganztags geöffnet), in Kartitsch Dolomitenhof (durchgehend ganztags geöffnet) und in St. Oswald Gasthaus Dorfberg (durchgehend ganztags geöffnet)
Beste Jahreszeit: Frühjahr bis Herbst
Tipp: Wer genügend Zeit hat oder länger in der Gegend ist: Seit 2020 ist Burg Heinfels mit Führung zu besichtigen!

Mächtig grüßt von der Südseite des Osttiroler Pustertals die Burg Heinfels hinunter ins Tal und hinüber ins hier abzweigende Gailtal, auf dessen Höhenterrasse wir zu drei wunderschönen Kirchen pilgern wollen.

Vom Bahnhof oder Parkplatz überqueren wir die Gleise und folgen ein Stück der Gailtal-Straße, bis hinter dem Forellenhof gut beschildert der Jakobsweg nach rechts abzweigt. Wir queren noch einmal einen Gleiskörper, wandern kurz an ihm entlang und biegen dann nach rechts auf einen schönen Feldweg ab. Ein Stück durch den Wald und dann an seinem Rand und über Wiesen geht es in Richtung Westen,

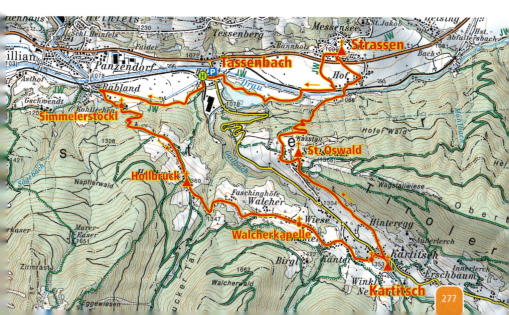

Die Wallfahrtskirche von Hollbruck ist seit dem 17. Jahrhundert ein beliebtes Ziel.

bis wir das Wohngebiet Rabland erreichen und auf eine Straße stoßen. Wir biegen scharf links ab und steigen nun bergauf. Wir folgen den Schildern „Wanderweg Hollbruck" und sehen bald schon eine Kapelle vor uns.

» Das kleine Gotteshaus mit seinem Spitztürmchen stammt aus dem Jahr 1877, enthält aber einen älteren Altar (17. Jahrhundert) mit einem Maria-Hilf-Bild, nach dem es auch benannt ist. Zwei vergoldete Apostelbüsten gehören ebenfalls zur hübschen Ausstattung des Kirchleins, das im Volksmund auch als Simmelerstöckl bezeichnet wird.

Nach der Kapelle ist es ein Forstweg, der uns in etwa einer halben Stunde bergauf nach Hollbruck bringt. Wir folgen dabei einem 1904 errichteten Kreuzweg, dessen schöne Bildtafeln unter den überdachten Gehäusen in Öl auf Holz gestaltet sind. Nach ein paar Serpentinen im Wald erreichen wir eine Lichtung, und bei den ersten Häusern von Hollbruck führt uns dann wieder eine Straße bis zur Kirche.

» Die Wallfahrtstradition blühte hier in der ersten Hälfte des 17. Jahrhunderts auf, nachdem sich ein Wunder ereignet hatte. Eine nur 13 cm große Tonfigur der Muttergottes war im Korb einer Frau aufgetaucht und kehrte immer wieder von allen Orten, an denen die Frau sie aufstellte, dorthin zurück. Erst als sie die Statue in die Kapelle von Hollbruck getragen hatte, verblieb diese dort. Kurz darauf wurde ein totgeborenes Kind vor dieser Figur wieder lebendig. Schnell wuchs die Zahl der Pilger, und das ursprüngliche Holzkirchlein wurde durch den jetzigen Kirchenbau ersetzt, der als einer der bedeutendsten aus dem Frühbarock in Tirol gilt. 1688 wurde das Gotteshaus geweiht, in den Jahren zuvor hatten es einheimische Künstler mit den qualitätsvollen Secco-Gemälden an der Decke, den verschiedenen Heiligenstatuen und Altären ausgestattet. Die steile Eingangstreppe verstärkt den Eindruck, in Richtung Hauptaltar weiter bergauf zu schreiten, und zieht den Blick auf die Monstranz im Strahlenkranz, die das kleine Gnadenbild beinhaltet.

Nun geht es auf der Straße in Richtung Kartitsch, abzweigende Wegweiser ignorieren wir und wandern, mehr bergab als bergauf, aussichtsreich in das Gailtal hinein. Gegenüber am Hang sehen wir bereits St. Oswald, unten im Pustertal die Kirchen von Strassen und vor uns auch den Ort Kartitsch. Nach etwa 2 km erreichen wir eine auf der rechten Straßenseite stehende Kapelle.

» Nach dem gerade durchquerten Weiler wird dieses kleine denkmalgeschützte Kirchlein, das der hl. Theresia vom Kinde Jesu geweiht ist, auch als Walcherkapelle bezeichnet. Ein Bild der Patronin schmückt das ansonsten sehr schlichte Innere.

Wir steigen nun bis zur Abzweigung nach Birgl leicht bergauf, dann aber wieder abwärts und auf eine Brücke über die Gail zu. Davor nehmen wir den Weg rechts,

Die Walcherkapelle am Wegrand ist der hl. Theresia vom Kinde Jesu geweiht.

der uns wieder bergauf führt, ab der nächsten Verzweigung aber wandern wir links hinunter zum Bach, den wir auf einer Holzbrücke überqueren. Gleich dahinter finden wir wieder ein Kirchlein.

» *Die Kapelle Heilige Maria von Lourdes hat hier am Ufer der Gail ihren Platz gefunden. Innen prägt eine aus rohen Steinen errichtete Lourdesgrotte den Raum mit seiner hölzernen Flachdecke. Zwei Heiligenstatuen und ein Kruzifix rahmen das Geschehen um Maria und Bernadette ein.*

Von hier führt steil ein Wiesenpfad hinauf nach Kartitsch, wo wir uns an der Straße nach rechts halten und einen Abstecher zur Pfarrkirche unternehmen.

» *Ein ungewöhnliches Gemälde sehen wir gleich beim Hingehen auf der Außenwand des spätgotischen Kirchenbaus, nämlich eine Abbildung des wundertätigen Kruzifixes von Innichen aus dem 19. Jahrhundert. In früheren Zeiten war laut einer Chronik auch ein Christophorus-Fres-*

ko vorhanden, Spuren gibt es keine mehr. Eine Kirche stand hier schon seit 1386, allerdings wich sie schon ein Jahrhundert später dem heute sichtbaren Bau. Erzählungen zufolge war es

Pfarrkirche von Kartitsch

Auf dem Wanderweg nach St. Oswald

Graf Leonhard von Görz, der von seinem Sommersitz Schloss Heinfels aus den Neubau vielleicht sogar initiierte, auf jeden Fall aber tatkräftig unterstützte. Das Innere wurde im 18. Jahrhundert allerdings noch einmal umgestaltet, so dass heute die barocken Altäre und die ansonsten im Stil des Klassizismus ab 1830 vorgenommene Erneuerung vorherrschen.

Wir gehen wieder ein Stück auf der Landesstraße zurück, bis vor der Bushaltestelle rechts der Wanderweg nach St. Oswald abzweigt. Er führt uns leicht bergauf und gabelt sich nach dem letzten Bauernhof. Wir halten uns links und wandern nun wunderbar auf einem Pfad über Wiesen und nach einem Jakobus-Bildstock an einem schönen Rastplatz in den Wald. Fast eben geht es nach St. Oswald, wo mehrere Wege auf unseren treffen. Dort gehen wir geradeaus bergab und nehmen die erste Straße rechts zur Kirche.

» Im massiven Turm finden sich Reste des romanischen Vorgängerbaus, der ansonsten wie auch St. Leonhard in Kartitsch etwa 1450 eine gotische Umgestaltung erfuhr. Das schöne Sterngewölbe allerdings ist hier noch erhalten und beeindruckt mit seiner Bemalung und den Schlusssteinen ebenso, wie es mit den beiden Grotesken im Zwickel des Fronbogens überrascht und insgesamt an St. Andrä in Lienz (Tour 47) erinnert. Die Wandfresken des Weltgerichtes im Langhaus wurden im 17. Jahrhundert gemalt, ebenso wie das Gemälde über der Sakristeitür mit dem interessanten Detail der Darstellung der Dreifaltigkeit als sitzende Personen im unteren Feld, die eigentlich zur Zeit der Freskierung bereits durch das Konzil von Trient verboten worden war. Etwas später wurden die 14 Nothelfer auf der anschließenden Schrägwand gemalt. Von der barocken Ausstattung fällt vor allem die kostbare Rosenkranzmadonna aus dem 17. Jahrhundert ins Auge, damals wurden auch die Seitenaltäre errichtet, wobei die hölzerne Pietà links bereits um 1500 geschaffen wurde. Der Hochaltar wurde erst um 1800 hinzugefügt, passt aber mit seinen Statuen von 1770 gut in das Gesamtbild.

Nach Verlassen des Friedhofes halten wir uns rechts abwärts und wandern auch bei der nächsten Verzweigung rechts weiter aus dem Dorf. Hinter den letzten Häusern führt uns der bald schmaler werdende Pfad über eine Wiese in den Wald hinein. Nun geht es zunächst in Serpentinen schattig bergab. Nach der dritten biegen wir nach rechts ab und gelangen bald – wieder rechts haltend – auf einen schmaleren Pfad, der uns durch ein paar Einschnitte und dann etwas steiler hinab ins Tal bringt. Bereits wieder auf breiterem Weg treten wir aus dem Wald, halten uns nach rechts und erreichen eine Brücke, die uns zum Weiler Hof bringt, bei dem in den Feldern im Jahr 2014 ein antiker römischer Gebäudekomplex entdeckt wurde. Wir wenden uns erneut nach rechts und gehen leicht bergauf, bis nach knapp 500 m ein Pfad über eine Wiese zur Unterführung der Pustertaler Landesstraße abzweigt. Wir folgen ihm und wandern danach die kleine Straße entlang direkt hinauf zur Dreifaltigkeitskirche.

» *Es ist ein besonderer Bau und nicht einmal die Pfarrkirche des Ortes, die weiter oben am Hang liegt. Eine ehemalige Kapelle wurde hier im Jahr 1638 vergrößert, wurde aber bald zu klein, so dass 1763 ein kompletter Neubau realisiert wurde. So entstand ein wunderbar einheitlicher barocker Bau mit herrlichen Fresken von F. A. Zeiller in der Kuppel. Das Hochaltarbild mit der Marienkrönung durch die Heilige Dreifaltigkeit gab es in kleinerem Format auch schon in der alten Kapelle – dieses wurde dann den neuen Größenverhältnissen angepasst und 1778 von J. Mitterwurzer geschaffen.*

Wenige Schritte hinter dem Kirchenbau in östlicher Richtung können Interessierte einen römischen Meilenstein bewun-

Im massiven Turm der Kirche St. Oswald finden sich noch Reste des romanischen Baus.

OSTTIROL

dern, bevor wir uns an der Kreuzung vor der Kirche nach Westen richten und das kleine Sträßchen entlanggehen. Beim Strasserwirt müssen wir nach links abzweigen und nach kurzem die Landesstraße vorsichtig überqueren. Wieder geht es durch Wiesen auf einem Feldweg hinunter nach Hof, wo wir noch vor Erreichen der uns schon bekannten Brücke nach rechts auf den Drauradweg abbiegen und diesem bis zur nächsten Brücke folgen. Dahinter verlassen wir ihn, indem wir geradeaus bleiben und bald am Gailbach und später am Speichersee entlang weiterwandern. Dabei ist es tatsächlich egal, ob wir am See gleich nach rechts abbiegen und auf dieser Uferseite entlangspazieren oder ob wir an seiner Süd- und dann an seiner Westseite gehen – in beiden Fällen kommen wir an seinem Zufluss zurück zum Drauradweg und nach links bald zum Bahnhof Tassenbach.

Die Dreifaltigkeitskirche in Strassen ist ein einheitlicher barocker Bau.

Herrliche Fresken von F. A. Zeiller in der Kuppel der Dreifaltigkeitskirche

Auf dem Grenzlandwanderweg nach Maria Luggau

50

Von Obertilliach über die älteste Grenze der Region nach Kärnten

| 3 Std. | 11,9 km | ↑160 Hm | ↓370 Hm |

Anfahrt mit dem Pkw: Obertilliach, Parkplatz an der Golzentipp-Bahn kostenfrei
Anfahrt ÖPNV: Obertilliach Ort
Ausgangspunkt: Obertilliach Kirche
Wegverlauf: Pfarrkirche Obertilliach – Lourdeskapelle – St. Nikolaus im Moos – Bachhäusl – Hopfgarten – Untertilliach – Paternbrücke – Maria Luggau
Anforderung: meist bequeme Wege
Einkehrmöglichkeit: in Obertilliach oder Maria Luggau, unterwegs keine
Beste Jahreszeit: Frühjahr bis Herbst
Tipp: Die Besichtigung der Nikolauskirche sollte rechtzeitig vereinbart werden, zuständig ist die Pfarre Obertilliach (Tel.: +43/(0)4847 5209)

Die letzte Wanderung des Buches führt uns – wie auch die erste – zu einem Wallfahrtsziel, das knapp außerhalb der Grenze Tirols liegt. Diesmal geht es nach Kärnten, ins berühmte Maria Luggau.

Durch alte Gassen des schönen romanischen Haufendorfes spazieren wir zunächst zum Ausgangspunkt, der Pfarrkirche St. Ulrich von Obertilliach.

» *Die große Barockkirche, die von 1762 bis 1764 von F. de Paula Penz errichtet und auch von weiteren Nordtiroler Künstlern ausgestattet wurde, beherbergt eine etwas ältere Tabernakel-Madonna, die überregional als Wallfahrtsziel bekannt ist, besonders gilt sie als Beschützerin des Tales in den Gefahren des Ersten Weltkrieges. Das prächtige Gotteshaus war ursprünglich gotisch und wurde 1452 geweiht – davor musste die Bevölkerung sechs Stunden zum Gottesdienst bis nach Anras pilgern.*

Wir gehen an der Bergbahn vorbei hinunter bis zur Landesstraße, die wir überqueren und nach den ersten Gebäuden bald wieder nach links verlassen. Ein Sträßchen, das erst asphaltiert, dann naturbelassen über die Wiesen bergab führt, bringt uns in die Nähe der Kirchen auf dem Feld, zu denen wir jeweils Abstecher unternehmen können. Die erste Abzweigung leitet uns nach 800 m zur leider meist geschlossenen Lourdeskapelle.

Die große barocke Pfarrkirche St. Ulrich von Obertilliach

OSTTIROL

Die erste der Kirchen auf den Feldern unterhalb von Obertilliach ist die alte Lourdeskapelle.

» Eigentlich ist dieses Kirchlein der hl. Helena geweiht und das vermutlich älteste Gotteshaus des Tiroler Gailtales. Nachdem sie im Laufe der Jahrhunderte verfiel, erinnerte man sich 1854 der alten Kultstätte und erbaute sie als Lourdeskapelle neu.

Lohnender ist der wieder etwa 800 m später folgende Abstecher zur zweiten Kirche „in den Mösern", St. Nikolaus.

» Schon vom Weg her kann man einen Freskenrest des hl. Christophorus an der Außenwand entdecken, der vom gleichen Künstler stammte wie die Gemälde in Obermauern. Auch innen sind Heiligenfresken des Simon v. Taisten aus dem 15. Jahrhundert erhalten, ebenso wunderschöne spätgotische Altartafeln und noch originale Maßwerkfenster. Das gotische Kleinod wurde 1490 dem hl. Nikolaus geweiht.

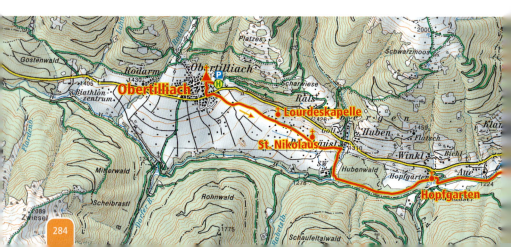

Kreuzabnahme-Fresko an der Kirche St. Nikolaus in den Mösern

Beim Weitergehen sollten wir einen Blick von hinten auf die hübsch gegliederte Apsis werfen, und auch die Lage Obertilliachs hinter den beiden mitten in den Wiesen stehenden Kirchen ist sehr schön. Unser Weiterweg führt in den Weiler Bachhäusl, dort finden wir eine kleine Kapelle.

» *Der freundliche größere sogenannte Elend-Bildstock lädt unter dem Vordach sogar mit zwei Bänken zur Andacht vor dem Gitter unter dem Votivbild ein.*

An der gleich folgenden Einmündung halten wir uns nach rechts bergab, kommen zu einem Sägewerk und müssen die breite Fahrstraße verlassen, um auf einem Brett den Gärberbach zu queren, der in die Gail mündet. An deren Ufer wandern wir auf gutem Weg entlang und gelangen nach eineinhalb meist schattigen Kilometern nach Hopfgarten. Hier gehen wir unterhalb der (meist verschlossenen) Kapelle vorbei, queren die Gail und folgen ihr weiter nach Osten. Der gut ausgeschilderte Grenzlandwanderweg geht nun zum auf der anderen Uferseite liegenden Weiler Aue, wo auch eine Kapelle steht, die aber ebenfalls nicht geöffnet ist und keinen Abstecher lohnt.

Unser Weg führt stattdessen weiter am Ufer entlang und entfernt sich wenig später ein bisschen von ihm. Hier dürfen wir uns durch eine etwas verwirrende Schilderflut, vor allem nicht durch die Privatweg-Schilder beirren lassen – der ganz offizielle Wanderweg verläuft durch den Privatbereich, man darf diesen also durchqueren, nur nicht vom Weg abweichen! An einer Waldkreuzung nach etwa 350 Metern halten wir uns links, so dass wir der Gail wieder näher kommen und bei der nächsten Brücke nach Untertilliach einen Abstecher unternehmen können.

Der Grenzlandwanderweg führt unterhalb der Kapelle von Hopfgarten vorbei.

» *Die frühere Pfarrkirche St. Ingenuin und Albuin haben wir vermutlich auf dem Weg bereits entdeckt – sie stand hoch über dem Talgrund erhoben am Hang. Hier unten stand ursprünglich nur ein Bildstock, der dem hl. Florian geweiht war, weshalb die jetzige Pfarrkirche gleich drei Patrone besitzt. Sie wurde von 1777 bis 1779 erbaut, der Turm erhielt seine heutige Gestalt aber erst 1892.*

In Untertilliach hat die Pfarrkirche gleich drei Patrone: Die Heiligen Ingenuin, Albuin und Florian!

Beim Rückweg gehen wir ohne Beschilderung direkt nach der Brücke am Fluss entlang zum Grenzlandwanderweg zurück und befinden uns ab dieser Einmündung, genauer ab der Querung des Seebaches, kurzzeitig bereits auf Kärntner Gebiet. Nach 2 km gemütlicher Talwanderung kommen wir zur Paternbrücke, die wir überqueren und jetzt wieder in Osttirol weitergehen. Allerdings gestaltet sich der Weg nun etwas kompliziert, da der normalerweise direkt hinter der Brücke rechts abzweigende Pfad momentan wegen eines Brückeneinsturzes 2018 nicht begehbar ist. Stattdessen müssen wir auf der nahen Landesstraße weitergehen. Wir gelangen zur Wacht und dahinter – schon mit schönen Blicken auf unser Ziel Maria Luggau – über die historische Grenze nach Kärnten. An einer Mühle vorbei erreichen wir an der Straße den Kreuzweg, der uns den letzten Kilometer bis zur berühmten Wallfahrtsbasilika begleitet. Der eigentliche Weg würde erst direkt vor der Kirche vom Talboden heraufkommen.

» *Der Traum, sie solle am Ort ihrer Mittagsrast eine Kapelle für die Schmerzensmutter errichten, ließ einer Bäuerin im Jahr 1513 keine Ruhe. Nach einem Kerzenwunder (während eines Gewitters erlosch die aufgestellte Kerze nicht) kaufte sie eine kleine spätgotische Pietà und setzte den Bau einer Kapelle in Bewegung. Wegen des Wunders wurde sie sogar als Hexe angeklagt, aber wieder freigesprochen. Als schließlich eine Heilung etliche Pilger anzog,* *wurde die schnell errichtete Kapelle zu klein, und 1515 wurde der Grundstein für die Kirche gelegt, die 1536 dem Patrozinium Maria Schnee geweiht wurde. Franziskaner übernahmen die Betreuung der Wallfahrt, ab 1628 dann die heute noch hier tätigen Serviten das Kloster, das kurz darauf von einem Brand vollkommen zerstört wurde. Auch das Gotteshaus war betroffen, so dass man über eine barocke Neugestaltung nachdachte und diese – nach einem weiteren Brand 1736 – im 18. und frühen 19. Jahrhundert fertigstellte. Der eindrucksvolle Hochaltar mit einem Altarbild von 1834 birgt das Gnadenbild und wird bei Hochfesten wirkungsvoll mit einem Samtvorhang umrahmt. Die hübsche Kanzel stammt vom Osttiroler Künstler J. Paterer.*

Mit dem Bus kehren wir zurück nach Obertilliach.

Maria Luggau mit seiner berühmten Wallfahrtskirche

Tour 1–5
Außerfern

Tour 6–17
Oberland

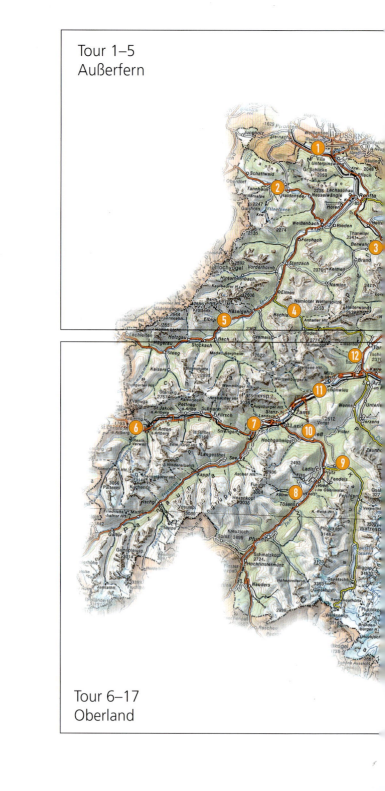